Theory and Frontier Issues in International Poverty Reduction

国际减贫理论与前沿问题

2020

谭卫平　主编

张慧东　李　昕　副主编

中国农业出版社

北　京

编 者 的 话

《国际减贫理论与前沿问题·2020》是本系列译丛的第九本。这套丛书缘起于2009年中国国际扶贫中心在联合国开发计划署（UNDP）“增强中国国际扶贫中心开展南南合作能力（CPR/09/2109）”项目下的《国际减贫动态》编译项目。《国际减贫动态》旨在反映国际减贫与发展理论和前沿问题，介绍减贫与发展的前沿研究、全球热点、典型案例。

《国际减贫动态》自发行以来，受到减贫与发展领域的政府部门、研究机构相关人士的好评。为了进一步传播《国际减贫动态》，扩大社会影响，与更多的读者分享这些成果，中国国际扶贫中心从2010年开始，每年选取若干期《国际减贫动态》文章，编辑出版《国际减贫理论与前沿问题》系列丛书。这套丛书出版后，深受社会各界特别是各省（自治区、直辖市）扶贫办干部的欢迎。现从2019年的《国际减贫动态》中选择了11篇文章，编辑出版《国际减贫理论与前沿问题·2020》。

《国际减贫理论与前沿问题·2020》分为四个专题：减贫理论、前沿问题、减贫实践和国别案例。这些问题涉及当前国际减贫领域关注的理论方法和实践问题。编委会感谢本书原文作者及所在机构对于授权编译相关文章给予的大力支持和帮助。

2020年7月15日

目　录

减贫理论

经济增长、不平等和贫困：存在稳健关系吗

Gustavo A. Marrero　Luis Servén

摘要： 关于贫困陷阱的大量文献表明，高度贫困阻碍了经济增长。然而，“高度贫困国家经济增长较为缓慢”这一基本结论仍有待检验。大量文献讨论了不平等阻碍经济增长的各种机制，但由于不平等和贫困是收入分配的不同方面，不平等也可能通过贫困来影响经济增长，但这一影响尚未研究透彻。本文则试图完善这两方面的研究。本文同时考虑不平等和其他贫困影响因素变量，利用跨国面板数据集建立了简约增长模型。结果发现，在给定不平等程度时，增长与贫困始终呈负相关。相反，在给定贫困程度时，由于所使用的计量方法的不同，经济增长与不平等可能呈现正相关，也可能呈现负相关。然而，不平等通过影响贫困程度对经济增长造成的间接效应始终为负。进一步而言，本文的实证结果是由具有高（但不是极高）贫困率的样本所驱动的。这些实证研究结果与理论模型的预测结果一致。该理论模型考虑了干中学效应与知识溢出效应，如果初始禀赋低于最低消费水平，消费者将无法进行储蓄和投资。

一、引　言

不平等和贫困会影响经济增长吗？如果影响，是正向影响还是负向影响呢？这些问题长期以来一直是学术界和政策制定者关注的焦点。由于不平等和贫困是收入分配的不同方面，因此要回答以上问题，我们需要考虑两者之间的相关性（Bourguignon，2003）。本文从理论和实证的角度分析了不平等—增长和贫困—增长之间的关系。

我们首先提出了一个包含干中学与知识溢出效应的世代交叠模型（Aghion et al.，1999），其中假定贫困人群（那些初始投资低于最低消费水平

作者简介：Gustavo A. Marrero 任职于西班牙拉古纳大学；Luis Servén 任职于世界银行。

的人）没有储蓄，并且不会对经济的总体增长做出贡献。在这种情况下，总收入增长取决于低于贫困线的人口比例和禀赋分配，即贫困和不平等程度。一方面，不平等通过影响非贫困人口储蓄的数量和集中度直接影响增长；另一方面，不平等也会在给定平均收入水平的情况下间接地通过影响贫困程度来影响增长。此外，不平等、贫困对经济增长影响的正负方向与程度取决于经济体的贫困和不平等程度。

在本文的第二部分，我们将利用数据检验理论模型。模型加入了不平等和贫困指标作为解释变量。我们利用跨国面板数据，并通过 GMM 方法控制回归中潜在的内生性问题（Blundell and Bond，1998；Roodman，2009）。已有大量文献讨论了不平等对增长的影响并得出了相互矛盾的结论。这可能是因为存在同时影响不平等和增长的多种因素。例如，不平等程度上升可能是技术变革的结果，后者的回报由收入分布顶端的个体获得（Goldin 和 Katz，2008）。相反，如果寻租是增加富人收入的基本力量，那么随着经济增长速度的下降不平等程度将加剧（Stiglitz，2012）。在这种情况下，学者达成了共识，不平等对增长的长期影响为负，只有在短时间内观察时，这种关系才会变为正向影响。此类文献（例如：Halter et al.，2014；Dabla－Norris et al.，2015；Berg et al.，2018；Brueckner 和 Lederman，2018）的主要贡献在于指出不平等可能通过贫困对经济增长产生间接影响，且它们的结论认为这种影响是负面的。同时我们还发现，这一结果是由高（但不是极高）贫困率的样本所导致的。

其次，一些理论文献在贫困陷阱的基础上研究了贫困阻碍经济增长的机制。在适当的条件下，这些机制可能导致多重均衡，并加强贫困对增长的负面影响，且可能通过各种渠道实现（Azariadis 和 Stachurski，2005）。其中，一个代表性渠道便是由于不可分割性或规模报酬递增所造成的“门槛效应”。在信贷约束的共同作用下，结果是低于一定收入（财富）水平的代表性行为人可能因为太贫困而无法投资于人力资本、物质资本和提高收入所需的技术（Galor 和 Zeira，1993；Banerjee 和 Newman，1993）。制度安排使穷人面临机会缺失，也将抑制收入增长（Mokherjee 和 Ray，2002；Engerman 和 Sokoloff，2006）。另一种贫困陷阱发生机制与风险有关：较贫穷的个人通常更加厌恶风险，在缺乏良好运行的保险和信用市场的情况下，他们将放弃风险较大的投资机会（Banerjee，2000）。

尽管已存在多种分析模型，但相关实证结果仍没有统一的结论。一些论文（如 Durlauf，2006）讨论了与这些模型相应的各种经验规律，例如非凸性加总

（aggregate non-convexities）（Azariadis 和 Stachurski，2005）和俱乐部收敛（Quah，1993）等。进一步研究发现，除了在偏远或弱势地区外，这些模型几乎没有解释力度（Kraay 和 McKenzie，2014）。最近，Bandiera et al.（2015）通过在孟加拉国开展大规模的随机评估发现穷人面临着不完美的资本市场，这使他们深陷低资产—低就业的贫困陷阱。然而，更为根本的问题在于，“贫困程度较高的国家，经济增长更为缓慢”这一理论模型中的基本定义并没有被系统地进行讨论。我们的实证分析则旨在填补这一空白。

本文的第三部分探讨了经济增长与贫困的关系，重点关注经济增长对减贫的作用及效果（Bourguignon 2003，Ravallion 2004 和 Dollar et al.，2016）。

结果发现，贫困与经济增长存在显著的负相关关系。不平等对于经济增长的直接影响并不确定：在贫困率较高（但不是最高）的情况下，存在显著的负向间接影响（通过贫困率），在贫困率较低时，间接影响较小。这与理论模型的预测一致。

在改变控制变量、GMM 估计的工具变量、贫困线标准、贫困测量方式后，本文的结果依然具有稳健性。我们还发现，GMM 方法可以解决动态面板模型中的内生性、工具变量外生性不足、弱工具变量等问题（Bazzi 和 Clemens，2013；Kraay，2015）。

本文的其余部分结构如下：在第二部分，我们基于 Aghion et al.（1999）的简单模型分析了贫困及不平等对经济增长的影响；第三部分介绍了数据以及计量方法，同时测量了贫困与不平等程度；第四部分分别讨论了贫困、不平等与经济增长之间的相关性；第五部分分析了贫困、不平等程度如何影响贫困、不平等与经济增长之间的相关性，并进一步探讨贫困、不平等对经济增长的直接或间接影响；第六部分总结了全文。

二、理论模型

借鉴 Aghion et al.（1999）的模型，本文在简单的世代交叠模型框架中引入了干中学与知识溢出效应。在此基础上，本文进一步设置了最低消费水平。贫困消费者被定义为初始投资水平低于最低消费水平的消费者。在缺乏资本市场的情况下，他们无法做出投资，也无法为经济的总体增长做出贡献。

该模型考虑非利他的世代交叠的代表性个体，$i\in[0，1]$，其最多存活两期。在 t 期出生的个人拥有随机禀赋 wit。生存到下一期需要最低消费水平 $\bar{c}$（可能反映营养需求），这可能超过个体初始禀赋。λ 表示初始禀赋低于最低消费水平的人口比例，我们在模型中将称之为“穷人”（即 λ 是人口贫困率）。

$$\lambda = p(w_{it} \leqslant \bar{c}) = \int_0^{\bar{c}} f(w_{it})\,\mathrm{d}\,w_{it} \tag{1}$$

其中 f（•）是个体禀赋的概率密度函数，w_{it} 的均值和标准差分别为 $\bar{w}$、σ。t 期第 i 个人的效用函数为：

$$U_{it} = c_{it} \quad \text{if} \quad c_{it} \leqslant \bar{c} \tag{2}$$

$$U_{it} = \bar{c} + \ln(c_{it} - \bar{c}) + \rho \ln c_{it+1} \quad \text{if} \quad c_{it} \leqslant \bar{c}$$

其中 c_{it} 和 c_{it+1} 分别表示 t 期 i 个体年轻和老年时的消费量。本模型假定年轻的贫困人群不能存活到下一期，因为他们无法储蓄。

非贫困的个体 i 利用储蓄购买物质资本 k_{it}，并假定资本完全折旧。生产函数如下：

$$y_{it} = A_t \cdot k_{it}^{\theta} \tag{3}$$

其中 A_t 是在 t 期所有人都可以获得的技术知识水平，$0 < \theta < 1$。与 Aghion et al.（1999）的假定相同，我们假设存在干中学的溢出效应，因此，$A_t = e^{a_0} y_{t-1}$。其中 a_0 表示技术水平，y_{t-1} 为滞后一期的总收入水平。因此，个体 i 的产出增加可以提高下一期所有个体可获得的知识水平。t 期的总增长率 Γ 为：

$$\Gamma = \ln\left(\frac{y_t}{y_{t-1}}\right) = a_0 + \ln\int k_{it}^{\theta}\,\mathrm{d}i = a_0 + \ln E[k_t^{\theta}] \tag{4}$$

显然，总体经济增长取决于个人投资的分布。如果假设资本市场不存在，消费和储蓄的均衡水平就会因个人的初始禀赋而不同。对于非贫困人群（即 $w_{it} \geqslant \bar{c}$ 的个体），我们有：

$$c_{it} = \bar{c} + (1 + \theta\rho)^{-1}(w_{it} - \bar{c}) \tag{5}$$

$$k_{it} = \theta\rho(1 + \theta\rho)^{-1}(w_{it} - \bar{c}) = s(w_{it} - \bar{c}) \tag{6}$$

其中 s 为储蓄率。因此，非贫困人群的储蓄和投资与其初始财富（扣除最低消费需求）成正比。而贫困人群没有储蓄，他们将其全部禀赋用于消费：

$$c_{it} = w_{it} \tag{7}$$

$$k_{it} = 0 \tag{8}$$

社会总投资为：

$$\begin{aligned} k_t = E[k_{it}] &= (1-\lambda)E[k_{it} \mid w_{it} > \bar{c}] \\ &= (1-\lambda)E[s(w_{it} - \bar{c}) \mid w_{it} > \bar{c}] \end{aligned} \tag{9}$$

这反映了只有一小部分人（$1-\lambda$）进行投资的事实。利用式（4）和式（9）我们可以进一步计算增长率：

$$\Gamma_t = a_0 + \ln(1-\lambda) + \ln\left(s^\theta E\left[(w_{it}-\bar{c})^\theta \mid w_{it} > \bar{c}\right]\right) \qquad (10)$$

与新古典模型一样，增长率直接受技术水平 a_0 的影响，并且还受到非贫困人口人均投资的影响（（10）式等号右边第3项）。此外，该模型还有两个结论。

首先，正如（10）右边的第2项所示，贫困阻碍了增长。给定非贫困人口的人均投资，λ 的增加表示无法投资的贫困人口比例增加，因此更高的 λ 将降低增长率。最低消费的存在导致这一结果，同时，它也是贫困和非贫困人口储蓄和投资行为差异的原因。此外，贫困对经济增长的负面影响将随着贫困程度的上升而增加。

第二，给定 θ 和 ρ，非贫困人口投资产生的产出不仅取决于他们相对于最低消费水平的初始禀赋，还取决于非贫困人口的禀赋分布。此外，不平等程度的变化也会对贫困产生影响。因此，虽然贫困对增长的影响毫无疑问是负向的，但不平等对增长的影响却取决于不平等如何影响（10）式中的不同项。为此，我们进一步计算（10）式对于 σ 的导数：

$$\frac{\partial \Gamma}{\partial \sigma} = \frac{\partial \lambda / \partial \sigma}{(1-\lambda)} + \frac{\partial E\left[(w_{it}-\bar{c})^\theta \mid w_{it} > \bar{c}\right] / \partial \sigma}{E\left[(w_{it}-\bar{c})^\theta \mid w_{it} > \bar{c}\right]} \qquad (11)$$

（11）式第1项代表不平等通过影响贫困对经济增长的间接影响，而第2项则反映了非贫困人口投资的变化对不平等对增长的直接影响。

考虑 $\bar{w} < \bar{c}$ 的情况下（11）式的第1项，一个完全平等的分布（即 $\sigma=0$）会使每个人都处于贫困线以下，因此投资将降低至0。随着不平等程度的增加，不变的总禀赋将集中在越来越少的个体中，部分个体的禀赋可能会超过贫困线 c 并且能够做出投资并带来经济增长。因此，贫困率非常高且不平等程度很低时，不平等可能会减少贫困。否则，不平等加剧会导致更高的贫困，并由此阻碍经济增长。

$\partial E\left[(w_{it}-\bar{c})^\theta \mid w_{it} > \bar{c}\right] / \partial \sigma$ 的符号取决于两个因素。首先，给定总资本，资本集中于少部分人（即 σ 更高）将阻碍经济增长，因此生产函数边际生产率降低。其次，考虑均值保留展开，倘若 σ 的增加反映非贫困人口平均资本的增加，这将促进经济增长。因此，（11）式中第2项的符号并不确定，这取决于由 θ 代表的生产函数的凹度。

我们可以通过数值模拟来说明不平等、贫困和增长之间的模糊关系。为此，我们假设初始禀赋服从对数正态分布，并在保持最终均值不变的前提下改变方差（即改变基尼系数），以此来考察均值保留展开的影响①。同时保持模

① 具体而言，借鉴 Benabou（1996），我们假定 w 服从对数正态分布，$\ln w \sim N\left(\ln\bar{w} - \frac{\sigma^2}{2}, \sigma^2\right)$。在此情形下，$w$ 对 σ 的变化具有恒定的均值 $\bar{w}$。

型的其余参数不变。

根据不同贫困程度的模拟结果，即贫困程度“极高”、“高”、“中等”和“低”。我们给定 $\bar{c}=1$。在每种情况下，较高程度的不平等只会在贫困率极高的经济体中减少贫困并提高增长率。这种情况在我们的样本中很少见，我们将在第五部分做进一步讨论。在贫困率极低的经济体中，不平等对贫困的影响几乎可以忽略不计，如果基于生产函数规模报酬递减的假定来考虑，那么不平等对于经济增长会有微弱的负向影响。

在模拟中，我们将偏好和技术参数设定为：$\theta=0.35$ 和 $\rho=0.98$，这意味着储蓄率为 0.25，实际利率为 2%。同时，令 $\bar{c}=1$。假定收入遵循对数正态分布，我们通过改变 $\bar{w}$ 来生成贫困率不同的经济体。在每种情况下，设定 a_0 以使平均经济增长率达到 2.5%（样本经济增长率均值见表 1）。增长率由（10）式计算，直接影响是（10）式中的第三项，贫困率 P_0 指的是式（1）。

在其他两种情况中，不平等将提高贫困率，因此阻碍经济增长，导致贫困进一步加剧。反过来，由于前文所述的两种效应的综合影响，不平等对增长的直接效应（即（11）式中的第 2 项）几乎为 0。因此，不平等在总体上通过影响贫困产生负向的增长效应。最后，值得注意的是，以上结论在当前各国普遍存在的不平等程度下均适用（基尼系数的值在 0.2～0.8 之间，这一范围涵盖了 99%的经验样本）。

三、增长、不平等和贫困：实证检验

本章我们将介绍检验增长、不平等和贫困之间关系的实证模型。

（一）数据

我们使用的数据库是由 López 和 Servén（2009）构建的贫困数据库的扩展版本。简而言之，由于调查的贫困数据适用范围有限，因此我们根据观测到的人均收入水平、基尼系数，利用对数正态近似值构建了贫困发生率 P_0，贫困距指数 P_1 和平方贫困距指数 P_2。这一方法在文献中被广泛使用（López 和 Servén，2006；Dollar 和 Kraay，2002；Sala - i - Martín，2006；Pinkovsky 和 Sala - i - Martin，2013、2014）。此外本文也尝试利用不同的贫困线标准对结论进行稳健性检验：每人每天 1.25 美元，2 美元和 4 美元（2005 美元不变价）。

最终本文利用的数据是一个非平衡的 5 年期非重叠面板数据库，包含 804 个观测值，覆盖 158 个国家，跨越 1960—2010 年间的时期。此样本在时间和空间维度上跨度很大。事实上，据我们所知，它是在所有研究贫困和不平等对增长影响的文献中使用过的最大的数据库。但是在具体实证研究时，由于缺失其他变量的数据，使得回归中样本更少。

表 1 描述性统计

	中位数	均值	标准差	P10
人均 GDP 增长率	0.025	0.025	0.03	−0.012
人均实际收入	5 531	9 489.2	10 245.4	837.1
基尼系数	0.398	0.403	0.1	0.28
P_0（US＄1.25）	0.005	0.096	0.174	0.000
P_0（US＄2）	0.027	0.163	0.246	0.000
P_0（US＄4）	0.139	0.291	0.335	0.000
P_1（US＄1.25）	0.001	0.040	0.086	0.000
P_1（US＄2）	0.006	0.073	0.132	0.000
P_1（US＄4）	0.038	0.151	0.212	0.000
P_2（US＄1.25）	0.000	0.023	0.056	0.000
P_2（US＄2）	0.002	0.044	0.089	0.000
P_2（US＄4）	0.016	0.100	0.156	0.000

	P90	最小值	最大值
人均 GDP 增长率	0.061	−0.086	0.201
人均实际收入	25 408	207.5	73 243
基尼系数	0.541	0.157	0.742
P_0（US＄1.25）	0.357	0.000	0.906
P_0（US＄2）	0.602	0.000	0.969
P_0（US＄4）	0.875	0.000	0.999
P_1（US＄1.25）	0.143	0.000	0.602
P_1（US＄2）	0.265	0.000	0.722
P_1（US＄4）	0.518	0.000	0.855
P_2（US＄1.25）	0.077	0.000	0.497
P_2（US＄2）	0.156	0.000	0.594
P_2（US＄4）	0.354	0.000	0.750

表 1 为基础数据库中 1960—2010 年的经济增长、人均收入、不平等和各贫困统计量的描述性统计。可以看到，样本中的人均收入水平（以购买力平价衡量的 2005 年美元不变价）跨度范围很广：从略高于 200 美元（2000 年代中期的刚果民主共和国）到约 73 000 美元（2005 年的卢森堡）。中位数为 20 世纪 70 年代中期的巴西人均收入，约为 5 500 美元。所有样本人均收入均值约 9 800 美元，远大于中位数，这反映了世界收入分布向右倾斜。

在不平等程度方面，样本的基尼系数中位数和平均值均为 0.4，这与美国（2000 年）、布基纳法索（1995 年）、土耳其（2010 年）以及新加坡（1970 年）的数值相吻合。最大值（大于 0.74）对应于 1995 年的津巴布韦，最小值（低于 0.16）对应于 1975 年的保加利亚。大约 80％的观测值位于 0.28（主要为西欧国家）和 0.58（主要为拉美和撒哈拉以南非洲国家）之间。

贫困率随着贫困线的提高而上升，且随着贫困指标从 P_0 变为 P_2 而下降。表 1 显示，每人每天 1.25 美元的贫困线下，贫困发生率的中位数为 0.6％；贫困线提升至每人每天 2 美元、4 美元时，贫困发生率的中位数分别上升至 2.3％、13％。同样，贫困距指数 P_1 也是如此，其中位数从不到 0.1％（每人每天 1.25 美元的贫困线）到 4％左右（每人每天 4 美元的贫困线），而平方贫困距指数 P_2 的中位数则从 1.25 美元贫困线下的不到 0.1％到 4 美元贫困线下的近 2％不等。尽管这些贫困指标的平均值和中位数都比较小，但是样本的异质性相当高。其中最小值为零（主要为样本中的高收入国家），最大值则取决于特定贫困指标和贫困线。例如，P_0 的最大值约为 90％～99％，P_1 的最大值约为 60％～86％，P_2 的最大值约为 50％～75％。所有贫困指标的最大值都来源于坦桑尼亚。尽管如此，贫困人口比率的极值（例如，P_0 高于 90％）在样本中比例很低，在每人每天 1.25、2、4 美元的贫困线下，分别只有 0.1％、1％、7.5％的样本贫困发生率超过 90％。

本文使用贫困发生率 P_0（每人每天 2 美元的贫困线）作为本文其余部分的基准贫困指标。但是，在第四节中我们还利用 P_1、P_2 以及其他贫困线标准进行了稳健性分析。

增长与贫困的无条件相关性，主要强调样本中的异质性程度。例如，有大量的样本贫困率非常小，增长率却变化很大（从－5％到＋10％）。在高贫困率（比如说超过 80％）的情况下，增长率的波动很大。然而，一旦我们控制了实际人均 GDP，增长与贫困之间就呈现出显著的负相关关系。在加入地区虚拟变量后，该负相关关系仍然十分显著，但增长与不平等的关系略有不同。当控制实际人均 GDP 时，不确定的相关关系变为负相关。但控制区域虚拟变量后，增长与不平等呈正相关（相关性很弱）。

（二）实证模型

为了讨论增长、不平等和贫困之间的关系，我们在实证模型中控制了现有关于不平等对经济增长影响的研究文献中所涵盖的主要控制变量。基于理论模型，我们进一步加入了不平等与贫困的代理变量，最后实证模型如下：

$$(y_{it}-y_{it-1})=\alpha_i+\gamma_t+\beta y_{it-1}+\delta p_{it-1}+\varphi g_{it-1}+\omega' x_{it}+v_{it} \tag{12}$$

其中 y 是人均收入的对数，α_i 、γ_t 分别为时间、国家固定效应，p 为贫困代理变量，g 为基尼系数，x 代表一组控制变量，v 为 i. i. d 的误差项。

（12）式中 δ 反映了贫困对经济增长的影响。根据理论模型的预测，我们预期 $\delta<0$。同样的，对于给定的贫困和人均收入水平，（12）中的 φ 反映了不平等对增长的影响。但是，不平等对增长的总体影响取决于不平等如何影响贫困——即（11）式中考察的间接影响。这是因为，无论是从理论还是贫困指标的构建方法来看，贫困是（对数）平均收入（y）和不平等（g）的（非线性）函数，即 $p=p(g, y)$。因此，

$$\frac{\partial(y_{it}-y_{it-1})}{\partial g_{it-1}}=\varphi+\delta\left(\frac{\partial p_{it-1}}{\partial g_{it-1}}\right) \tag{13}$$

这意味着，即使不平等对增长的直接影响为 0（即 $\varphi=0$），但由于不平等与贫困之间的相关性，其对增长的总体影响仍可能不为 0。

（12）式中 β、δ 和 φ 的识别取决于贫困、收入和不平等之间的关系。如果贫困是（log）人均收入和基尼系数的线性函数，则估计方程存在完全共线性。在这种情况下，我们可以从（12）式中去除贫困，而对仅包括滞后人均收入和滞后不平等指标的模型进行估计。但是，如果贫穷不能通过 y 和 g 的线性组合得到较好的拟合结果，那么 δ 可以通过计算得到（β 和 φ 一样）：它反映了不平等程度与人均收入保持不变时，贫困对经济增长的影响。

为了研究此问题，我们将贫困率（每人每天 2 美元的贫困线）对（对数）平均收入和基尼系数进行线性回归。非线性效应包括在残差项中。与（12）式一致，我们控制了固定效应，并进行了组内回归。结果如下（括号中为稳健标准误）：

$$\begin{aligned} p_{it} &= \underset{(4.83)}{1.278^{***}} - \underset{(-5.13)}{0.148^{***}}\ln y_{it} + \underset{(3.40)}{0.368^{***}}\, g_{it} + \widehat{\varepsilon_{it}} \\ R^2 &= 0.421 \end{aligned} \tag{14}$$

因此，贫困与人均收入（log）呈负相关，与不平等呈正相关，且系数均

十分显著。然而，线性实证模型只解释了贫困变异的 42%。换句话说，收入、不平等的非线性影响可能占贫困变异的 58%。我们认为贫困并不是人均收入和不平等的线性函数，因此共线性并不影响（12）式中 δ 的识别。

本文利用已有文献讨论的不同增长模型来进行稳健性检验。首先，我们考虑一个简约增长模型（M_1），它只包括滞后的收入、贫困和基尼系数作为（12）式中的回归量（即 $x=0$）。在此模型中，估计的参数既包含贫困和不平等对增长的直接影响，也包含遗漏其他变量而产生的潜在间接影响（Galor，2009）。第二个模型（M_2）借鉴了不平等和增长的实证文献，考虑了市场扭曲以及人力资本。其中，市场扭曲由国内投资品相对价格衡量（相较美国），人力资本包括男性与女性平均受教育年限。第三个模型（M_3）侧重于标准政策指标（Barro，2000），利用通货膨胀率（GDP 平减指数）作为衡量宏观经济稳定性的指标，利用国家贸易总量与国内生产总值的调整比率作为经济开放程度的指标，利用社会公共消费与国内生产总值之比作为政府调控的指标。最后，第四个模型（M_4）借鉴了 López 和 Servén（2009）的研究，考虑了通货膨胀率、女性平均受教育年限以及滞后的公共基础设施综合指数。

四、结论与讨论增长、贫困和不平等：估计结果

如上所述，GMM 方法可以通过计量模型内部工具变量来处理动态面板模型的内生性问题（Arellano 和 Bover，1995；Blundell 和 Bond，1998）。但是，当样本横截面数据相对于其时间维度而言并不大时——这是宏观面板数据的常见情况——GMM 估计可能表现不佳（Bun 和 Sarafidis，2015）。在这种情况下，GMM 并不优于传统估计方法，例如具有时间、国家虚拟变量的 OLS 估计。因此，本文报告了两种方法的估计结果。

（一）混合 OLS 和组间估计

表 2 为上述四种模型的混合 OLS 估计以及组间估计结果。所有估计均包含时间虚拟变量。如上所述，我们使用贫困发生率（每人每天 2 美元的贫困线）作为衡量贫困的基准指标。为了便于与现有文献比较，我们还报告了（12）式不包含贫困率而只包含不平等的估计结果。对于每个模型，我们可以通过比较只包含不平等代理变量的估计结果以及同时包含贫困和不平等代理变量的估计结果来估算贫困的影响。

表 2　增长、贫困和不平等：面板 OLS 估计

	M_1		M_2		M_3		M_4	
	混合 OLS 估计							
P_0		−0.044 0***		−0.028 8***		−0.039 1***		−0.043 0***
		(−5.71)		(−3.39)		(−4.78)		(−4.03)
基尼系数	−0.039 8***	−0.039 3***	−0.030 2**	−0.031 1***	−0.038 8***	−0.038 2***	−0.035 7**	−0.036 6***
	(−3.49)	(−3.50)	(−2.55)	(−2.67)	(−3.26)	(−3.24)	(−2.48)	(−2.60)
对数收入	−0.001 37	−0.008 73***	−0.003 53***	−0.008 40***	−0.003 03***	−0.009 38***	−0.014 4***	−0.021 5***
	(−1.55)	(−5.88)	(−2.83)	(−4.34)	(−3.20)	(−6.02)	(−4.24)	(−6.31)
投资品相对价格			−0.015 0***	−0.011 7***				
			(−4.98)	(−3.97)				
女性受教育程度			−0.001 98	−0.001 34			0.003 63**	0.005 09***
			(−0.73)	(−0.51)			−2.4	−3.48
男性受教育程度			0.005 92**	0.005 28**				
			(2.16)	(1.99)				
通货膨胀率					−0.009 05	−0.013 2**	−0.016 5**	−0.021 7***
					(−1.53)	(−2.10)	(−2.57)	(−3.31)
经济开放程度					0.013 6***	0.011 4***		
					(5.06)	(4.26)		
政府调控					−0.001 89	−0.001 16		
					(−0.67)	(−0.42)		

（续）

	M_1		M_2		M_3		M_4	
混合 OLS 估计								
基础设施综合指数							0.008 52***	0.007 54***
							(2.90)	(2.70)
调整 R^2	0.072	0.112	0.126	0.139	0.112	0.141	0.127	0.161
组间估计								
P_0		−0.076 4***		−0.079 3***		−0.086 9***		−0.063 3***
		(−4.45)		(−4.66)		(−4.49)		(−2.82)
基尼系数	0.037 2	0.064 3**	0.045 1	0.074 9**	0.059 3**	0.088 4***	0.045 3	0.064 1**
	(1.26)	(2.27)	(1.46)	(2.47)	(2.06)	(3.05)	(1.47)	(2.05)
对数收入	−0.030 4***	−0.042 9***	−0.025 9***	−0.042 6***	−0.055 6***	−0.070 9***	−0.058 0***	−0.067 4***
	(−4.91)	(−6.18)	(−4.05)	(−5.87)	(−6.56)	(−8.32)	(−8.01)	(−8.18)
投资品相对价格			−0.012 1**	−0.008 48**				
			(−2.32)	(−2.20)				
女性受教育程度			−0.011 4	−0.002 05			0.002 5	0.006 03**
			(−1.50)	(−0.27)			(0.99)	(2.39)
男性受教育程度			0.014 1*	0.009 43				
			(1.76)	(1.16)				
通货膨胀率					−0.027 9***	−0.028 1***	−0.037 0***	−0.036 6***
					(−4.39)	(−4.28)	(−5.42)	(−5.10)

（续）

	M_1		M_2		M_3		M_4	
	组间估计							
经济开放程度					0.030 2***	0.022 6***		
					(3.43)	(3.36)		
政府调控					−0.018 4**	−0.023 8***		
					(−2.46)	(−3.17)		
基础设施综合指数							0.023 5***	0.017 0***
							(5.86)	(3.44)
调整 R^2	0.175	0.216	0.196	0.235	0.308	0.354	0.33	0.35
样本量	750	745	678	674	656	654	479	477
国家数量	157	156	131	130	148	147	89	88

注：括弧内为 t 值，***、**、*分别表示在1%、5%、10%的显著性水平下显著，下同。

由表 2 可以看到，贫困系数在混合 OLS 估计以及组间估计中都为负且显著。组间估计的贫困系数绝对值大于混合估计。在其他条件相同的情况下，贫困率每降低一个标准差，经济增长率将提高 0.7%（模型 M_2，混合 OLS）～2.1%（模型 M_3，组间估计）。

相比之下，不平等与增长的关系估计结果并不稳健。当使用混合 OLS 估计时，基尼指数的估计系数为负且显著，但组间估计的系数为正（包含贫困控制变量时也为正）。

其他控制变量的系数在不同模型中估计结果一致。收入滞后项的系数均显著为负（除了不包含贫困控制变量的 M_1 的 OLS 估计）。正如预期的那样，市场扭曲的代理变量（M_2）和通货膨胀率（M_2 和 M_3）的系数都显著为负。而贸易开放度（M_3）和基础设施指数（M_4）的系数则显著为正，这与理论预期也一致（Calderón 等，2015）。

男性与女性受教育年限对经济增长的影响取决于模型设定。女性受教育年限在 M_4 中系数显著为正，但在 M_2 中系数几乎为 0（甚至是负的）。而男性受教育年限的系数通常为正，但其大小取决于估计方法。同样，社会消费规模系数通常为负，但仅在组间估计中显著。

表 2 中的结果与理论模型预期一致，即贫困对经济增长有负向影响，而不平等对经济增长的影响并不确定。但是，OLS 估计可能会受到动态面板数据内生性问题的影响。因此，我们进一步对模型开展 GMM 估计。

（二）GMM 估计结果

本文的实证模型存在内生性问题。一方面，收入、贫困和不平等之间互为因果关系可能导致估计偏差。在估计中使用滞后的贫困率和不平等程度可以部分缓解此问题。另一方面，可能存在不可观测的遗漏变量造成估计有偏。

由于没有合适的外部工具变量，我们利用模型内部的工具变量。首先，对（12）式一阶差分，以剔除常数项 α_i。对于一阶差分后得到的方程组，我们使用滞后三期或更多期的变量作为工具变量（如 y_{it-s}，p_{it-s}，g_{it-s}，x_{it-s}，其中 $s \geqslant 3$）。

然而，如果变量持续性较高，那么在一阶差分方程中使用滞后项作为工具变量可能造成估计有偏，而收入、不平等和贫困的持续性均较高。另一种方法则是考虑系统 GMM 方法（Blundell 和 Bond，1998），它进一步利用一阶差分变量的滞后项来作为工具变量（如 Δy_{it-1}，Δp_{it-1}，Δg_{it-1}，Δx_{it-1}），并通过额外的矩阵条件来估计。

对于以上两种估计方法，我们均可利用 Hansen 检验来进行工具变量过度识别检验。我们还报告了 Diff－in－Hansen 统计量的结果，该统计量检验了系统 GMM 估计中工具变量的有效性。在利用系统 GMM 估计时，相较于横截面的估计，工具变量个数的增加使得估计的标准误产生向下偏差并且削弱了过度识别检验的有效性（Bowsher，2002）。为了解决这个问题，我们利用 Windmeijer（2005）的方法对方差—协方差矩阵进行校正，并且减少估计中使用的工具变量数量（Roodman，2009）。具体而言，我们一方面限制了工具变量的滞后期数，另一方面，我们利用多个滞后不同期的工具变量生成一个工具变量。

表 3 为差分 GMM 和系统 GMM 估计结果：左上角为差分 GMM 估计结果，右上角为选择滞后同一期的变量作为工具变量的系统 GMM 估计结果；左下角为利用不同滞后期的工具变量生成新工具变量后的系统 GMM 估计结果；左下角为同时使用两种方法减少工具变量数量后系统 GMM 估计结果。我们在差分 GMM 估计中使用两期滞后的工具变量，以便与具有相同数量正交条件的系统 GMM 估计结果（表 3 右上角）进行比较。

表 3 中 Hansen 检验的 p 值表明，几乎在每种情况下都无法拒绝零假设，也就是所有工具变量的联合是有效的。此外 Diff－in－Hansen 检验的 p 值总是超过 0.10（在大多数情况下），也就是说系统 GMM 估计优于差分 GMM。

我们感兴趣的变量的估计结果与之前的估计结果相似。贫困率的系数始终为负且十分显著。相反，不平等变量的系数和符号则取决于估计方法以及控制变量。在差分 GMM 中不平等变量的系数为正且显著，这与部分已有文献中的结果一致（例如 Forbes，2000）；然而，利用系统 GMM 估计时不平等的系数是负的，并且在某些情况下是显著的，与前文混合 OLS 估计以及一部分文献的研究结果一致（例如 Berg 等，2018）。

综上所述，本文初步认为贫困对增长有负向影响，并且利用不同模型和估计方法所获得的结果均较为稳健；而不平等对经济增长的影响则取决于使用的模型及估计方法。

（三）弱工具变量分析

系统 GMM 依赖于变量的滞后项以及变量差分后的滞后项作为工具变量。Bazzi 和 Clemens（2013）、Kraay（2015）在利用系统 GMM 估计经济增长模型时提出弱工具变量的潜在问题。当工具变量与内生解释变量的相关性很弱时便会出现弱识别，估计量则表现不佳（Nelson 和 Startz，1990）。

表 3　增长、贫困和不平等：GMM 估计

	差分 GMM				基准系统 GMM			
	M_1	M_2	M_3	M_4	M_1	M_2	M_3	M_4
P_0	−0.098 1***	−0.150***	−0.127***	−0.094 5***	−0.102***	−0.087 8***	−0.077 3***	−0.050 3**
	(−2.63)	(−5.17)	(−4.29)	(−3.10)	(−4.11)	(−4.39)	(−4.70)	(−2.32)
基尼系数	0.113	0.131**	0.168**	0.158**	−0.118**	−0.045 4	−0.106***	−0.034 6
	(1.10)	(2.01)	(2.47)	(2.37)	(−2.36)	(−1.27)	(−3.14)	(−1.25)
对数收入	−0.119***	−0.094 8***	−0.141***	−0.107***	−0.019 6***	−0.016 0***	−0.020 6***	−0.029 9***
	(−5.45)	(−4.47)	(−6.68)	(−5.71)	(−5.35)	(−5.14)	(−6.62)	(−3.29)
*m*2 检验	0.568	0.336	0.729	0.236	0.267	0.107	0.523	0.313
AR（3）	0.057 1	0.33	0.124	0.468	0.637	0.778	0.527	0.746
Hansen	0.023 8	0.416	0.289	0.916	0.296	0.163	0.348	0.477
Diff - Hansen	—	—	—	—	0.84	0.664	0.548	0.85
样本量	502	467	448	345	745	676	656	477
国家数量	130	113	123	79	156	131	147	88
工具变量个数	54	99	96	96	55	100	97	97

（续）

	系统 GMM（利用不同滞后期的工具变量）				系统 GMM（同时使用两种方法）			
	M_1	M_2	M_3	M_4	M_1	M_2	M_3	M_4
P_0	−0.169***	−0.144***	−0.131***	−0.093 4***	−0.179***	−0.149***	−0.145***	−0.088 4***
	(−3.99)	(−5.76)	(−3.35)	(−3.34)	(−5.04)	(−5.74)	(−2.90)	(−2.64)
基尼系数	−0.061 3	0.057 5	−0.089 7	−0.050 6	−0.313	−0.161	−0.123	−0.035 3
	(−0.54)	(1.35)	(−1.24)	(−1.03)	(−1.38)	(−1.11)	(−1.25)	(−0.65)
对数收入	−0.028 0***	−0.025 9***	−0.026 5***	−0.045 8***	−0.036 2***	−0.028 6***	−0.028 9***	−0.044 5***
	(−4.46)	(−4.93)	(−4.59)	(−5.59)	(−4.56)	(−4.36)	(−3.41)	(−5.85)
*m*2 检验	0.004 79	0.083 4	0.147	0.297	0.452	0.566	0.738	0.112
AR（3）	0.192	0.046 4	0.496	0.399	0.717	0.299	0.67	0.416
Hansen	0.74	0.833	0.504	0.709	0.335	0.752	0.364	0.848
Diff - Hansen	0.118	0.65	0.687	0.403	0.452	0.566	0.958	0.207
样本量	745	676	656	477	745	676	656	477
国家数量	156	131	147	88	156	131	147	88
工具变量个数	40	70	68	68	22	34	33	33

为了检验系统 GMM 估计中工具变量的有效性，特别是贫困和不贫困参数的识别，我们借鉴 Sanderson 和 Windmeijer（2016）的方法（下文简称 SW）。SW 基于 Angrist 和 Pischke（2009）的研究提出了条件 F 统计量，以检验在存在多个工具变量的情况下，每个工具变量的弱工具变量问题。每个条件检验都是通过“分离”内生变量的线性投影来构建的①。该检验的零假设为存在弱工具变量问题，其中“弱”的定义基于 2SLS 估计和 OLS 估计结果的最大偏差。若条件 F 统计量超过相应的临界值，则拒绝原假设。在本文的研究中，最大相对偏差的临界值允许幅度为 30%的。

此外，基于条件回归，我们还可以对每个变量进行卡方识别，并检验不足。此时，零假设为第一阶段条件回归的系数矩阵非满秩的，也就是说工具变量与内生解释变量不相关。但是拒绝识别不足检验也不一定代表不存在弱工具变量的问题（Kleibergen 和 Paap，2006）。

以上检验都是针对 IV 或 2SLS 估计中的工具变量，但是目前系统 GMM 估计中还没有相应的检验。因此，我们遵循 Bun 和 Windmeijer（2010）的方法，对系统 GMM 估计中每个方程都进行标准的 2SLS 工具变量有效性检验。

在本文中，我们关注的是不平等和贫困的增长效应。针对滞后的贫困和不平等程度，本文进行了卡方识别不足检验和弱工具变量检验。

卡方检验表明，在所有模型中，贫困系数均可以过度识别。相反，不平等系数则识别不足。

至于 SW 弱工具变量检验，只利用一期滞后变量作为工具变量的系统 GMM 估计，其条件 F 统计量超过临界值，因此拒绝滞后的贫困为弱工具变量的零假设。同时，模型 M_1、M_3 和 M_4 的条件 F 统计量也大于 Stock 和 Yogo 临界值，但模型 M_2 却无法拒绝零假设。对于滞后的不平等弱工具变量检验，差分方程的结果都无法拒绝零假设。

而在利用多个工具变量生成新变量的模型中，滞后贫困的弱工具变量问题并不严重。在我们考虑的八种模型中，有六个模型的 SW 条件 F 统计量超过 Stock 和 Yogo 临界值（M_1、M_3 和 M_4 的差分模型，M_1、M_2 和 M_4 的水平模型）。相反，滞后不平等存在严重的弱工具变量问题：在所有情况下，SW 的

① 例如，对于两个内生变量（x_1 和 x_2），三个工具变量（z_1、z_2 和 z_3）和一个外生变量（w_1）的情况，条件 F 统计量 $F_1/2$ 计算方式如下（条件 $F_2/1$ 是类似的）。首先，利用 2SLS 的方法将 x_1 对 x_2 回归，z_1、z_2、z_3 和 w_1 作为 x_2 的工具变量；然后，将第一步所得的残差（x_1 不能被 x_2 解释的部分）对 z_1、z_2、z_3 和 w_1 回归。第二步回归得到的 F 统计量通过 $k/k-2$ 修正后得到条件 F 统计量一$F_1/2$，其中 k 是样本数量减去待估计参数个数。

F 统计量都低于 Stock 和 Yogo 临界值。

总的来说，以上检验表明：首先，我们的估计需要包含水平方程（未差分的方差），这有助于缓解识别不足和弱工具变量的问题，这也说明系统 GMM 是首选的估计方法；其次，在系统 GMM 估计时，仅使用一期滞后来构建工具变量比利用多期滞后来构建工具变量更好。因此，在下文中，我们利用一期滞后的变量作为工具变量进行系统 GMM 估计，这也是不平等工具变量不存在识别不足和弱工具变量问题的唯一情形。

（四）稳健性检验

上文所有的估计都是基于每人每天 2 美元贫困线下的贫困发生率（P_0）。然而，贫困人口比率只是衡量贫困的指标之一，2 美元贫困线也只是贫困线之一。因此我们使用贫困距指数（P_1）和平方贫困距指数（P_2）代替贫困发生率，并且考虑不同的贫困线标准：每人每天 1.25 美元、每人每天 2 美元，每人每天 4 美元，对四种模型（M_1、M_2、M_3 和 M_4）进行稳健性检验。

结果表明，无论贫困指标、贫困线和控制变量如何，所有关于贫困指标系数的估计结果都是显著为负。贫困系数的绝对值也随着贫困指标从 P_0 变为 P_2 而上升。反之，尽管所有估计中不平等系数均为负，但只有 15 个估计结果是显著的，在 10%或更高水平上。最后，Hansen 检验结果表明，35 个估计的 p 值超过 0.1，而全部估计的 Diff - in - Hansen 检验 p 值超过 0.1。

此外，我们还针对实证模型和估计方法进行了其他稳健性检验，由于篇幅限制，不再赘述。但所有研究表明我们的结果具有稳健性。

在稳健性检验中，我们使用不同的滞后结构重新进行系统 GMM 估计。比如，将所有工具变量再滞后一期，使用一步估计而不是两步估计。此外，我们还尝试在基础模型中加入基尼系数的平方项。我们的主要结论是，贫困对增长的负向影响在所有估计中都十分显著，而不平等与增长之间存在关联的证据则非常脆弱。此外，贫困系数的估计结果大小与表 3 中所示相似。

最后，我们还利用所有变量在整个样本期内的平均值构建了国家层面的横截面数据，并重新估计了四个模型（M_1—M_4），以分析贫困、不平等与经济增长的长期关系。结果显示，贫困的系数仍然显著为负，虽然相较于上文的估计，其显著性有所下降。同时，不平等系数显著为负的情况增多。

五、贫困程度

在第二节的分析中，我们指出贫困和不平等对增长的影响都取决于贫困程度（图 1 也说明了这一事实）。此外，不平等可以直接影响增长，也可通过影响贫困间接影响增长。在本节中，我们将对此进行实证检验。

（一）贫困程度以及贫困对增长的影响

为了探讨贫困程度的影响，我们根据 P_0 的滞后值是否高于或低于样本中位数（每人每天 2 美元贫困线下为 2.7%，见表 1）将样本分为两组，并分别重新估计（12）式。作为稳健性检验，我们同样根据滞后基尼系数是否高于其样本中位数（39.8%，见表 1）将样本分为两组，并分别重新估计（12）式。

结果显示，在低贫困率的情况下（贫困水平低于样本中位数），贫困对经济增长的影响是负面的，但在统计上并不显著，这与图 1 -（4）的结果一致。然而，在高贫困率的情况下，贫困对经济增长的影响显著为负，这也与图 1 -（2）结果一致。基尼系数的估计系数在大多数情况下是负的，但它只在高贫困率的情况下以及 M_1、M_3 模型中显著。因此，与无条件估计结果一样，虽然贫困的结果是稳健的，但不平等的结果并不稳健。

调整滞后的不平等程度之后，贫困和不平等的估计系数绝对量变化非常小。实际上，它们与表 3 中的无条件估计结果非常相似。无论滞后的不平等程度是高于还是低于中位数，贫困对经济增长的影响都显著为负，而不平等的估计系数则无法确定正负，并且一直不显著。换句话说，虽然贫困和不平等对增长的影响取决于贫困程度，但结果并不依赖于不平等程度（至少在本文的样本中是这样的结果）。

（二）贫困程度以及不平等对增长的直接和间接影响

最后，我们按照（13）式的定义计算了不平等对增长的间接和总体影响。为了计算（13）式中的 $\partial p/\partial g$，我们根据贫困是高于还是低于中位数将样本分成两部分后重新估计（14）式。此外，我们还单独估计了“极端贫困”下的结果，也就是 P_0 高于其第 95 百分位点时的情况（每人每月 2 美元贫困线下，贫困率 95 百分位点为 74%）。最后结果如下：

$$p_{it} = 0.0286^{***} - 0.0038^{***}\ln(y_{it}) + 0.0293^{***}\ g_{it} + \hat{v}_{it}, \text{for } P_0 \leqslant \text{Median} \tag{15}$$

$$p_{it} = 2.398^{***} - 0.3336^{***}\ln(y_{it}) + 0.9529^{***}\ g_{it} + \hat{v}_{it}, \text{for } P_0 > \text{Median} \tag{16}$$

$$p_{it} = 2.2152^{***} - 0.2185^{***}\ln(y_{it}) - 0.0818^{***}\ g_{it} + \hat{v}_{it}, \text{for } P_0 > 95^{\text{th}}\text{percentil} \tag{17}$$

与第二节理论模型预测的模拟结果相一致，贫困率对不平等的影响总是显著为正，但对于低贫困率（即 P_0 低于中位数）情况而言，斜率相对平缓；在贫困率高（即 P_0 高于中位数）的情况下，贫困率对不平等的影响仍然显著为正且绝对值较大。然而，在极端贫困的经济体中（即那些贫困率高于 95 百分位点的经济体），如理论模型预测，贫困率对不平等的影响转为负向影响。

将 $\partial p/\partial g$ 的估计值与上文中 φ 和 δ 的估计值相结合，我们可以估计在不同贫困程度情况下不平等对经济增长的间接和总体影响。然而，当贫困率较低时（P_0 低于中位数），不平等对增长的直接和间接影响可以忽略不计（即，φ 和 δ 在统计上并不显著），这也与理论模型预测一致。因此，在本节的其余部分，我们关注贫困率较高的样本（P_0 高于中位数），并将极端贫困作为例子。

我们报告了四种估计模型（M_1、M_2、M_3 和 M_4）和三种替代估计方式的结果：忽略贫困程度影响的无条件估计结果、当贫困率高于中位数时的估计结果以及极端贫困子样本的估计结果。在所有估计中，我们均控制了初始实际人均 GDP 和贫困，并包括模型中的其他控制变量。

我们结合（14）式中 $\partial p/\partial g$ 的估计结果（等于 0.368）与基准系统 GMM 估计中 φ 和 δ 的估计结果，并将不显著的估计值全部设置为 0。仅在 M_1 和 M_3 模型中，不平等对经济增长的直接影响显著为负。而不平等对增长的间接影响（通过贫困）总是负向的，整体影响也是如此。具体而言，通过间接效应，基尼系数增加 0.1，所有模型的年均增长率减少约 0.3%。此外，对于存在显著直接影响的模型而言（即在模型 M_1 和 M_3 中），基尼系数每增加 0.1，M_1、M_3 的经济增长率将分别下降约 1.5%、1.3%。

对于贫困率高于中位数的情况，$\partial p/\partial g$ 的估计结果为 0.952 9（如（16）式所示）。在这种情况下，不平等对经济增长的间接影响是一致的，并且绝对量大于无条件估计下的结果。具体而言，不平等程度增加 0.1，经济年均增长率将平均减少 0.7%（M_3）或 1.2%（M_1）。由于直接影响仅在 M_1、M_3 中则显著，因此不平等对增长的总体影响是负向的，且绝对值大于无条件估计结果。当贫困率高于其中位数时，基尼系数增加 0.1，M_1、M_3 的经济增长率将分别下降约 2.2%、1.8%，M_2 和 M_4 的经济增长率将下降约 0.9%（M_2 和 M_4 中直接影响非常小，因此总体影响与间接影响相等）。

最后，在极度贫困的情况下，第二节中理论模型预测贫困对经济增长的影响仍然是负向的，但不平等对增长的间接影响变为正向。为了说明这种情况，我们利用（17）式中估计的 $\partial p/\partial g$ 估计结果，−0.081 8，以及高贫困率情况下 φ 和 δ 的估计值。基于正向的间接影响，在极端贫困的情况下，基尼系数增加 0.1，经济增长率将提高约 0.10%。当直接影响为 0（M_2 和 M_4）时，总体影响仍然为正。反之，当直接影响显著为负（M_1 和 M_3）时，总体影响也为负，且绝对值小于无条件或贫困率较高情况下的估计结果。

总而言之，我们发现贫困对增长的影响是负向的，并且这一结果是由贫困率较高的样本所驱动的；对于贫困率低于中位数的经济体，贫困对于经济增长并没有显著影响。

相反，不平等对增长的总体影响并不确定。一方面，直接影响的符号（在给定的贫困水平下）并不稳健。实际上，我们利用不同的计量方法得出了正向、负向的估计。另一方面，不平等通过贫困对经济增长的间接影响是负向的。进一步分析表明，这种负向影响来自贫困率高于中位数的样本（但并非极端贫困）。实际上，当贫困率低于中位数时，间接影响可以忽略不计；而在极端贫困情况下，间接影响为正。值得注意的是，这些实证结果与我们的理论模型预测一致。

六、结　　论

本文讨论了在研究增长、不平等和贫困的实证文献中受到较少关注的两个问题。首先，本文基于 López 和 Servén（2009）的研究，实证分析了贫困对增长的影响；其次，本文还进一步讨论了不平等如何通过影响贫困来间接影响经济增长。

本文采用了一种简单的理论分析模型，其中增长是由总投资驱动的，但贫困的消费者没有储蓄且无法进行投资。在该模型中，贫困对增长的影响毫无疑问是负向的，其影响程度随着贫困程度的增加而增加。相反，不平等则从相互独立的两方面影响经济增长。一方面，不平等通过影响贫困来间接影响经济增长，除极端贫困以及不平等程度较低的情况外，这种间接影响都是负向的；另一方面，不平等程度影响非贫困人口的总投资，但是该影响无法确定正负。

为了检验以上假设，本文使用了一个大型面板数据集，包含共 804 个观测数据，覆盖 158 个国家，时间跨度从 1960—2010 年。我们的计量模型中除了包含贫困与不平等指标外，还控制了标准经济增长计量模型中所涵盖的重要解释变量。

总体而言，本文结果显示贫困与增长之间存在持续的显著负相关关系。贫困率下降 10%，经济增长率将提高 0.5%～0.8%。进一步分析表明，影响的程度和显著性取决于经济体的贫困程度。当贫困程度较低（低于样本中位数）

时，贫困对经济增长的影响在统计上并不显著。相反，当贫困程度较高时，贫困对经济增长的影响显著为负，即人口贫困率下降 10%，经济增长率将提高 1%～2%。

相反，我们发现，在保持贫困率不变的情况下，不平等与增长之间的相关性并不稳健，这取决于所采用的计量模型及估计方法。但是不平等（通过贫困）对增长的间接影响显著为负，且在贫困程度较高时尤为突出。基尼系数降低 0.1，全样本中经济增长率将提高 0.3%。对于贫困率高于中位数的样本而言，其经济增长率将提高 0.7%～1.1%。但是，在极端贫困的情况下，不平等与经济增长的相关性转变为正相关：基尼系数增加 0.1，经济增长率将提高约 0.1%。值得注意的是，本文的实证结果与理论模型的预测一致。

本文还通过改变控制变量集、估计方法、贫困线和贫困指标的方式进行了一系列稳健性检验。我们认为，贫困倾向于阻碍增长的结论可能对增长导向政策的选择产生重大影响。具体而言，我们的研究结果表明，如果政策不仅可以促进经济增长，还能直接降低贫困，那么该政策将能有效促进经济增长。

贫困收敛、增长停滞与再分配

Luis F. Lopez - Calva　Eduardo Ortiz - Juarez
Carlos Rodríguez - Castel

摘要： 本文利用墨西哥 1992—2014 年各地区数据，在经济增长停滞的背景下分析了收入、贫困和不平等的收敛情况。结果表明，收入、贫困和不平等的收敛是由于最贫困地区经济发展良好，而富裕地区经济增长停滞甚至恶化所造成的。其中，社会援助的增加起着重要作用，这一方面促使低收入家庭保持较高的收入增长率，另一方面也逐步改善了全社会的收入分配。

一、引　　言

在 1992—2014 年，墨西哥的国内生产总值（GDP）年均增长率为 2.5%，人均增长率只有 0.9%。这使得墨西哥成为这段时间内整个拉丁美洲大陆经济表现倒数第二的国家。较差的经济发展也表现在减贫方面。1992 年，官方极端贫困线和基本贫困线下的贫困发生率分别达到了 21.4%和 53.1%；2014 年，这一比例基本保持不变，分别为 20.6%和 53.2%。

墨西哥在本国的国家贫困线标准下保持着较高的贫困发生率，而其他同墨西哥发展水平相似的国家在同一时期的贫困发生率则发生了显著降低。例如，2014 年，在阿根廷和智利，每天生活费不足 5.5 美元（2011 年 PPP）的人口比例分别为 9.1%和 10.1%，而在墨西哥，这一比例达到 33.6%。墨西哥各州贫困发生率也存在显著差异。根据官方数据，2014 年，4 个最贫困的州（均位于墨西哥南部）的贫困发生率平均为 71%，是 4 个最富有州（主要位于墨西哥北部）的两倍（34%）。此外，超过一半的城市（1 276 个城市）贫困发生率达到（或超过）70%，只有 69 个城市贫困发生率不高于 30%。

作者简介：Luis F. Lopez - Calva 任职于联合国开发计划署；Eduardo Ortiz - Juarez 任职于伦敦国王学院；Carlos Rodríguez - Castel 任职于世界银行。

1992—2014年，墨西哥经济受到严重打击。1995年，墨西哥“龙舌兰酒危机”使得人均GDP下降了8%，而2009年全球金融危机，墨西哥人均GDP下降了近7%。在“龙舌兰酒危机”发生后，墨西哥贫困率急剧上升：1992年极端贫困率为21%，1996年该比率超过37%，而贫困发生率则从52%上升到69%。自1996年开始，墨西哥的极端贫困率和贫困发生率经历了10年的持续下降，在2006年达到最低水平，分别为14%和43%。在此期间，虽然墨西哥的经济增长表现令人失望，但伴随着积极的社会改革，包括针对最贫困人口的有条件现金转移计划、联邦转移支付扩大至地方政府，墨西哥的减贫努力取得了一定进展。但该国贫困率在2006年之后开始反弹，部分原因是全球金融危机以及其他冲击（例如，2007年的世界粮食价格危机和2009年的猪流感爆发），墨西哥贫困率逐渐又上升到1992年的水平。

在收入增长表现不佳、经常性经济冲击、贫困率长期居于高位以及国内不平等程度较大这些背景下，人们普遍认为墨西哥居民生活水平，特别是最贫困人口的生活水平几乎没有提高。虽然社会公共支出一直在扩大，收入分配略有所改善（基尼系数从20世纪90年代的0.53左右下降到2014年的0.49），但是一些群体或地区一直处于贫困状态的问题仍然存在。

为了研究上述问题，我们首先按照Barro和Sala-i Martin（1991）的框架，对1992—2014年期间各地区人均收入的收敛情况进行了分析，以讨论较贫穷的地区在经济增长和社会支出扩大背景下是否实现收入增长，以及地区不平等程度是否随着时间的推移而缩小。然后，我们分析了人均收入的收敛是否转化为贫困发生率的收敛，并借鉴Ravallion（2012）的贫困收敛分解来讨论初始贫困对贫困增长弹性的影响；同时，我们还讨论了初始不平等程度及其跨期变化在此过程中所起的作用。在贫困收敛和贫困增长弹性的分析中，我们的重点在于子样本之间所存在的较大差异，例如，城市与农村、位于美国边境的州与其他州之间的差异，以及不同时期之间的差异。本文使用了5年跨期的市级数据集（1992—2014年），其中包含平均家庭人均收入、贫困率和不平等程度。

此外，本文还对收入增长以及国内贫困收敛进行了实证研究。以往关于墨西哥的相关研究中，多是采用州一级的数据或者更短时间的市级数据。而使用宏观数据分析将可能消除个体数据的非线性，从而难以反映微观数据所衡量的平均生活水平。本文则基于家庭层面的数据来开展分类与设定操作，因此相比于已有研究，本文对初始收入分配参数（即初始贫困和不平等程度）以及后期经济增长和减贫之间的结构关系将有望获得更好的理解。

本文的其余部分安排如下：第2部分为文献综述；第3部分介绍了构建市

级数据集的方法；第 4 部分和第 5 部分分别分析了城市之间人均收入和贫困率的收敛；第 6 部分则分析了初始贫困和不平等程度对收入增长和减贫的影响；第 7 部分总结全文。

二、文献综述

关于地区经济增长的研究已有一些范式。首先，Baumol（1986）、Barro 和 Sala-i Martin（1991，1992，1995）提出收敛假说，也被称为“追赶效应”或“后发优势”，也就是说相比于富裕的国家，较贫穷的国家往往会经历更高的经济增长率。

虽然收敛的含义并不局限于已有文献所讨论的内容（Quah，1993），但本文依然沿用两个重要概念：α 收敛——侧重于降低收入在各单位中的分散程度（Sala-i Martin，1996），通常通过描述分散程度的统计量来度量；β 收敛——指初始收入水平与增长率之间的负相关关系，通常使用参数估计（如对数线性和非线性估计）以及非参数估计（如离散马尔科夫链）。其中，β 收敛又包括绝对 β 收敛（即贫穷国家的收入收敛至共同的稳态）和条件 β 收敛（即收入收敛，但不一定收敛至共同的稳态，取决于经济结构特征）。与条件 β 收敛相关的另一种收敛方式为“俱乐部收敛”，即条件收敛可能使各国内部收敛至相同的稳态均衡，而各国之间稳态不同（Durlauf 和 Johnson，1995；Quah，1996、1997；Su，2003）。Galor（1996）对每种收敛的理论含义和经验证据进行了总结。

虽然大多数文献主要关注收入，但也有一些研究讨论了收入分布是否趋向共同稳态，即收入不平等收敛问题（Bénabou，1996；Ravallion，2003；Lin and Huang，2011），以及收入收敛是否也伴随着贫困收敛（Sala-i Martin，2006；Ravallion，2012；Cuaresma 等，2017）。比如，Ravallion（2012）证明在参数独立于初始分布的标准对数线性增长模型中，收入收敛即意味着贫困率收敛。

收入增长是减贫的必要条件，通常也是主要驱动因素（Lustig 等，2016）。总的来说，具有较高的经济增长率的国家，其贫困人数减少得更快，特别是在使用绝对贫困线测量贫困时（Ravallion，1995、2001；Dollar and Kraay，2002；Kraay，2006；Grimm，2007；Foster and Székely，2008；Ferreira 和 Ravallion，2011；Dollar 等，2016；Fosu，2017）。然而，经济增长以及减贫的速度通常取决于初始收入分配及其在经济增长过程中的变化。

这使得我们必须讨论第二个典型的事实，即收入分配的初始参数对增长以及减贫增长弹性都很重要。经典理论认为，初始经济增长乏力将导致物质和人力资本投资减少，或者更糟糕的情况是完全没有开发投资机会，特别是当信贷配给与投资不可分割性相结合时，这种情况对穷人更加不利（参见 Galor 和 Zeira，1993；Ljungqvist，1993；Bénabou，1996；Durlauf，1996；Hoff，1996；Aghion and Bolton，1997；Piketty，1997；Banerjee and Duo，2003）。

基于相似的论点，一系列关于增长的约束条件、决定因素的实证研究讨论了增长模型中初始参数的影响，结果表明较高的初始贫困率（Ravallion，2012）或更高的初始不平等程度（Alesina 和 Rodrik，1994；Persson 和 Tabellini，1994；Clarke，1995；Deininger 和 Squire，1998；Ravallion，1998；Knowles，2005）对未来经济增长率有所限制。此外，一些研究还表明，这种不利的初始参数将抑制经济增长对减贫的正向影响（Bourguignon，2003；Ravallion，1997、2004、2007、2012；Lopez 和 Servén，2006）。

笔者认为，大多数（收入）收敛的实证文献都没有明确地说明初始分配对后续增长和减贫的影响。Ravallion（2012）利用近 90 个国家的样本数据，并未发现明显的收入收敛迹象，也没有发现任何证据，以表明初始较贫穷的国家减贫程度越大。这是因为初始较高的贫困率抵消了较贫穷国家较高增长率的优势。

本文基于跨度近四分之一世纪的 5 年跨期数据，构建了市级层面关于收入、不平等和贫困的数据集，并讨论了大部分本节所列举的研究内容，以对墨西哥国内福利收敛路径及其变化提供更加详细、长期的证据。以往关于墨西哥的研究集中于各州的收入增长路径上，虽然部分研究发现各州经济增长存在收敛趋势，但多数研究结果表明各州经济增长并未收敛。比如，Esquivel（1999）发现，在 1940—1960 年，各州之间经济收敛速度较快，但它在之后的 35 年间，这种收敛趋势停止并发生逆转。之后的研究则主要集中于 1985—2000 年（Chiquiar，2005；García - Verdú，2005；Rodríguez - Pose 和 Sánchez - Reaza，2005；Rodríguez - Oreggia，2007）。总的来说，近年来各州之间经济增长发散主要与贸易自由化和北美自由贸易协定的生效有关，而最初拥有相对较高的技术劳动力和更好的公共基础设施的城市则存在俱乐部收敛现象。

由于缺乏统计数据，对于墨西哥各市、县经济增长收敛趋势的研究较少。已有研究利用小域估计方法（small - area estimation）从家庭收入调查和人口普查数据中提取计算地区收入，这一计算方法的结论是 2000 年墨西哥各市在收入和贫困方面存在巨大差异（Székely 等，2007；López - Calva 等，2008）。墨西哥国家社会发展政策评估委员会（CONEVAL）利用小域估计方法计算了2000—2005 年贫困程度及其变化，并讨论了 2010—2015 年各市多维贫困情况。

但已有研究并没有基于市级数据对收入、贫困和不平等的区域差异进行长期评估。本文的研究与 Villalobos Barría 等（2016）的工作更为接近。Villalobos Barría 等（2016）通过高斯混合模型分析人类发展指标（即收入、婴儿死亡率和受教育年限）的单变量和联合分布。这也是本文构建收入分布的方法。此外，Enamorado 等（2016）利用相同的原始数据集，讨论了不平等程度与药物相关凶杀案的因果关系，发现 1990—2001 年大多数城市的不平等程度都大幅下降。

三、计算市级层面的收入、贫困和不平等

为了计算市级收入、贫困和不平等的长期趋势，我们需要建立一个跨期可比的福利指标的数据集，该数据集在统计上可以代表各市的每个人。我们可以利用典型的家庭层面调查来获得家庭所有收入来源，从而精确地获取家庭收入。但是，如所有受限样本调查一样，这些调查通常仅在国家层面具有代表性，或者可能在省或州一级具有代表性。

另一方面，虽然我们可以利用人口普查数据实现对人口的全面覆盖，并且部分人口普查数据也会提供福利指标数据，例如，CONEVAL 的社会落后指数（Social Backwardness Index）或 CONAPO 的墨西哥边际化指数(Marginalization Index)，但它们都缺乏家庭层面的收入数据。虽然人口普查并不是为了全面收集收入而设计的，但由于其缺乏家庭层面收入数据，至少对我们的分析来说，这是一个明显的缺点。

因此，本文采用了 Elbers 等（2003）提出的小域估算方法，将调查中的家庭人均收入与相应的人口普查数据结合。该方法基于调查数据预测收入模型的参数以及误差分布，模拟出人口普查数据集中的收入分布，从而计算贫困和不平等指标。

该模型有两个关键步骤。首先，对于给定一年的家庭调查数据，我们将其看作是人口普查框架下的随机样本。第二步是确定家庭收入调查和人口普查共有的一组解释变量，使其在概念和统计上是相同的，也即这些变量在两个数据集中测量相同的现象，并且它们的分布在统计上没有显著差异——样本均值在

统计上等于总体均值。那些满足上述标准的变量就是备选的回归量，用于对调查数据家庭人均收入进行建模。

该模型采用广义最小二乘形式：

$$\ln y_{hm} = \beta X_{hm} + \gamma Z_m + \mu_{hm} \tag{1}$$

位于 m 市的家庭 h 其人均收入取决于两组协变量：X_{hm}，包括家庭和个人特征，Z_m，市级固定效应。β 和 γ 是相应的协变量集与 $\ln y_{hm}$ 之间的相关系数；$\mu_{hm} = \eta_m + \varepsilon_{hm}$ 表示误差项，其中 η_m 对于同市的家庭是独立同方差的，ε_{hm} 则取决于家庭和市的特征，因而具有异方差性。我们将 β、γ 和 μ_{hm} 的估计值与人口普查中相应的协变量 X_{hm}、Z_m 结合，并利用 bootstrap 的方法模拟家庭人均收入的分布。

已有广泛的实证研究证据支持该方法的稳健性（Alderman 等，2002；Bedi 等，2007）。在墨西哥，小域估算方法已经被应用于估算市级层面的贫困程度，但仅限于 2000 年和 2005 年。在本文中，我们利用家庭收入和支出调查（ENIGH）的 5 年抽样调查数据（跨度 25 年）和相应年份的人口普查数据（1990—1992，2000，2005，2010 及 2014—2015）。由于每个数据点都是人口普查框架下的随机样本，因此我们认为两个数据源之间给定变量的分布具有可比性。在此条件下，我们可以识别出满足条件的共同的协变量组 X_{hm}。

X_{hm} 主要包括个人、家庭和住宅的特征。Z_m 考虑了市级加总的变量、公共服务和基础设施的覆盖范围，以及数据的可得性。通过最小化误差 η_m 与总误差项 μ_{hm} 的方差的比率（也就是不同城市间不可解释的差异的比例）来提高估计的精确度。我们分别使用 ENIGH 每轮调查的全部数据估计方程（1）的参数，然后在相应的人口普查数据集中重复模拟 200 次以获得具有代表性的收入分布。此外，墨西哥 2015 年的人口普查数据是一个包含 590 万户家庭的样本，具有足够的统计代表性。

我们使用的收入为家庭人均净收入，包括劳动收入、自营收入、家庭非劳动收入（如公共和私人转移）、自住住宅的估算租金、自我消费以及收到的实物和礼品。我们借鉴福斯特等（1984）的方法来衡量贫困，即：食物贫困（无法负担一篮子基本食物的支出）、能力贫困（无法负担一篮子基本食物支出以及健康和教育支出）和资产贫困（无法负担一篮子基本食物支出，健康和教育支出，以及服装、住房和交通方面的支出）。最后，市级不平等程度是通过一系列基本指数（如基尼系数）计算出来的。

利用小域估计方法，本文构建了一个丰富、新颖的数据集，其中基于收入的指标可以在时间和空间维度（2 361 个城市）上进行比较。该数据集涵盖的城市占墨西哥当前城市的 96%，大约覆盖 98%的人口。该数据集的描述性统计结果显示，墨西哥的人均收入在研究期间的大部分时间内几乎没有增长，并且只在 2010 年之后略有增长。实际上，在 1992—2014 年间，人均收入的年化增长率仅为 0.8%，与引言中所述的人均国内生产总值表现一致。

在长期收入增长停滞和总体贫困率相对不变的背景下，本文下一部分重点关注市级人均收入的增长轨迹（以 2014 年 8 月不变价格进行调整）。我们的目的是回答两个关键问题：较贫穷的地区是否收入增长率更高，从而赶上了更富裕的城市？各地区之间的收入差距如何随着时间的推移而演变？

四、各地区人均收入的收敛情况

如第 2 部分所述，经济增长理论中一个经典的假设是收敛，即较贫困地区的收入增长速度快于富裕地区。我们利用 Barro 和 Sala - i - Martin（1991）对于 β 收敛和 α 收敛的定义，讨论 1992—2014 年墨西哥各市的收入收敛情况，并重点关注 2000 年代的情况。我们首先分析 β 收敛，对于时间跨度 τ 的数据，城市 i 在时间 $t-\tau$ 年到 t 年之间人均收入（y）的年化增长率由下式给出：

$$g_i(y_{it})=\frac{\ln\left(\frac{y_{it}}{y_{it-\tau}}\right)}{\tau} \quad (2)$$

因此，人均收入增长的实证模型可以写为：

$$g_i(y_{it})=\alpha+\beta\ln(y_{it-\tau})+\mu_{it} \quad (3)$$

其中，$\ln y_{it-\tau}$ 是初始人均收入的对数；参数 α 是市级固定效应；β 表示绝对收敛速度；μ_{it} 为随机项。

表 1 的 a 部分总结了 1992—2014 年期间各城市人均收入绝对 β 收敛的情况，系数为−0.007 并且显著，这意味着较贫穷地区的人均收入增长比富裕地区更快，年收敛速度为 0.7%。然而，将时间细分后可以看出追赶效应仅发生在 2000—2014 年，其系数为−0.019；而在 20 世纪 90 年代并没有发现收入收敛的证据。这一结果也在图 1 中有所体现。进一步分析 2000 年代，我们发现 2000—2005 年的收敛速度更快，年收敛速度为 4.3%，这也如引言中讨论的那样，即总体贫困率在“龙舌兰酒危机”达到峰值后显著下降。2005 年之后，收入收敛仍然明显，但收敛速度变慢，可能的原因包括各种经济冲击导致经济

衰退和墨西哥经济的非常规收缩。

表 1　1992—2014 年绝对 β 收敛估计结果

	(1)	(2)	(3)	(4)	(5)	(6)
	1992—2014	1992—2000	2000—2014	2000—2005	2005—2010	2010—2015
			a. 全样本			
$\ln y_{it-\tau}$	−0.007***	0.001	−0.019***	−0.043***	−0.020***	−0.013***
	(0.001)	(0.003)	(0.001)	(0.003)	(0.003)	(0.003)
观测值	2 361	2 361	2 361	2 361	2 361	2 361
R^2	0.102	0	0.342	0.313	0.076	0.022
			b. 城市样本			
$\ln y_{it-\tau}$	−0.008***	−0.003	−0.019***	−0.045***	−0.020***	−0.009**
	(0.001)	(0.004)	(0.001)	(0.003)	(0.004)	(0.004)
观测值	944	944	1 017	1 017	1 022	1 022
R^2	0.138	0.002	0.334	0.323	0.076	0.012
			c. 农村样本			
$\ln(y_{it-\tau})$	−0.018***	−0.027***	−0.031***	−0.077***	−0.035***	−0.068***
	(0.001)	(0.004)	(0.002)	(0.003)	(0.004)	(0.008)
观测值	1 417	1 417	1 344	1 344	1 339	1 339
R^2	0.235	0.05	0.415	0.395	0.062	0.188

注：括弧内为 t 值，***、**、* 分别表示在 1%、5%、10%的显著性水平下显著，下同。

当我们基于人口规模分组回归时，结果依然存在显著差异。我们将农村定义为居住人口少于 1.5 万人的地区。结果显示，在 1992—2014 年间，农村的追赶效应至少是城市的两倍，实际上相对于后者而言，在每个子时期，农村人均收入收敛速度始终快于城市地区，这一差异在统计上具有显著性（表 1，b 和 c）。有趣的是，虽然在全样本中 20 世纪 90 年代没有发现收入收敛的证据，但在此期间农村人均收入收敛，年均收敛速度为 2.7%。此外，虽然两组样本在 2005—2010 年收敛速度相比于 2000—2005 年降低了一半，但在 2010—2014 年，农村收敛速度回升，而城市的收敛速度则进一步放缓（表 1，b 和 c 部分第 5－6 列）。

现在，我们检验条件 β 收敛假说，即人均收入增长路径取决于初始条件以及结构特征等因素。为此，等式（3）中的地区固定效应被改写为：

$$g_i(y_{it}) = \alpha + \beta \ln(y_{it-\tau}) + \gamma X_{it-\tau} + \mu_{it} \tag{4}$$

该模型假定地区特征变量 $X_{it-\tau}$ 对人均收入增长将产生影响，将其作为控制变量。

地区特征变量包含当地政府在每个研究时期第一年的公共支出、收入的构成，这些都与 20 世纪 90 年代联邦转移支付系统改革有关。特别是 1988 年引入了“ Ramo 33”的改革，旨在将地方政府的额外收入再分配用于社会发展，使得地区政府能够从更大规模的联邦转移中获益。

我们在模型 4 中加入第一年当地政府人均公共支出作为控制变量，结果表明 1992—2014 年的收敛速度从绝对收敛估计的 0.7%上升到 1.2%，并且条件收敛速度在 2000 年后有所加快。有趣的是，在 20 世纪 90 年代，并没有证据显示人均收入绝对收敛，但在此期间条件收敛速度为 1.6%，并且在 1%的水平上显著（表 2，a 部分）。此外，城市和农村的估计结果显示，在所有研究期间，农村的条件收敛速度同样快于城市；与全样本估计结果一致，20 世纪 90 年代城市中存在条件收敛的迹象，年收敛速度为 2%。

表 2　1992—2014 年公共支出的 β 收敛检验结果

	(1)	(2)	(3)	(4)	(5)	(6)
	1992—2014	1992—2000	2000—2014	2000—2005	2005—2010	2010—2014
			a. 全样本			
$\ln y_{it-\tau}$	−0.012***	−0.016***	−0.020***	−0.047***	−0.020***	−0.015***
	(0.001)	(0.005)	(0.001)	(0.003)	(0.004)	(0.003)
公共支出	0.003***	0.012***	0.004***	0.008**	−0.008*	0.024***
	(0.001)	(0.004)	(0.001)	(0.003)	(0.004)	(0.005)
观测值	2 234	2 234	2 193	2 193	2 116	2 045
R^2	0.166	0.056	0.342	0.318	0.089	0.061
			b. 城市样本			
$\ln y_{it-\tau}$	−0.013***	−0.020***	−0.021***	−0.049***	−0.020***	−0.014***
	(0.002)	(0.006)	(0.002)	(0.003)	(0.004)	(0.004)
公共支出	0.003**	0.012***	0.006***	0.011***	−0.006	0.028***
	(0.001)	(0.005)	(0.002)	(0.004)	(0.005)	(0.006)
观测值	923	923	971	971	985	937
R^2	0.216	0.067	0.345	0.333	0.086	0.066

（续）

	(1) 1992—2014	(2) 1992—2000	(3) 2000—2014	(4) 2000—2005	(5) 2005—2010	(6) 2010—2014
			c. 农村样本			
$\ln y_{it-\tau}$	−0.020***	−0.044***	−0.031***	−0.083***	−0.035***	−0.077***
	(0.001)	(0.005)	(0.002)	(0.003)	(0.005)	(0.009)
公共支出	0.002***	0.016***	0.001	0.009***	−0.013***	0.012**
	0%	0%	0%	0%	0%	−1%
观测值	1 311	1 311	1 222	1 222	1 131	1 108
R^2	0.253	0.112	0.417	0.405	0.095	0.22

总体而言，与绝对收敛模型相比，条件收敛速度一般更大。唯一的例外是2005—2010年两种收敛模型估计结果基本保持不变。一个可能的解释是，在此期间经济受到各种不利冲击的严重打击，初始人均公共支出的系数也显著为负。而在其他年份，该变量的估计显著为正，这意味着公共支出的初始水平通过例如公共投资、转移和补贴等方式对人均收入增长产生正向影响。如果在等式（4）中控制公共支出中的共同投资、转移和补贴，而不控制总公共支出，可以发现公共投资、转移以及补贴的系数在2005—2010年间都显著为负。因此，我们认为2005年的人均公共支出似乎不足以在2000年代末经济萎缩的总体环境中通过以上渠道来促进收入增长，从而加速收敛。

此外，我们在等式（4）中进一步控制了墨西哥有条件现金转移（CCT）计划的受益家庭数量的年增长率，以便获得自1997年该计划实施以来其推广速度对收入收敛速度的影响。到2000年，该计划使大约240万生活在极端贫困中的家庭获益，该数字后续增长到490万，年增长率达到20%。虽然2005年之后该计划仍继续推进，但受益家庭数量的增长率显著低于2.4%，受益家庭数量在2010年和2014年分别达到570万和600万。

表3总结了控制公共支出和CCT计划的模型估计结果，可以看到，相较于表2中的估计结果，此模型的收敛速度有所提高。CCT的系数在2000—2014年和2000—2005年都显著为正，并且在整个2000—2014年都特别高，在此期间CCT受益家庭数量也大幅增长。该计划的扩张似乎通过提高最贫困的地区人均收入来提高收入收敛速度（第2列）。2005年之后，该变量的系数转为负，且不显著，这表明CCT覆盖范围的后续扩张速度较低，因而未对人均收入产生实质性影响。

表 3　2000—2014 年公共支出和 CCT 计划的 β 收敛检验结果

	(1) 200—2014	(2) 2000—2005	(3) 2005—2010	(4) 2010—2014
	a. 全样本			
$\ln y_{it-\tau}$	−0.025***	−0.059***	−0.026***	−0.015***
	(0.002)	(0.004)	(0.003)	(0.004)
公共支出	0.003**	0.006**	−0.010***	0.025***
	(0.001)	(0.003)	(0.003)	(0.005)
CCT 家庭数量年均增长率	0.035***	0.067***	−0.023	−0.055**
	(0.010)	(0.014)	(0.026)	(0.024)
观测值	1 957	1 957	2 106	2 035
R^2	0.367	0.348	0.182	0.065
	b. 城镇样本			
$\ln y_{it-\tau}$	−0.025***	−0.060***	−0.027***	−0.014***
	(0.002)	(0.005)	(0.003)	(0.004)
公共支出	0.004***	0.008**	−0.009**	0.029***
	(0.001)	(0.003)	(0.004)	(0.006)
CCT 家庭数量年均增长率	0.033***	0.066***	−0.023	−0.055**
	(0.010)	(0.015)	(0.027)	(0.025)
观测值	878	878	975	927
R^2	0.369	0.364	0.197	0.072
	c. 农村样本			
$\ln y_{it-\tau}$	−0.033***	−0.095***	−0.035***	−0.076***
	(0.002)	(0.004)	(0.005)	(0.009)
公共支出	0.000	0.010***	−0.013***	0.008
	(0.001)	(0.003)	(0.004)	(0.006)
CCT 家庭数量年均增长率	0.011	0.058***	−0.072	−0.110*
	(0.013)	(0.011)	(0.044)	(0.057)
观测值	1 079	1 079	1 131	1 108
R^2	0.434	0.426	0.098	0.23

在之前的所有模型中，2010 年后收入收敛过程仍在持续。虽然利用全样本估计时，2010—2014 年的收敛速度较 2002—2005 年而言更慢，但在农村贫困地区 2010—2014 年收入收敛速度很高。如前所述，在 2010—2014 年 CCT 覆盖范围的扩大不应该有太多影响，那么如何解释这一结果呢？我们认为这是因为当地政府收到的联邦转移支付越来越多。近年来，对社会基础设施捐款基金（FAIS）的再分配评估是“Ramo 33”计划的一个重要组成部分，该基金表明，墨西哥国内优先关注区的确定，改善了政府社会基础设施的联邦转移支付目标和实施情况，这对 2000—2014 年家庭收入水平和收入增长方面都有积极的作用（Rodríguez‑Castelán 等，2017）。此外，这种联邦转移支付对于改善当地一些社会经济指标至关重要，特别是在 2010—2014 年。

需要注意的是，之前的所有收入收敛过程都是基于收入总体低增长的背景，比如 1992—2014 年总体年均增长率为 0.8%。在这个时期，最贫困的城市增长率相对较高：例如，最贫困的 10%的城市年均增长率为 2.5%；而最富裕的城市则为负增长率：例如，每年最富有的 10%的城市年均增长率为 −0.6%。事实上，增长率曲线（GIC）表明，在 1992—2000 年，最贫穷的 10%地区经历了平均每年 2%的正增长，而其余地区均为负增长（−1.1%），其中最富有的 10%的城市年均增长率为 −1.9%。

总的来说，2000—2014 年的情况更为乐观。这段时间内，绝大多数地区经历了正增长，但同样是较贫穷的地区增长率更高。这主要是由 2000—2005 年收入高增长推动的：最贫穷的一半地区人均收入每年增长 6.8%，而其余地区年均收入增长率仅为 0.4%。2005—2010 年，经济放缓对人均收入表现产生影响，平均每年增长率为 0.6%，除去最贫穷的 10%的地区以外，其余地区的平均增长率为 −0.8%。

因此，我们观察到的收入收敛过程是源于最贫穷的 10%的群体收入以相对较高的增长率增长，而中高收入群体的人均收入则增长停滞甚至出现负增长。为了进一步探讨这一过程，我们将重点讨论两个群体，它们的发展水平和受到的经济冲击程度不同：一组位于美国边境地区，它们与美国的经济融合程度更高，平均收入水平也更高；另一组则是其他地区（NB）。

由表 4 可以看到，两组样本的估计结果显示所有时期人均收入均显著收敛，并且与美国接壤的地区收敛速度一直较高（表 4，b 和 c 小组）。进一步分析可以发现，在 1992—2000 年期间，NB 地区收入收敛是因为最贫困地区的增长率相对较高，而 NB 其他地区的增长率则为负。相比之下，边境地区的收敛则源于倒 U 型增长模式。也就是说，虽然最贫穷和最富有的 20%地区的人均收入减少，增长率分别为－0.2％和－0.7％，但贫穷地区的收入降低速率更低。值得注意的是，人均收入处于中等水平的大部分城市经历了正增长。因此，虽然“龙舌兰酒危机”在全国层面都产生了不利影响，但美国边境各州的一些相对较贫穷的城市可能会因货币贬值和北美自由贸易区的生效而获益，从而追赶其他较富裕地区。

表 4 边境地区与非边境地区公共支出 β 收敛估计结果（1992—2014 年）

	(1) 1992—2014	(2) 1992—2000	(3) 2000—2014	(4) 2000—2005	(5) 2005—2010	(6) 2010—2014
a. 全样本						
$\ln y_{it-\tau}$	−0.012***	−0.016***	−0.020***	−0.047***	−0.020***	−0.015***
	(0.001)	(0.005)	(0.001)	(0.003)	(0.004)	(0.003)
观测值	2 234	2 234	2 193	2 193	2 116	2 045
R^2	0.166	0.056	0.342	0.318	0.089	0.061
b. 与美国接壤的地区						
$\ln y_{it-\tau}$	−0.017***	−0.028***	−0.022***	−0.051***	−0.060***	−0.044**
	(0.004)	(0.010)	(0.004)	(0.012)	(0.009)	(0.017)
观测值	267	267	262	262	267	266
R^2	0.25	0.113	0.226	0.256	0.198	0.055
c. 其他地区						
$\ln y_{it-\tau}$	−0.011***	−0.020***	−0.019***	−0.044***	−0.014***	−0.017***
	(0.001)	(0.006)	(0.001)	(0.003)	(0.004)	(0.003)
观测值	1 967	1 967	1 931	1 931	1 849	1 779
R^2	0.154	0.052	0.307	0.274	0.056	0.089

在 2005—2010 年，NB 城市（收敛速度为 1.4％）和边境地区（收敛速度为 6％）之间的收敛速度差异可以通过以下增长模式来解释。两组中最贫穷的 10％地区的收入增长率平均每年接近 8％，而在最富有的前 10％地区中，收入增长率则为负。两组间收入收敛速度的差异在于最富有的地区收入下降的速度：NB 地区为－1.6％，而在边境地区为－5.4％。这似乎是因为美国房地产泡沫带来的全球金融危机具有强烈的区域性，使得与美国经济一体化不同程度的地区受到了不同程度的负向影响。类似的增长模式也可能解释 2010—2014 年两组地区收入收敛速度的差异。

从估计结果来看，墨西哥各地区收入存在显著的收敛过程，特别是在2000年之后，这也与墨西哥收入不平等总体下降的实证证据相一致（Esquivel等，2010）。从全样本来看，地区差异在20世纪90年代急剧上升之后，在2000—2005年迅速下降，并且直至2010年仍持续缓慢下降。2010年后，地区差异保持不变，然而，相较于1992年，2014年墨西哥收入差距几乎下降了8%。

从分样本结果来看，城市和NB地区的绝对量和趋势变化结果相似，1992—2014年收入标准差分别下降8.6%和6.1%。此外，农村地区的收入差距在2000年代后半期急剧下降之后又缓慢上升，虽然其在2010年后再次降低，但2014年农村地区收入差距几乎与1992年相同。并且，β-收敛速度相对较高的边境地区在1992—2014年收入标准差下降的速率也达到近22%。

五、检验贫困收敛

收入收敛是否代表着贫困收敛呢？如果人均收入遵循对数正态分布，那么贫困人口比率的任何变化都会在很大程度上由两个部分决定：一部分归因于收入变化，另一部分归因于收入分配变化。正如预期的那样，基于食物贫困线来看，减贫率相对较高地区的人均收入增长率也较高，同时收入分配也逐步变化，即资源从较富裕的人口转移到较贫穷的人口，从而促进了减贫进程。

我们首先关注第一部分：

$$g_i(P_{it}) = \delta + \eta g_i(y_{it}) + v_{it} \tag{5}$$

（5）式表示贫困对人均收入增长的偏弹性，代表在收入分配不变的条件下，由于收入增长1%而使得贫困人口变动的百分比。$g_i(P_{it})$是贫困率的年度变化，按式（2）计算；η是弹性参数，并且预期$\eta<0$；δ为地区固定效应，而v_{it}为随机项。

等式（5）的估计结果表明，较高的收入增长率往往会减少贫困。例如，在1992—2014年，地区人均收入增长率提高1%将使得食物贫困率下降1.4%。同时，与相应的对照组相比，城市地区和与美国边境接壤的地区食品贫困率对收入增长的反应更为敏感。

此外，农村食物贫困率比城市高约30%，NB地区食物贫困率则是边境地区的两倍。因此，贫困率相对较低的地区减贫速率对收入增长更加敏感。换句话说，贫困本身似乎是减贫的障碍。

无论贫困率对收入增长的弹性如何，地区人均收入增长都有利于降低食物贫困率，如果考虑上文获得的收入收敛证据，这意味着那些初始贫困率相对较高的城市 ln（$P_{it-\tau}$）未来贫困率也将更高。为了检验该理论，我们用式（6）估计：

$$g_i(P_{it})=\alpha+\beta\ln(P_{it-\tau})+\mu_{it} \tag{6}$$

其中 β 是贫困收敛速度的参数。

事实上，等式（6）的估计结果表明，较贫穷的地区贫困人口减少速度更快。

进一步研究发现，20 世纪 90 年代贫困收敛的参数显著为正，这表明较贫穷的地区在“龙舌兰酒危机”之后变得更为贫穷，或者至少未取得减贫进展。而 2000 年之后则出现了显著的收敛迹象，特别是 2000—2005 年。分组估计表明，城市和农村地区都经历了贫困收敛，尽管后者的收敛发生在 20 世纪 90 年代，并且总的来说比前者收敛速度更快。

此外，20 世纪 90 年代的大规模贫困收敛也发生在与美国边境接壤的地区之间，而在 NB 地区则发生了相反的迹象。2000 年之后，尽管两个群体贫困率都显著收敛，但有趣的是，边境地区在 2005—2010 年系数较高。

六、初始分配与贫困收敛速度

虽然较贫穷的地区在 1992—2014 年的大部分时间里经历了收入、贫困收敛，但关于初始收入分配的参数对于收敛速度的影响我们需要进一步讨论。我们基于 Ravallion（2012）对“贫困收敛弹性（Poverty convergence elasticity）”的研究基础，讨论了地区最初贫困发生率如何通过影响人均收入增长率和收入增长率（即贫困对人均收入的偏弹性）来影响减贫。

为了讨论第一条渠道，我们再次估计等式（4）中的 β-收敛模型的三个增强版本。首先，我们假定人均收入的年均增长率取决于地区初始人均收入以及初始食物贫困率，则：

$$g_i(y_{it})=\alpha+\beta\ln(y_{it-\tau})+\gamma\ln(P_{it-\tau})+\mu_{it} \tag{7}$$

1992—2000 年，γ 显著为负，并且在 1%的显著性水平下显著，也就是说在任意给定初始收入增长率水平的条件下，初始贫困发生率对人均收入增长存在不利影响。相反，2000—2005 年，食物贫困人口比率对随后人均收入增长产生了积极影响（$\gamma=0.007$，虽然系数值很低，而且仅在 10%的水平上显著），此时恰逢 CCT 计划快速展开，受益贫困家庭数量急剧上升。

由于初始贫困率并不独立于分布中的其他参数，因此在模型的第二个版本中，我们将地区的初始不平等程度 $\ln G_{it-\tau}$（其中 G 为基尼系数）作为第三个控制变量。结果显示 1992—2014 年和 1992—2000 年期间初始贫困率对收入增长存在显著的正向影响，并且在 2000—2005 年影响更大，这一结果验证了最初较贫穷的地区由于 CCT 计划的实施而导致人均收入增长更快的结论。而在其余分样本中，系数与 0 无显著差异。

随后，我们进一步在模型中加入公共支出（收入）、CCT 相关的控制变量。结果显示，2000—2014 年，初始食物贫困发生率对收入增长存在显著的正向影响，在 2000—2005 年 CCT 覆盖范围扩大的期间尤其如此。此外，CCT 覆盖家庭数量的增长率在 2000—2005 年对收入增长存在显著正向影响，这与第四节的 β-收敛估计结果相一致。

接下来第二个渠道，即减贫的收入增长弹性，我们通过 $g_i(P_{it})$ 对人均收入增长率与初始贫困发生率的乘积回归来估计，实际上获得的是调整后的贫困弹性（poverty-adjusted elasticity），使得食物贫困发生率初始水平相对较高的地区对后续收入增长率的敏感度更高。我们将减贫的增长弹性定义为：

$$g_i(P_{it}) = \eta(1 - P_{it-\tau})g_i(y_{it}) + v_{it} \qquad (8)$$

全样本的估计结果表明（表 5），相较于之前的估计，此时所有时期的估计系数绝对值均增加。为了说明调整后的贫困弹性的含义，我们考虑 1992—2014 年的估计值为－1.983。如果一个地区初始食品贫困发生率为 10%，并且人均收入年增长率为 4%，那么该地区预计每年的贫困率将降低 7.1%；如果初始贫困发生率为 70%，年收入增长率同样为 4%，那么该地区预计每年的贫困率将仅下降 2.4%。

表 5　食物贫困率降低对收入增长的弹性（1992—2014 年）

	(1) 1992—2014	(2) 1992—2000	(3) 2000—2014	(4) 2000—2005	(5) 2005—2010	(6) 2010—2014
			a. 全样本			
$g_i y_{it}$	－1.425***	－1.291***	－1.671***	－1.504***	－1.472***	－1.736***
	(0.089)	(0.072)	(0.083)	(0.114)	(0.082)	(0.077)
观测值	2 361	2 361	2 361	2 361	2 361	2 361
R^2	0.535	0.411	0.517	0.432	0.427	0.549

（续）

	(1) 1992—2014	(2) 1992—2000	(3) 2000—2014	(4) 2000—2005	(5) 2005—2010	(6) 2010—2014
b. 城市地区						
$g_i y_{it}$	−1.513***	−1.348***	−1.736***	−1.620***	−1.457***	−1.751***
	(0.109)	(0.091)	(0.092)	(0.133)	(0.102)	(0.094)
观测值	944	944	1 017	1 017	1 022	1 022
R^2	0.54	0.391	0.511	0.456	0.4	0.521
c. 农村地区						
$g_i y_{it}$	−1.142***	−1.018***	−1.210***	−0.942***	−1.482***	−1.680***
	(0.041)	(0.052)	(0.150)	(0.060)	(0.067)	(0.111)
观测值	1 417	1 417	1 344	1 344	1 339	1 339
R^2	0.599	0.488	0.58	0.312	0.54	0.686
d. 与美国边境接壤地区						
$g_i y_{it}$	−1.878***	−1.112**	−1.837***	−1.276***	−1.551***	−1.904***
	(0.308)	(0.531)	(0.166)	(0.371)	(0.255)	(0.175)
观测值	267	267	267	267	267	267
R^2	0.501	0.127	0.6	0.201	0.339	0.66
e. 其他地区						
$g_i y_{it}$	−1.298***	−1.263***	−1.434***	−1.436***	−1.324***	−1.698***
	(0.065)	(0.077)	(0.095)	(0.143)	(0.074)	(0.092)
观测值	2 094	2 094	2 094	2 094	2 094	2 094
R^2	0.587	0.464	0.453	0.435	0.45	0.516

然而，有趣的是，我们的估计显示，较贫困地区调整后贫困弹性绝对值一直高于较富裕的地区。例如，在初始食物贫困率为 63％或更高的地区（贫困发生率高于平均值 1 个标准差），1992—2014 年间年均增长率每提高 1％，每年的贫困率将下降近 3.4％，而在初始食物贫困率为 20％或更低的地区（贫困发生率低于平均值 1 个标准差），调整后的贫困收入增长弹性约等于 2。

与贫困率的收入增长弹性随着贫困率的增加而降低的线性关系相反，调整后的贫困增长弹性与贫困之间存在非线性关系。也就是说，那些 1992 年食物贫困发生率更高的地区随后人均收入增长率更高，并到 2014 年实现了大幅度的减贫，达到了较低贫困发生率和相对高的收入增长水平。在2000—2005年，与CCT计划扩张相一致，调整后的收入增长率增加1%将使得最贫困地区的食物贫困发生率降低3.9%，而较贫困的地区食物贫困发生率将降低2.2%（表6）。

表6 调整后的贫困收入增长弹性（1992—2014年）

	(1)	(2)	(3)	(4)	(5)	(6)
	1992—2014	1992—2000	2000—2014	2000—2005	2005—2010	2010—2014
a. 全样本						
$(1-P_{it-\tau})g_i y_{it}$	−1.983***	−1.885***	−2.288***	−2.280***	−1.874***	−1.990***
	(0.151)	(0.135)	(0.163)	(0.195)	(0.118)	(0.116)
观测值	2 361	2 361	2 361	2 361	2 361	2 361
R^2	0.499	0.421	0.453	0.489	0.432	0.451
b. 初始贫困发生率相对较低的地区						
$(1-P_{it-\tau})g_i y_{it}$	−1.984***	−1.756***	−1.870***	−2.247***	−1.337***	−2.182***
	(0.233)	(0.233)	(0.167)	(0.249)	(0.170)	(0.155)
观测值	426	426	436	436	383	440
R^2	0.486	0.293	0.365	0.423	0.277	0.601
c. 初始贫困发生率相对较高的地区						
$(1-P_{it-\tau})g_i y_{it}$	−3.387***	−2.863***	−2.872***	−3.911***	−2.444***	−3.082***
	(0.124)	(0.242)	(0.142)	(0.264)	(0.106)	(0.095)
观测值	433	433	458	458	425	457
R^2	0.882	0.785	0.596	0.621	0.828	0.881

为了更好地理解贫困收敛程度如何受地区初始贫困发生率的影响，我们基于Ravallion（2012）的方法并利用上文的估计结果对贫困收敛进行了分解。我们使用的分解方式由等式（7）和（8）的求导可得：

$$\frac{\partial g_i P_{it}}{\partial \ln P_{it-\tau}} = \eta\beta(1-P_{it-\tau})\left[\frac{\partial \ln P_{it-\tau}}{\partial \ln y_{it-\tau}}\right]^{-1} + \eta\gamma(1-P_{it-\tau}) - \eta g_i y_{it} P_{it-\tau}$$

其中 $\frac{\partial g_i P_{it}}{\partial \ln P_{it-\tau}}$ 是食物贫困收敛的速度，相当于等式（6）中的参数β；等式右边的第一个项为平均收敛作用（mean convergence effect）；第二项$\eta\gamma(1-P_{it-\tau})$为初始贫困程度的影响（effect of initial poverty）；第三项$\eta g_i y_{it} P_{it-\tau}$为贫困弹性（poverty elasticity effect）。我们使用上文β、γ和η的

估计值，当地初始贫困发生率的普通弹性与其初始人均收入有关，$P_{it-\tau}$ 和 $g_i(y_{it})$ 使用样本均值，事实上这种方法计算的收敛速度与之前的结果相近。

例如，在 1992—2014 年，上述分解方法计算的收敛速度为－0.011，这非常接近于同一时期利用等式（6）计算的结果－0.012。分解结果表明，平均收敛效应为－0.007，减贫受增长的影响，贫困收入增长弹性为－0.005。相比之下，当地初始贫困率的系数为正，但系数绝对值仅为 0.001。20 世纪 90 年代，平均收敛效应为－0.024，而初始贫困影响为 0.024，贫困弹性为 0.015。2000—2014 年，平均收敛效应和贫困收入弹性分别为－0.016 和－0.020，这与总体的贫困收敛速度也接近（－0.034），不过初始贫困的影响为正，只有 0.002。这些结果表明，收入收敛和增长对减贫的影响都有效地转化为 1992—2014 年贫困率的收敛，特别是在 2000 年之后。

我们进一步讨论 2000—2005 年的估计结果，因为这可能是研究中最具启发性的时期。我们发现分解产生了显著的估计结果，并且三个分解项系数符号相同。整体收敛速度为－0.055，其主要通过平均收敛效应（－0.024）和贫困收入弹性（－0.022）得到解释。但是，初始贫困率的影响也较大，其系数为－0.009，相当于贫困收敛速度的 16％。在经济增长令人失望的背景下，如此高的收入增长率可能是对极端贫困人口进行现金转移支付和一般社会支出爆炸性增长的结果，这在提高人均收入、降低食物贫困率的同时，也改善了收入分布。

为此，我们接下来探讨不平等程度的影响。首先，当地初始不平等程度对随后的人均收入增长率有显著的负向影响，这与大量关于增长的实证文献结论一致。此外，我们的结果还表明收入不平等将抑制人均收入增长对减贫的正向影响，这也与跨国经验证据相一致，即高度不平等使穷人从收入增长中获得较低的收入份额。例如，1992 年，基尼系数不高于 0.37 的地区（即低于基尼系数平均值一个标准差），在 1992—2014 年人均收入增长率提高 1％将使得食物贫困率每年下降 2％；而初始基尼系数为 0.48 或更高的地区（即高于基尼系数平均值一个标准差），人均收入增长率提高 1％将使得食物贫困率每年下降 1.07％。

所有估计结果都表明初始不平等程度更高的地区，经济增长对食物贫困的影响更小。我们将收入增长率调整为与初始贫困率或初始不平等程度相关：

$$g_i P_{it} = \eta(1 - G_{it-\tau}) g_i y_{it} + v_{it} \tag{9}$$

正如 Ravallion（1997）提出的那样，贫困增长弹性将通过收入分布来校正；其中 $G_{it-\tau}$ 是最初的基尼系数。

然而，进一步研究表明，在一个地区不平等程度非常高的国家，初始不平等与减贫弹性之间的关系并非线性。即使利用没有加权的增长率计算减贫弹性，也有微弱的证据表明，1992—2014 年，食物贫困率对初始高度不平等的地区收入增长更为敏感。因此，人均收入和食物贫困率之间弹性较高的情况不仅发生在最贫穷的地区，如前所述，而且也发生在初始不平等程度相对较高的地区。

事实上，给定 1992 年基尼系数，不平等程度排名前 40%的地区减贫幅度更大，并且其不平等程度在 1992—2014 年也显著下降，这表明在较贫穷的地区所观测到的减贫成果并不仅仅是收入的增加，还包括收入分配的改善。

总的来说，以上结果都表明了墨西哥在研究期间内不平等程度有所下降，这也与墨西哥在 1992—2014 年所有地区按人口加权后的基尼系数降低 0.8 所吻合。然而，不平等程度下降的幅度并非在所有地区之间都是相同的。71%的地区（约占全国人口一半）基尼系数下降达到 5.3，约 4%的地区其基尼系数只下降了约 0.4。而平均而言，其余 25%的地区（约占全国人口一半）不平等程度恶化，基尼系数上升约 3.4，这反映了 2010 年后墨西哥国内不平等程度再次恶化。

七、总　　结

在 1992—2014 年期间，墨西哥的人均收入增长和减贫都有所停滞，并且到 2014 年，墨西哥不平等程度非常大。这似乎表明墨西哥人民生活水平并没有得到改善。然而，在这些年间，墨西哥确实发生了一些变化。一方面，墨西哥经济受到 20 世纪 90 年代和 21 世纪初经济危机的严重打击，这加重了墨西哥整体的贫困程度，但这一影响似乎具有区域性的特点。另一方面，这些年来墨西哥政府进行了重要的社会政策改革，比如 CCT 计划的实施和推广，这使得墨西哥 1996—2006 年总体贫困率大幅下降，并且自 21 世纪初以来收入不平等也开始下降。

本文发现，首先，墨西哥最贫困地区的人均收入增长率高于较富裕的地区，因此存在收入收敛的现象。其次，收入收敛的同时，墨西哥地区收入不平等程度也在缩小，并在 2000 年代后期达到最低。第三，收入增长有助于降低贫困率，因此墨西哥收入收敛的过程有效地转化为了贫困收敛。第四，墨西哥政府公共支出的增加、21 世纪初的现金转移支付增加（特别是联邦政府对地区政府拨款增加）对收入收敛和贫困收敛均产生了积极影响。事实上，增加转移支付一方面提高了最贫困人口的收入增长率，另一方面也改善了墨西哥收入分配格局。最后，值得注意的是，收入收敛与贫困收敛现象只在部分地区发生，而富裕的地区经济增长及减贫处于停滞的状态。总的来说，即使面对经济危机，墨西哥最贫穷的地区也能够取得较好发展成果，这大大改善了墨西哥地区的不平等状况。

收入贫困的测量与应对

Ron Kneebone　Margarita Wilkins

一、引　　言

本文讨论并解释了收入的测量，在此基础上提出了一种公共政策应对建议，使收入支持能够更精确、更简便地实现最必要、最有效的瞄准。我们的出发点是认识到一个公共政策能够有效回应贫困个体和家庭、运行良好的民主社会的重要性。无论是“占领”运动，对最富裕的1%人口所拥有的财富和影响力的担忧，还是近来以民粹主义对北美和欧洲经济状况的攻击为表现的种种挫败，都愈加证明提高经济效率并不能同时不费吹灰之力地解决持续性贫困问题。挑战在于，如何有效地将稀缺资源用于应对持续性贫困。

我们将讨论阿尔伯塔省的贫困描述和测量数据，但结论同样适用于加拿大的任何省份。我们关注除老年人和原住民之外的加拿大人口所经历的贫困的测量与应对，也会涉及一点点与残疾相关的贫困问题。老年人、原住民和残疾人的贫困问题需要区别对待。

在下节中，我们将就收入贫困的测量进行综述，论证这些测量方式为何可以用于解释贫困发生率及贫困深度。然后，我们将转向描述社会援助，即公共部门在除老年人之外的人口的贫困问题方面最重要的应对手段。随后一节中，我们会展示个体和家庭的贫困经历，从而引出如何进行社会援助的问题。这样的讨论将表明，住房成本极大地影响着低收入个体和家庭所面临的种种挑战。从这些证据出发，我们提出了一种为有需要的个体和家庭提供收入支持的不同路径，我们认为这种路径会更为有效。最后，我们将主要发现进行了总结。

二、贫困的测量

在定义“贫困”的含义时，人们通常会确定一种以收入为基础的测量方式。毕竟，获得收入才能拥有住所、食品、衣物和其他必需品。以收入为基础的贫困测量很普遍，收入相对容易测量，收入测量的历史很悠久，决策者们也能够通过税收和支出政策对收入施加影响。

在本文中，我们关注贫困的收入测量，但也承认我们没有考虑另一种重要的经济测量方式，即家庭财富。在面临意外事件时，家庭财富是生计弹性的重要来源，能够成为收入损失等意外打击的缓冲器，从而更好地支撑低收入个体和家庭保住自己的住房、一日三餐并维持健康。我们关注收入，并不意味着我们认为与资本积累相关的其他因素不重要。相反，我们认为刺激资本积累的政策正是应对贫困的重要手段。

（一）收入贫困的两种宽泛概念

定义贫困必然会涉及公平和平等问题。由于公平和平等本身就难以界定，贫困的概念对不同人群意味着不同含义也就不足为奇。当然，就如何确定为所需要的人口提供收入支持的程度的公平和平等而言，这些不同的定义显然大致分为两种：第一种是基于贫困的相对测量，第二种则是基于贫困的绝对测量。

贫困的相对测量强调，收入低于可以被认定为贫困的水平，需要确定一个相对于社会其他人口所享受的生活的生活水平常量。贫困线应该随着社会整体生活水平而提高。

贫困的绝对测量认为，收入低于可以被认定为贫困的水平，只需要反映维持最低生活水平所需的成本。只有在维持这样的生活水平所需的成本变化时，决定贫困的收入标准才会变化。在社会平均生活水平和贫困线之间没有必然联系。

选择绝对测量还是相对测量，会对公共政策如何应对收入不平等产生重要影响。如果强调贫困的最佳测量方式是相对贫困，那么测量收入不平等就至关重要。不仅要提高贫困人口的生活水平，提高程度还至少得赶上高收入家庭生活水平的提高程度，因此与贫困进行斗争的同时，也在与收入不平等进行斗争。而倾向于采取绝对贫困测量的话，收入不平等和贫困就是截然不同的概念。

对绝对贫困和相对贫困的大致描述表明，所有的收入贫困线都有其价值取向。无论选择哪种测量方式，都会因无法满足每个人对公平的期待而有人提出反对。因此，许多分析者建议决策者应当采取一系列测量方式，来应对贫困的不同维度。

（二）公开的三种贫困测量方式

在加拿大，每一级政府都在实施反贫困政策，但直到最近，仍不见“官方”贫困线来支持他们的反贫困成就。唯一的例外是，联盟政府在2018年8月宣布将使用“市场篮子”测量方式来评估反贫困政策，我们将在下文介绍这种测量方式。重要的是，省市两级政府通过社会援助、福利住房和游民收容基金等方式，在减贫领域做出了主要贡献，却至今没有承诺用同样的测量方式来评估自己的反贫困政策。此外，可能需要关注不止一条贫困线。因此，有必要对当前贫困测量领域使用的三种测量方式进行简要描述。

为了使各省和各地区政府就低收入的测量有所共识，市场篮子测量方式（MBM）应运而生。总体而言，市场篮子是一种收入贫困的绝对测量方式，所界定的“一篮子”商品和服务并不会随着社会总体生活水平的变化而变化。

除了显而易见的生活必需品如食品、住所和衣物之外，市场篮子还包括了非常广泛的条目，如娱乐、交通需求（包括农村居民使用的汽车）、住房需求、家具、电话服务、报纸杂志等阅读材料、影碟租赁，甚至还有地方运动会的门票等。这个事无巨细的长长的单子表明，贫困的要素之一就是低收入人口遭受社会排斥的程度，而如果他们有可能购买娱乐项目、享受休闲活动，就能够避免这种社会排斥。

需要强调，市场篮子的核算是基于由2个成人（年龄在25～49岁之间的一男一女）和2个儿童（一个9岁的女孩和一个13岁的男孩）组成的4口之家。不同的家庭规模和结构会产生不同的生活成本，而如何根据情况调整贫困线则充满争议。下节将展开讨论。

市场篮子因各省和各地区而异。在阿尔伯塔省，卡尔加里和埃德蒙顿使用不同的市场篮子测量方式，而其他城市的市场篮子则以当地人口来核算。因此，人口规模在10万～50万（不含50万）、3万～10万（不含10万）和3万以下社区的市场篮子就各自不同。同时，农村地区的市场篮子也不一样。这里假设人口规模相同的不同社区，无论是交通不便，还是到大规模人口中心非常便利，其市场篮子所确定的生活水平都是相同的。

与市场篮子不同，低收入门槛（LICO）没有去界定满足最低生活水平所需的食品和服务的漫长详单，而是计算普通家庭在一般的生活必需品上的花费，包括住房、食品和衣物。1992年设定低收入临界值时，普通家庭会将税后收入的43%用于食品、住所和衣物。低收入门槛的贫困线设定为一个家庭在食品、住所和衣物上的花费可能会高出20%。因此，低收入门槛将在食品、住所和衣物上的花费等于或高于税后收入 63%的家庭定义为“拮据情形”。

低收入门槛可以用于界定一个人生活、两个人生活乃至 7 个人生活的收入水平，但不考虑这些假定的家庭成员的年龄和性别结构。与市场篮子不同，低收入门槛假设家庭结构不会影响成本。例如，两个成人组成的两口之家和单亲父母带着一个子女生活的成本并无区别。

低收入门槛用于五种不同规模的社区的测量：农村地区、人口少于 3 万的城市地区、人口在 3 万～10 万（不含 10 万）之间的城市社区，人口在 10 万～50 万（不含 50 万）之间的城市社区，以及人口超过 50 万的城市社区。这种人口学的分类与市场篮子一致，只是市场篮子测量方式为人口超过 50 万的每个地区都设定了自己的市场篮子，低收入门槛测量方式则不然。更重要的是，低收入门槛的测量并不因各省而异，这也与市场篮子截然不同。鉴于住房成本等成本要素在各省之间、甚至规模相似的各社区之间差异极大，这种测量方式就显得问题百出。

低收入测量（LIM）是进行国际比较时最常用的贫困线。简单来说，低收入测量方式是将调整后的家庭收入中位数的一定比例（50%）设定为贫困线。由于低收入测量方式严格基于收入分配，研究者们能够将加拿大的低收入数据与其他任何开展过收入调查的国家进行比较。加拿大统计局从 20 世纪 90 年代初期就开始进行低收入测量。虽然应当为每个省建立自己的低收入测量，但目前只能开展国家层面的测量。

低收入测量是一种相对测量方式。假设一个地区的收入中位数上升，低收入测量界定的贫困线就意味着受益者获得的收入能够购买更多的商品和服务，享受生活水平的提高。

低收入测量的一个显著的问题是，由于仅仅作为国家层面的测量，就掩盖了大城市和农村地区、各省之间生活成本的巨大差异。如果某一省收入中位数的水平和变化有别于全国的情况，该省的政府部门就不能将低收入测量作为贫困的测量方式，也不能用其衡量反贫困战争的成就。

低收入测量的测量对象是单个个体。与其他贫困测量方式一样，低收入测量也可以根据家庭规模和家庭结构，使用家庭同等规模指数进行调整。

下节的讨论表明，这些不同的贫困测量方式的精度不同，各有优劣。选择一种测量方式而放弃其他测量方式，会产生十分深远的影响。例如，如果选择市场篮子测量方式来指引减贫行动，联邦政府就选择了贫困的绝对测量。而以市场篮子为基础进行评估时，这种做法会导致旨在应对收入不平等的政策得分不尽如人意。

（三）家庭同等规模指数测量方式

如上文所述，低收入测量和市场篮子都以特定的家庭结构来测定。由于更大的家庭其经济规模显然不同，就需要根据家庭规模和家庭结构来调整贫困线。因此产生了家庭同等规模指数。最常用的指数包括：

- 平方根指数。这种方式将家庭收入除以家庭成员数量的平方根。例如，一个 4 口之家的开支是单身家庭的 2 倍（$\sqrt{4}=2$）。同样，单亲父母带着一个孩子组成的家庭的开支则是单身家庭的 1.414 倍（$\sqrt{2}=1.414$）。加拿大统计局在测定不同家庭规模的市场篮子贫困线时会采用这种方式。
- OECD 指数。这种方式为家庭人口分别赋一个特定值，每多一个成人（15 岁以上）加 0.5，每多一个儿童加 0.3。一个由 2 个成人和 2 个儿童组成的 4 口之家，其开支就是单身家庭的 2.1 倍（1＋0.5＋0.3＋0.3＝2.1）。
- 低收入测量指数。加拿大统计局在公布不同家庭结构根据低收入测量核算的贫困线时会采用这种方式。这种方式在概念上与 OECD 指数相似，但使用不同的权重。一个家庭中年纪最大的成员赋 1.0，其他 16 岁及以上的成员各赋 0.4，所有 16 岁以下的家庭成员共计赋 0.3。

表 1 所示为不同的家庭同等规模指数测量方式下不同家庭规模和家庭结构的计算。

表 1　家庭同等规模指数

家庭规模	平方根	OECD	低收入测量
1 个成人	1.0	1.0	1.0
2 个成人，没有儿童	1.4	1.5	1.4
单身父母和 1 个 16 岁以下的儿童	1.4	1.3	1.3
夫妻和 2 个 16 岁以下的儿童	2.0	2.1	2.0
夫妻和 3 个 16 岁以下的儿童	2.2	2.4	2.3
夫妻和 4 个 16 岁以下的儿童	2.4	2.7	2.6

注：计算只保留小数点后一位。

其中，平方根指数与其他方式有个显著区别，即没有区分成人和儿童的消费成本。因此，对于规模较大的家庭来说，使用低收入测量或 OECD 方式计算的贫困线会高于使用平方根（市场篮子）计算的贫困线。于是，不同的计算方式就会影响认定的贫困人口数量。分析者说明选择何种同等规模指数，也就至关重要。

与贫困测量本身一样，这些家庭同等规模指数也并未考虑健康因素。认识到这一点也同样重要。当政府酝酿成员有身体或智力残疾的家庭的脱贫政策时，现有的贫困测量方式和根据家庭结构进行调整的做法可能会严重低估这些家庭的生活成本。因此，家庭同等规模指数就需要将这一因素考虑进去进行调整。

表 2 所示为 2016 年阿尔伯塔省不同人口规模的社区中两种家庭规模的贫困线。要根据家庭结构进行测量，就需要使用加拿大统计局用于每种测量的家庭同等规模指数，即用于市场篮子的平方根指数，以及用于低收入测量和低收入门槛的低收入测量指数。为了展示选择家庭同等规模指数的重要性，我们也加入了一个用于市场篮子的贫困线（MBM*），即使用低收入家庭同等规模指数而非平方根指数时，阿尔伯塔省的市场篮子贫困线。

表 2　2016 年贫困线

项目	单身家庭			单亲父母			
	LICO	MBM	LIM	LICO	MBM	MBM*	LIM
卡尔加里（>500 000）	20 675	20 215	22 657	25 163	28 588	26 280	29 454
埃德蒙顿（大于 500 000）	20 675	19 268	22 657	25 163	27 248	25 048	29 454
100 000～499 999	17 485	19 153	22 657	21 281	27 086	24 899	29 454
30 000～99 999	17 267	19 951	22 657	21 016	28 215	25 936	29 454
<30 000	15 478	20 223	22 657	18 840	28 600	26 290	29 454
农村地区	13 525	19 511	22 657	16 461	27 592	25 364	29 454
阿尔伯塔	18 279	19 816	22 657	22 248	28 025	25 761	29 454

注：MBM 和 LIM 贫困线基于加拿大统计局使用这些测量方式是采取的家庭同等规模指数。MBM* 是作者自己的计算，表示一个单亲家长和一个儿童组成的家庭根据家庭同等规模指数计算的 MBM 贫困线与 LIM 贫困线一致。如表 1 所示，选择同等指数不会影响一口之家的计算结果。如上文所述，LIM 对社区规模不敏感。我们计算了阿尔伯塔省 435 个社区（城市、城镇、自治市、村庄、自治市属区和农村地区）人口加权后的贫困线。所有测量值的单位都是名义货币。

表 2 能够表明一系列重要观点。首先，最显而易见的是，贫困线因家庭规模和家庭结构而表现出巨大差异。其次，低收入门槛因社区规模的变化比市场篮子或低收入测量方式（采取名义货币）的变化要显著。例如，卡尔加里一个一口之家的低收入门槛比农村社区一个一口之家的低收入门槛高出大约 50%。相比其他测量方式，界定家庭结构的同时界定该家庭所居住的社区，对低收入

门槛来说更重要。第三，针对一个单亲家长和一个儿童组成的家庭计算的市场篮子贫困线（BMB）和我们的市场篮子贫困线（BMM*）的对比表明选择家庭同等规模指数的重要性。在 2016 年的卡尔加里，根据不同的同等规模指数计算，二者的差异是 2 308 美元，每个月将近 200 美元。因此，家庭同等规模指数的设计和选择十分重要，而不仅是次要考量。

（四）随着时间变化的收入贫困测量

图 1 所示为 2002—2016 年间卡尔加里由 2 个成人和 2 个 16 岁以下的儿童组成的 4 口之家的三种贫困线。需要注意的是，这三种贫困线的相对位置随着时间而发生了变化。在 2002 年，低收入门槛贫困线最高，但到 2016 年则降为最低。

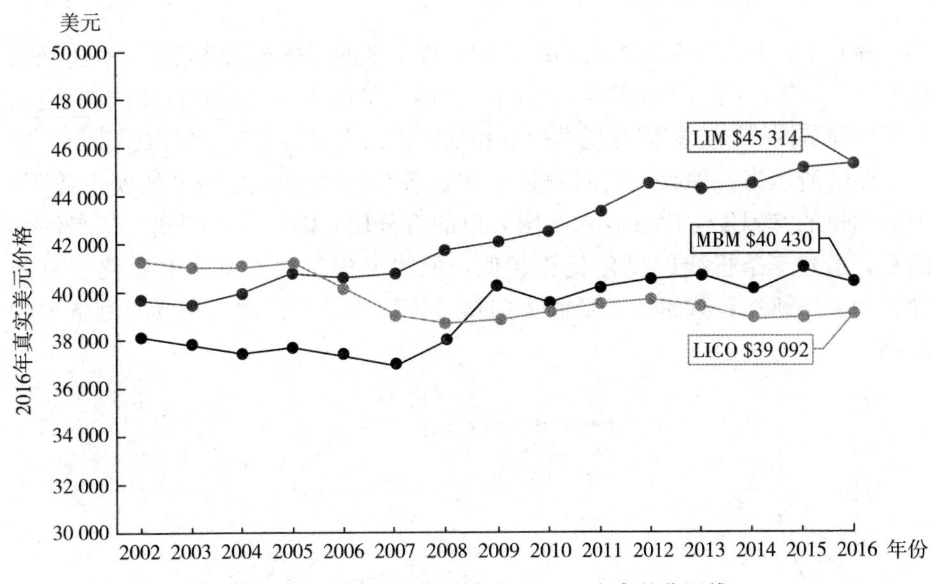

图 1　2002—2016 年间卡尔加里 4 口之家的贫困线

注：这些贫困线是基于由 2 个成人和 2 个 16 岁以下的儿童组成的 4 口之家。

资料来源：加拿大统计局生活经济管理系统（CANSIM）以及作者的计算。使用阿尔伯塔消费者价格指数调低了名义价值。

理解这三种贫困线的测量方式，对于理解它们相互位置变化的含义至关重要。低收入测量是全国层面的测量，随着整个加拿大而不是阿尔加里家庭的收入中位数而变化。因此，即使阿尔加里的收入中位数显著高于加拿大的收入中位数，对贫困线计算的影响也很小，从而可能会低估阿尔加里家庭的贫困线程度。有趣的是，阿尔伯塔社区与社会服务部选择低收入测量来进行绩效评估（见阿尔伯塔政府，2018a）。这样做等于选择了一个对阿尔伯塔和其他地区收入中位数的差异不敏感的测量方式来指导政策选择。

低收入门槛因社区规模而非所在省而异，因此卡尔加里特有的生活成本升高并没有充分反映在低收入门槛测量中。考虑到卡尔加里经历的经济繁荣与萧条及其对当地价格的影响，低收入门槛的局限性就愈发明显。这种方式无法反映卡尔加里独有的价格上涨，从而低估了卡尔加里贫困家庭的数量。

只有市场篮子是专门针对卡尔加里的，也是唯一能够反映卡尔加里独有的成本变化带来的影响的测量方式。如图 1 所示，只有市场篮子反映了 2007—2009 年卡尔加里价格飞涨对低收入家庭购买品类的影响。

（五）收入贫困的程度

建立了以收入为基础的贫困线之后，接下来的当务之急就是了解在不同测量方式下，辖区内到底有多少人口陷入贫困。贫困人口数量对贫困线的选择、用于构建贫困线的家庭同等规模指数和辖区内的人口特征都非常敏感。

图 2 所示为三种收入贫困测量方式及各自选择的家庭同等规模指数下，卡尔加里的贫困发生率（收入贫困人口的百分比）随时间的变化。值得注意的是，虽然三条折线的变化趋势相似，但短期内贫困发生率的变化却有差异。如上文所述，这是由于低收入门槛、市场篮子和低收入测量的测量方式不同。

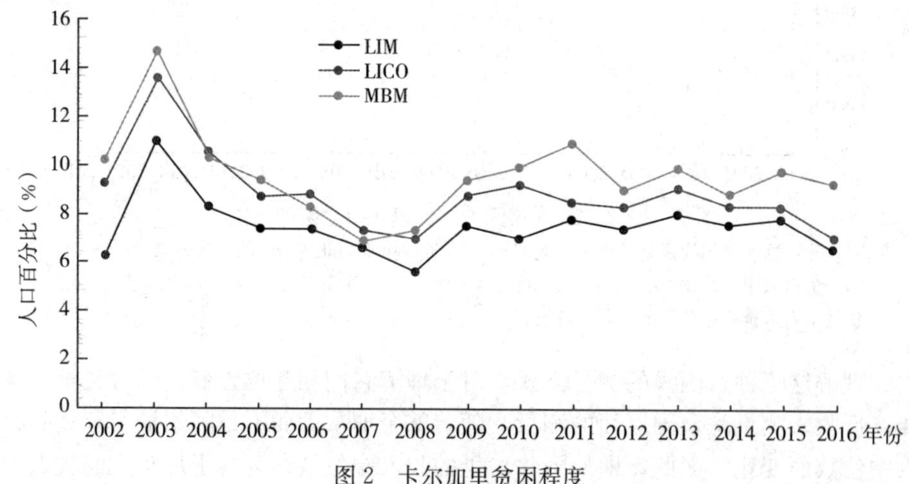

图 2　卡尔加里贫困程度

资料来源：加拿大统计局。

图 3 所示为三种收入测量方式下埃德蒙顿贫困发生率的变化。相对于卡尔加里，三种测量结果的变化更为显著。特别是在 2016 年，三种测量方式下，埃德蒙顿的贫困发生率都有所上升，而卡尔加里的贫困发生率则都在下降。这种差异表明选择对当地条件敏感的贫困测量方式的重要性，从而使公共政策能够更好地进行瞄准。

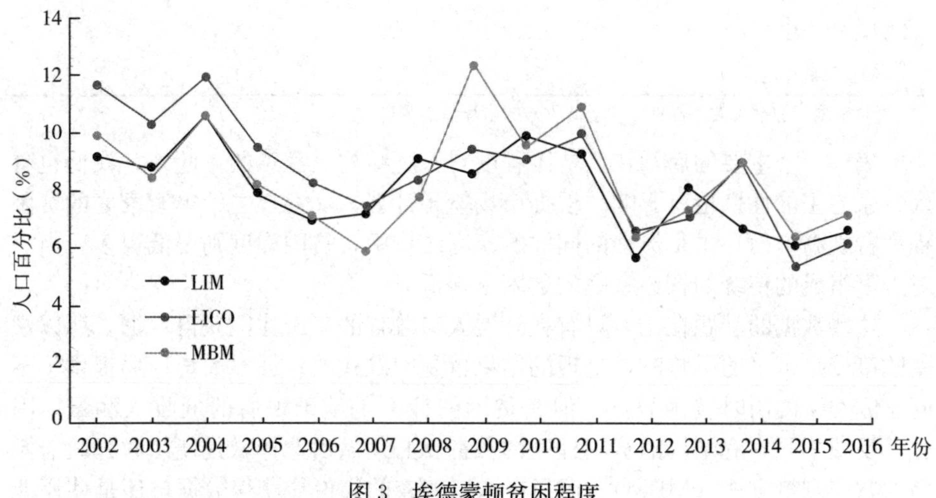

图 3　埃德蒙顿贫困程度

资料来源：加拿大统计局。

1. 不同性别和年龄的收入贫困程度

加拿大统计局报告了按性别和年龄划分的低收入状况。从这些数据来看，在任何年龄组中，男性和女性的贫困发生率都非常相近，他们贫困状况的年度变化程度也非常相近。我们并未报告这些数据，因为这样的数据不能反映家庭结构。只有在比较相似的家庭结构中男性和女性的贫困状况时，我们才会认为性别差异是显著的。

2. 不同家庭结构的收入贫困程度

表 3 所示为阿尔伯塔和其 3 个辖区中不同家庭结构的贫困程度。这些数据来自于人口普查，反映了 2015 年的价值。贫困程度按相对于市场篮子的家庭收入核算。

表 3　2015 年阿尔伯塔和 3 个城市不同家庭结构的贫困程度

项目	阿尔伯塔	卡尔加里	埃德蒙顿	梅迪辛哈特
经济家庭中的人口	8.2	8.5	9.7	9.3

（续）

项目	阿尔伯塔	卡尔加里	埃德蒙顿	梅迪辛哈特
夫妻之家	5.9	6.6	7.6	5.7
单亲家庭	25.5	24.0	23.5	32.4
只有父亲的家庭	16.6	17.8	14.1	20.7
只有母亲的家庭	28.0	25.7	25.9	35.5
不在经济家庭中的人口	22.1	22.9	21.4	24.6

资料来源：加拿大人口普查。基于低收入的市场篮子测量方式。

表 3 一个重要的启示在于贫困程度对家庭结构是敏感的。此外，我们也看到一家之主的性别也有影响。根据市场篮子计算，女性户主的单亲家庭的贫困程度特别高。而户主是男性的同样的家庭结构中，贫困程度则要低得多。由一对夫妻组成的传统的核心家庭的贫困率很低。

这些数据的问题在于，只有在开展人口普查的年份才能获得数据，所以观察政策变化带来的影响时，呈现的结果也是间歇式的。加拿大统计局提供了不同家庭类型的历时贫困数据，但其贫困的计算是基于税后的低收入测量。因此，反映不同家庭结构的贫困程度的数据就必须做出选择，是使用联邦政府倾向的贫困测量方式（MBM），但只在人口普查的年份能获得数据，还是使用能够获得年度数据的测量方式，但其贫困的定义方式与联邦政府选择的贫困测量方式并不一致。

（六）贫困的持续性

贫困与政策相关的另一个显著特征是其持续性。贫困的持续性是指持续地处于贫困状态，而不是反复陷于贫困和脱离贫困两个状态。应对这两种贫困状态的政策手段应该有显著区别。然而不幸的是，关于这一问题我们能够获得的信息十分有限。图 4 所示为 2005—2010 年生活在市场篮子贫困线以下的阿尔伯塔居民数量。在这一时期，大多数阿尔伯塔人口（81.3%）的生活水平高于市场篮子贫困线，但也有大量人口（8.8%）在这 6 年间有 1 年陷入到市场篮子贫困线以下。

不幸的是，虽然这些信息十分重要，但加拿大统计局已经不再提供用于图 4 的数据系列。对于测量贫困而言，这是个巨大的数据空白。

（七）测量收入贫困的深度和强度

贫困线只能反映一个收入水平，低于这一水平就可以被认定为收入贫困。

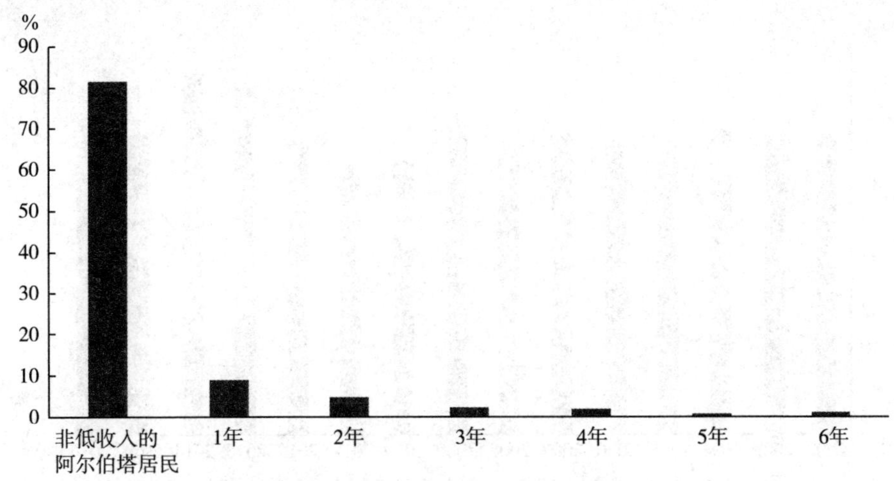

图4　2005—2010年间阿尔伯塔低收入状态的持续时间

注：低收入以市场篮子测量方式进行计算。

资料来源：加拿大统计局。

一个人的收入可能只是刚刚低于贫困线，也可能用远低于贫困线的收入维持着凄惨生活。设计有效的扶贫措施就需要测量贫困的深度或强度。

不幸的是，目前可用的信息十分有限，只是对人口进行大致分组，分别描述其贫困状态。加拿大统计局发布了各省和大城市的贫困差距估测值，从中能窥见贫困深度的有限信息。这些数据的局限表现在只针对宽泛的人口集群，而没有按照家庭结构来细分。

图5所示为阿尔伯塔收入低于市场篮子贫困线的普通家庭的贫困差距。柱状图的高度是贫困线和这些收入低于贫困线的家庭的收入之间的差距，表示为占市场篮子贫困线的百分比。30%的比率意味着这些收入低于贫困线的家庭的平均收入比市场篮子贫困线低30%。差距比率越高，平均贫困程度就越深。

图5中的折线是阿尔伯塔居民中按照市场篮子贫困线标准属于低收入的人口比例。这段时期内，贫困人口比例的平均值是9.5%，伴有些许波动。贫困差距比率也有所波动，在2014年达到峰值42%，2011年最低，只有31%。这段时期内的均值为36%。也就是说，这段时期内，低收入普通家庭与市场篮子贫困线的差距是36%。有趣的是，自2012年起生活在贫困线以下的人口比例就保持不变，而贫困差距却呈现出显著波动。这也表明，不能仅仅依靠一种贫困计算方式来指导政策决定。

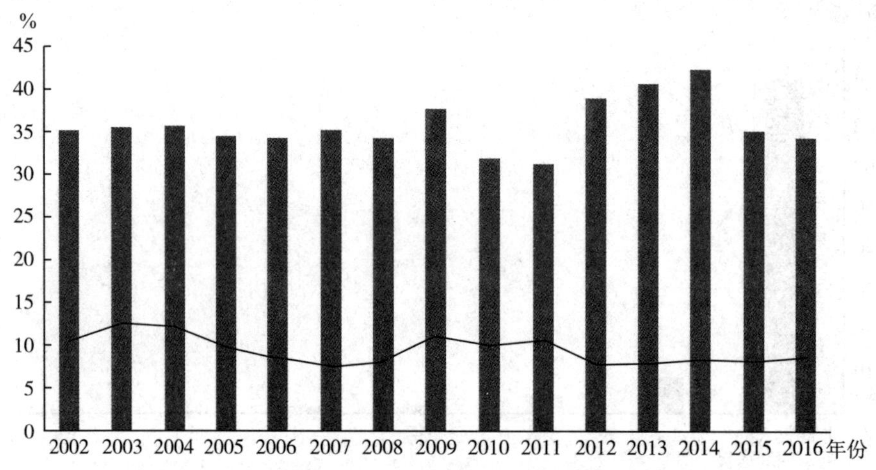

图 5 2002—2016 年阿尔伯塔所有低收入人口的贫困差距

注：基于市场篮子测量。也有对卡尔加里和埃德蒙顿的类似的计算，对“阿尔伯塔其他地区”也同样适用。这些数据是所有低收入人口，无论他们的家庭结构如何。

资料来源：加拿大统计局。

（八）需要更高质量的信息

本文写到这里，我们希望读者能够得出这样一个结论：目前的贫困测量方式都非常“迟钝”，对决策者而言总是缺少信息，毫无帮助。我们事实上也赞同 Corak（2016）关于加拿大的贫困率是否有所下降的回答。

贫困下降了吗？我们不知道。我们不知道，不是因为我们无法指导，而是因为我们现有的统计系统让我们失望了，给我们一整个“菜单”的贫困统计数据，但这些数据都不能可靠地反映加拿大人怎么过生活，最终模糊了贫困状况，误导了有关贫困的讨论，从而限制了我们设计针对低收入群体的收入支持政策的能力，以及我们评估现行政策的能力（Corak，2016）。

如果能稳定地获得有关个体及其家庭贫困的行政管理数据，就能够增进我们对贫困的理解。这样的数据描述了个体收入的历时变化，以及他们陷入贫困和脱离贫困的反复经历。这些数据能够非常精确地测量出贫困人口的数量、贫困的程度、贫困的持续性和贫困的强度，还能观察到这些人口对社会援助的依赖和脱离，以及政府政策选择对这些变化的影响。如 Hicks（2018）所述，研究者很清楚所需的数据和分析工具，但这些数据和分析工具还不能轻易获得，也还没有广泛用于政策应对的恰当设计。为研究者提供这些数据，能够改善解决贫困的公共政策，提高瞄准程度。

三、社会援助

政府解决非老年人口的贫困问题的主要方式是社会援助。本节我们将描述社会援助及其提供方式，观察社会援助的提供方式如何匹配上文讨论过的贫困测量方式。

根据宪法规定，政府提供的社会援助是省政府的责任。过去，联邦政府在社会援助中的参与方式主要是为这些项目分担资金，而项目实施和设计则是省政府的工作。最近，联邦政府开始直接面向贫困家庭，从而提升了形象。这是个非常重要的进展，有效的反贫困行动如今需要两级政府的通力合作。

省政府提供的社会援助的规模因劳动力市场参与程度不同而不同。在阿尔伯塔省，“阿尔伯塔社会福利津贴”将社会援助申请者分为“能够工作”（ETW）和面临“完全就业障碍”（BFE）两种。无论是哪种，社会援助的受益者都能从联邦政府和省政府获得不同形式的收入。图 6 中的三组面板数据所示为阿尔伯塔三种家庭结构能够获得的社会援助数量：单身家庭、单亲父母带一个孩子和一对夫妻带两个孩子。在每种情况中，我们都假设受益者属于“能够工作”类别，没有收入可以申报。这三个图使用了同样的纵向坐标轴标签，便于确定向这三种类型的家庭提供的支持的相对规模。所有的单位都是根据通货膨胀调整后的美元（2017 年美元价）。

在每个图中，社会支持的第一个来源（从下往上）是省政府提供的最低生活保障支票，包括“核心必需品”和“核心居所”资金。其次是省政府的儿童福利金。阿尔伯塔省自 2016 年起实行这一举措。接下来是省政府各种一次性资助以及始于 2017 年的阿尔伯塔气候领导力适应退税。其余则是从联邦政府获得的资金，依次为低收入人口能够获得的消费税（GST）退税、联邦儿童福利始于 2006 年的联邦节能折扣。

有必要关注这些支出的如下特征：

• 为单身人口提供的收入支持的数额非常小。这是所有省收入支持的共同特点，而非仅在阿尔伯塔。

• 联邦政府为单身的社会援助受益者提供的支持只有 GST 退税。因此，联邦政府提供的支持仅限于有孩子的家庭。

• 联邦儿童福利的规模有所增加。2017 年，联邦儿童福利占单亲家庭获得资助的 33%，占一对夫妻带两个孩子的家庭获得资助的 42%。

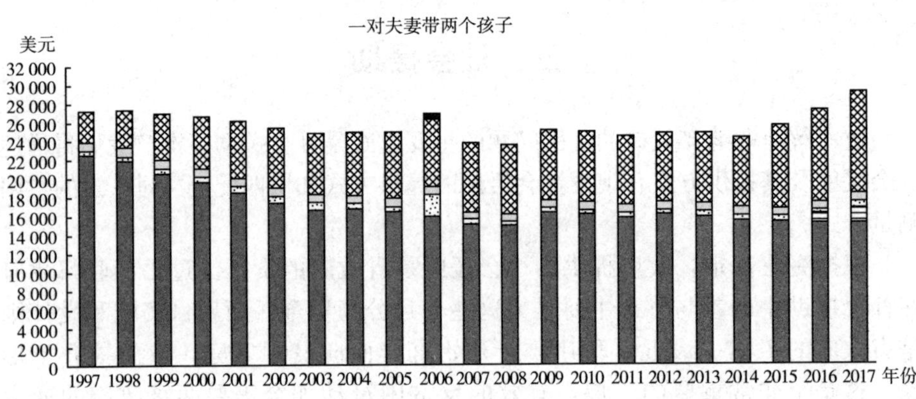

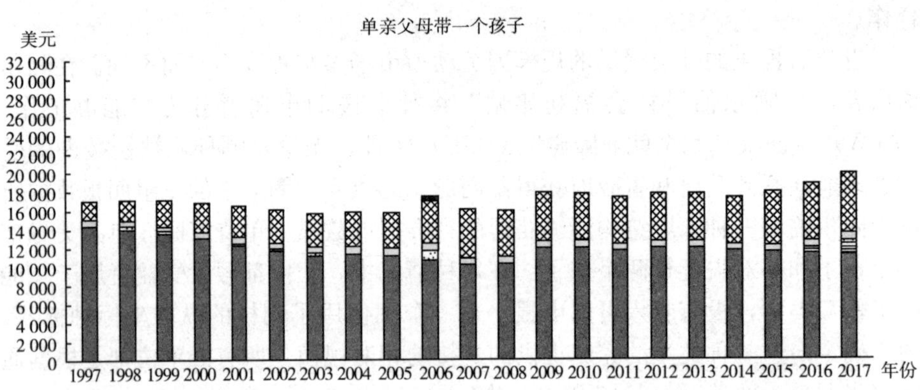

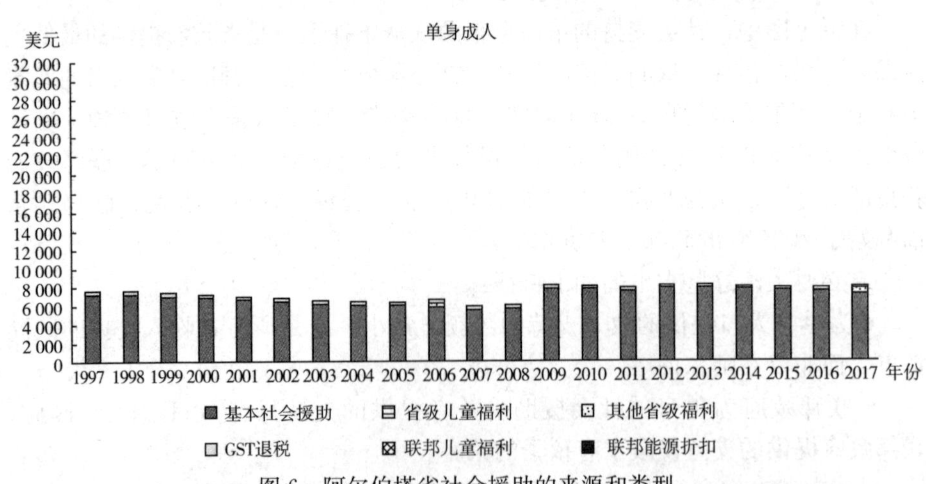

图 6　阿尔伯塔省社会援助的来源和类型

• 联邦儿童福利金的增长是以省一级对基本社会援助的投入降低为代价的。1997 年，一对夫妻带两个孩子的家庭能够获得的支持占全部社会援助的 84%，到 2017 年这一比例下降到 56%。

• GST 退税为每季度支付。对于单身家庭或捉襟见肘的家庭而言，想利用这种季度支付的形式十分困难，因此这种援助形式的作用不及其他。

• 只有填报收入税表格，才能获得 GST 退税、联邦和省的儿童福利，以及阿尔伯塔气候领导力适应退税（算在“其他省级福利”中）。对单亲父母来说，这些福利占 2017 年全部社会援助的 44%。而对于一对夫妻加两个儿童组成的家庭来说，税收福利则略高于 50%。

其中社会援助转移支付的最后一个特征尤为重要。Ference & Company 咨询公司最近的研究表明，加拿大儿童福利计划（CCB）瞄准的父母仅有 72%能够真正受益。换句话说，有 28%符合条件的父母被忽视。对于带着一个孩子的单亲父母来说，相当于 2017 年损失了 5 600 美元，约为 467 美元/月。

在对社会援助进行简要回顾的最后，我们对比了社会援助惠及真正能够获得社会援助的人口的形式的变化情况。在 2018 年 9 月，71%的社会援助受益者（包括 ETW 和 BFE）为没有儿童的家庭，69%为单身家庭。联邦政府和省政府都在增加针对有孩子的家庭的社会援助的额度，这些举措当然值得赞赏，但事实上加大支持力度只是惠及了 29%的社会援助申请者。

社会援助需要强调的最后一个特征是其额度并不因省而异。无论一个家庭或一个个体生活在大城市还是小型农村社区，得到的收益都是一样的。鉴于我们就贫困测量方式应当能够灵敏地反映当地成本已经达成普遍共识，社会援助的这一特征就显得有些出乎意料。选择市场篮子测量方式来指导联邦减贫政策，正是基于这样的普遍共识。令人困惑的是，在致力于构建和应用因地制宜的贫困测量方式时，最重要的减贫公共政策却对贫困测量结果所呈现的各地差异置若罔闻。

四、替代方式

市场篮子贫困线的设计者们疲于界定一个普适的、详尽的商品和服务“篮子”，以反映不同背景、不同年龄和性别结构、不同家庭关系的家庭应当能够负担的、基本而体面的生活水平。显然，在市场篮子尝试列出这样一个消费篮子清单，确保其中每样物品都对收入有限的个体和家庭有用时，就已经走入一个虚假精确的误区。

另一种选择是只关注有限种类的支出选择，即那些收入有限的家庭会把大部分钱花在什么地方，同时承认其他的消费行为因每个家庭而异，无法体现在一个特定的消费篮子中。这种方式可能听起来有些耳熟，与上文讨论过的低收入门槛的界定方式有些相似。

（一）必需品的预算

图 7 所示为阿尔伯塔普通家庭花费在我们称之为核心必需品（住所、食品和能源）上的开支比例。图中的单位是 2016 年根据通货膨胀调整后的美元。

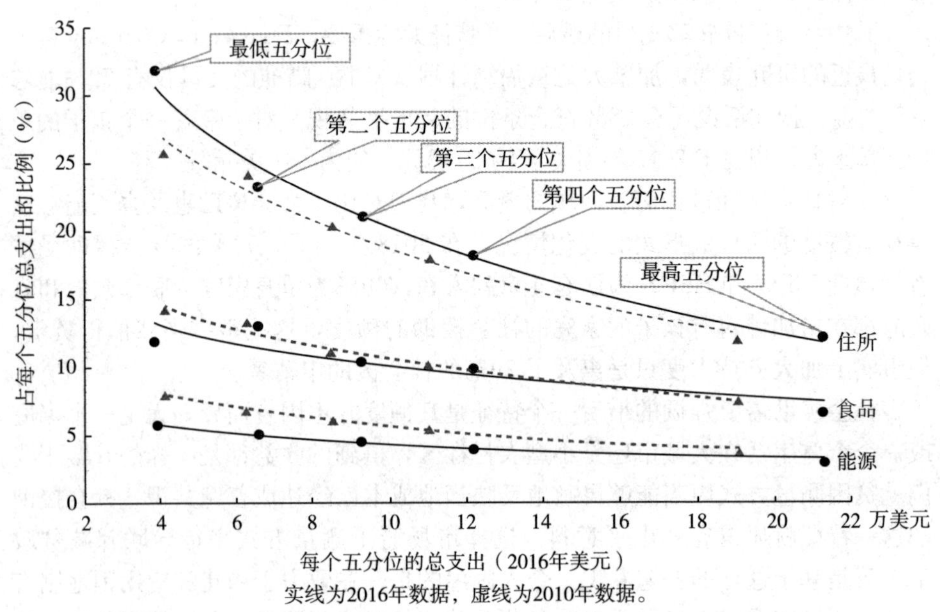

图 7　2010 年和 2016 年阿尔伯塔按收入划分的家庭支出比例

资料来源：加拿大统计局以及作者的计算。

图 7 中所示为两条线，一条代表 2010 年的数据，另一条代表 2016 年的数据。数据根据税后支出分为五组。从左至右每个标记点代表一个五分位的家庭，依次为最贫困的 20％到最富裕的 20％的家庭花费在必需品上的开支比例。这些标记点在折线上的位置变化表明，随着收入升高，花费在必需品上的开支占家庭总预算的比例越来越低。

至少基于两个原因，关注家庭用于必需品的预算比例非常重要。第一点已清晰地呈现在图 7 中。对于第一个五分位的家庭来说，他们将税后预算的

50%用于必需品消费。第二点是必需品的成本波动很大，非常容易受到公共政策的影响。因此，有关碳税、住房政策以及受奶业供应管理影响的食品成本等方面的政策选择会对低收入家庭产生显著影响。这几个支出项目的变化，对低收入个体和家庭产生的影响会远大于加拿大其他人口。

比较 2010 年和 2016 年的支出比例数据，发现阿尔伯塔的平均住房成本上升了 9.8%，食品价格上涨了 15.5%，而能源价格则下降了 7.3%。在这段时期，低收入家庭的平均总支出从 14 145 美元提高到 38 756 美元。由于总预算降低，低收入家庭不得不在住房、食品和能源消费之间作出艰难抉择。而他们的选择是维持有家可归，同时只能紧缩食品和能源消费。

图 7 中的数据表明，旨在降低住房成本的政策行动不仅会影响住房成本本身，还会对用于食品和能源的支出比例产生积极影响。因此，对收入有限的人口而言，住房成本的变化不仅意味着能够负担起住房，更意味着能够负担起食品和其他必需品。也就是说，关注住房成本可能是保障收入有限的家庭福祉的最重要的手段，而影响住房的可负担性，可能是改善这些家庭福利最重要的、唯一的政策工具。

（二）将居住成本用于测量贫困

随着住房和其他成本的上升，个体和家庭会挤到最低端的住房市场，以确保能够继续负担得起其他必需品，包括食品和水电等。但如果拥挤得太厉害，如 Raphael（2010）所述，他们可能会被迫放弃传统的住房，跟亲戚或朋友同住，甚至住到收容中心。因此，住房成本是贫困问题的核心。

居住成本中，与低收入个体和家庭最为相关的是租房成本。租金根据房型（一居室、两居室等）和地理位置（大城市还是农村社区）而异，也看品质（需要维修的老房子，还是有现代装修的新房子）。用租金来测量收入有限的家庭的居住成本时，要注意对他们而言租赁的往往是相对破旧的房子，所以成本比较低。如果使用一个社区租赁成本的平均值（或中位数），就有可能夸大了大部分低收入个体和家庭的租房成本。

在任何社区、任何面积的任何户型的租金都有可能不同。低收入家庭的租金是最低的。图 8 为 2017 年阿尔伯塔 7 个社区房租的五分相。每个社区条状图的长度都代表了该社区的租金范围，浅灰色代表租金在第二个五分位，深灰色和浅黑色分别代表房租在第三和第四个五分位，这些数据表明各个社区的租房成本差异极大。2017 年，卡尔加里破旧的一居室的月租是 850 美元，同样的房子在梅迪辛哈特只要 665 美元。两居室的价格差异更大，卡尔加里的价格高达 1 029 美元，梅迪辛哈特则低到 750 美元。

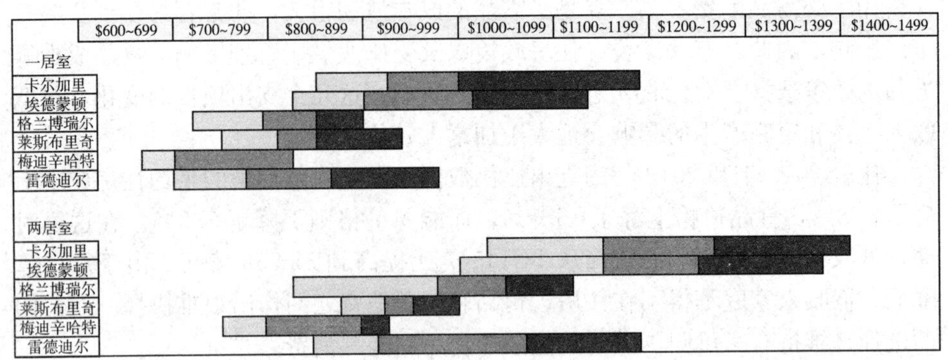

图 8　2017 年阿尔伯塔各个城市的月租五分相

资料来源：经特殊数据申请，由加拿大住房和抵押贷款公司提供。

用于表 4 计算所需的数据最早是 1999 年。如数据所示，接受社会援助的家庭能够负担住房成本的程度在 20 世纪 90 年代呈逐渐下降的趋势。在 1990 年的卡尔加里，一个单亲父母带一个孩子需要将社会援助收入的 46%用于租房，一对夫妻带两个孩子需要花费的比例则是 38%。同时，埃德蒙顿的这两个比例分别是 41%和 33%。

表 4　依靠社会援助收入生活时能够负担房租的程度

（1）单亲父母带一个孩子租住一个租金为第一个（最低）五分位的一居室

单位：%

	2002	2003	2004	2005	2006	2007	2008	2009	2010	2011	2012	2013	2014	2015	2016	2017
卡尔加里	59	58	57	56	53	63	68	61	60	59	59	63	70	66	57	51
埃德蒙顿	50	50	50	51	47	55	63	57	57	57	57	58	61	60	54	50
格兰博瑞尔	57	56	57	59	65	70	62	53	49	55	57	63	67	62	45	43
莱斯布里奇	49	50	50	48	45	50	51	50	51	53	51	51	51	49	48	45
梅迪辛哈特	41	40	40	44	39	44	43	40	40	42	40	41	43	42	40	40
雷德迪尔	51	50	49	49	47	52	55	50	49	47	48	51	53	52	46	42
伍德布法罗	90	90	94	105	110	127	136	122	125	121	114	116	115	96	73	66

（2）一对夫妻带两个孩子租住一个租金为第一个（最低）五分位的两居室

单位：%

	2002	2003	2004	2005	2006	2007	2008	2009	2010	2011	2012	2013	2014	2015	2016	2017
卡尔加里	46	45	44	43	43	52	56	52	50	50	52	53	57	55	42	39

（续）

	2002	2003	2004	2005	2006	2007	2008	2009	2010	2011	2012	2013	2014	2015	2016	2017
埃德蒙顿	39	40	39	39	37	44	52	49	48	48	48	50	54	52	42	38
格兰博瑞尔	42	43	44	45	49	54	51	43	40	43	47	53	54	51	34	32
莱斯布里奇	36	37	37	36	33	38	41	43	42	43	41	41	43	41	36	34
梅迪辛哈特	31	32	31	32	30	35	35	34	34	34	33	34	35	35	29	29
雷德迪尔	38	37	37	37	35	41	45	42	41	40	41	41	44	43	34	32
伍德布法罗	64	66	67	78	79	103	108	98	103	97	92	98	98	75	56	52

注：表中的颜色通过赋值来代表在某一年度该地区负担住房的严峻程度。白色单元格表示 35%或更少的家庭社会援助收入用于租住低质量住房。其他颜色分别代表：

0～35%	35%～50%	50%～65%	>65%

资料来源：房租数据经特殊申请，由加拿大住房和抵押贷款公司提供。

如果不跟租房者的收入做对比，单纯讨论房租金额是没有意义的。许多贫困人口的收入来源都是社会援助。即使贫困家庭能够赚取一些收入，他们如果能够获得社会援助的话，社会援助的额度也是衡量他们收入的一个绝佳方式（Kneebone、Wilkins，2016）。因此，我们使用社会援助收入来解释租金对于低收入个体和家庭的影响。

表 4 计算了接受社会援助的家庭租赁一个本社区内第一个五分位中租金最高的单元房时，用于租金的收入的百分比。换句话说，我们假设这些家庭租赁质量相对较低的房子。这里考虑了两种家庭结构：单亲父母带一个孩子和一对夫妻带两个孩子。我们假设单亲父母带一个孩子租住一个一居室，而一对夫妻带两个孩子租住一个两居室。

带着这些假设，我们计算了用于租赁一个低质量单元房的社会援助收入的比例，比较了阿尔伯塔 7 个城市的结果。表 4 中每个单元格的颜色代表必须用于支付房租的社会援助收入的百分比。比例在 35%及以下时，单元格没有颜色。随着必须用于房租的社会援助收入的比例的上升，颜色会越来越深。

需要强调的是，表 4 的计算是假设所有社区都能获得同样额度的社会援助收入。也就是说，一个单亲父母带一个孩子的家庭，无论居住在阿尔伯塔的什么地方，都能够获得同样额度的社会援助。如图 8 所示，住房成本因社区而异，那么社会援助收入中用于租房的比例也将因社区而异。计算表明，由于住房成本高昂，依靠社会援助的家庭通常需要将收入的很大部分用于租房才不致流浪街头。对于单亲父母而言更是如此。然而，计算也表明，一些社区的住房可负担程度要明显好于其他社区，而同一个社区内，住房的可负担程度也会在短时间内发生巨大变化。例如，自 2014 年以来，居住在卡尔加里、伍德布法罗和格兰博瑞尔的依靠社会援助生活的家庭，承担住房成本的程度都有很大改善。

表 5 所示为审视住房问题的另一个视角，计算了 2017 年各个社区居民获得的社会援助资金需要增加多少，才能使社会援助收入用于住房的比例达到梅迪辛哈特的水平。

表 5 梅迪辛哈特的住房优势

单位：美元

	单亲家长带一个孩子（一居室）			一对夫妻带两个孩子（两居室）		
	每年社会援助收入（实际）	每年能负担梅迪辛哈特租金所需的社会援助收入	每年社会援助需要提高的额度	每年社会援助收入（实际）	每年能负担梅迪辛哈特租金所需的社会援助收入	每年社会援助需要提高的额度
卡尔加里	19 935	25 481	5 546	31 299	42 942	11 643
埃德蒙顿	19 935	24 732	4 797	31 299	41 732	10 433
格兰博瑞尔	19 935	21 584	1 649	31 299	34 429	3 130
莱斯布里奇	19 935	22 484	2 548	31 299	36 515	5 216
梅迪辛哈特	19 935	19 935	0	31 299	31 299	0
雷德迪尔	19 935	20 985	1 049	31 299	35 263	3 965
伍德布法罗	19 935	32 976	13 040	31 299	57 047	25 749

资料来源：作者的计算。社会援助收入是指为 ETW 申请者提供的金额。

换一个角度，我们也可以讨论一个梅迪辛哈特的家庭如果居住在其他城市，需要多花多少钱。计算表明，一个单亲家庭可能需要多花 2 200 美元，才能居住在卡尔加里一个同等质量的房子里。而带着两个孩子的一对夫妻，则需要多花 3 348 美元。居住在梅迪辛哈特的家庭可以将这些额外的支出用于除住房外的其他预算。这些计算能够得到非常清晰的结论：根据承担住房成本之后剩余的收入来计算贫困深度的话，卡尔加里的情况比梅迪辛哈特的情况要糟得多，事实上比阿尔伯塔省大多数社区都要糟。

在界定一个家庭或一个个体的贫困时，住房成本是市场篮子的一种替代方式。这种方式不依赖基于一个家庭脱离贫困所需要的全部商品和服务计算出的贫困线，而是聚焦于必需品的成本，特别是住房成本来计算贫困线。聚焦住房成本背后的考虑是，没有住房，一个个体或一个家庭将无法为子女提供合适的教育，无法获得就业，无法保持健康，也无法体会市场篮子的分类设计者所强调的社会融入。简单地说，住房是最重要的预算支出。我们已经看到，住房成本的变化会影响支付其他必需品的能力。

只聚焦于住房也意味着，我们认为一个个体或一个家庭选择将住房成本之外的其他收入用在哪些地方是因家庭而异，任何政府部门都不应该试图去确定或量化这些支出。重要的是应当限制家庭收入用于住房的比例，确保支付住房成本之外的收入还能满足家庭的其他需求。我们也大胆地指出，只聚焦于住房的这种方式所需的数据量较小，能够稳定地获取，更新也很容易。

显然，这种方式需要回答一个个体或一个家庭用于住房的预算比例达到多少，才能够被定义为贫困。我们可以借助一个常用的度量方式。加拿大抵押贷款和住房公司（CMHC）认为，如果一个家庭税前收入的30%或以下就能满足充分的居住需求，就可以认为住房是可负担的。而将收入的30%以上用于住房，就可以称为“核心住房需求”。如果用于居住的收入比例超过50%，则属于“严峻住房需求”。选择这种度量方式，我们能够直接判断收入低于多少就可认定为贫困。

五、我们的建议

在本节中，我们提出了相应的建议，即改变社会援助的提供方式，只通过一个家庭用于住房成本的比例来测量贫困。这种方式的基础是一个个体或一个家庭在不陷入贫困的情况下，能够负担的最大的租金和收入的比率。为了便于讨论，我们将这个值设定为35%。虽然这样不能覆盖CMHC所指的核心住房需求的家庭，但对低收入家庭的生活依旧是个很大的改善，如表4所示。

表6所示为每个月需要追加多少社会援助转移支付，才能确保所有家庭都不会将社会援助收入的35%用于支付租金。这些计算基于市场提供的第一个五分位中最高的住房的租金。浅色阴影的单元格表示如果设定房租比例为收入的35%，该社区特定年份的社会援助需要调低多少。

表6　被社会援助家庭能够负担房租

（1）单亲家长带一个孩子租住一个租金为第一个（最低）五分位的一居室

单位：美元

	2002	2003	2004	2005	2006	2007	2008	2009	2010	2011	2012	2013	2014	2015	2016	2017
卡尔加里	673	651	630	630	610	929	1 111	970	925	893	925	1 120	1 400	1 264	1 022	783

（续）

	2002	2003	2004	2005	2006	2007	2008	2009	2010	2011	2012	2013	2014	2015	2016	2017
埃德蒙顿	416	437	445	473	396	644	954	830	825	822	853	905	1 043	1 050	894	712
格兰博瑞尔	616	609	645	716	1 022	1 144	897	688	540	736	865	1 103	1 257	1 121	465	412
莱斯布里奇	388	423	445	387	324	501	540	545	597	679	639	620	615	587	608	498
梅迪辛哈特	173	151	130	259	139	287	254	202	197	250	210	220	329	293	251	255
雷德迪尔	445	423	416	416	396	558	683	545	511	465	496	620	723	693	537	355
伍德布法罗	1 531	1 571	1 702	2 059	2 530	3 001	3 397	3 259	3 397	3 236	3 067	3 191	3 186	2 547	1 748	1 498

（2）一对夫妻带两个孩子租住一个租金为第一个（最低）五分位的两居室

单位：美元

	2002	2003	2004	2005	2006	2007	2008	2009	2010	2011	2012	2013	2014	2015	2016	2017
卡尔加里	466	435	403	375	395	821	1 060	873	791	770	938	997	1 245	1 187	772	524
埃德蒙顿	180	221	189	175	95	450	817	715	705	713	730	854	1 045	1 001	772	441
格兰博瑞尔	309	364	403	447	723	904	774	430	277	428	652	980	1 059	930	186	−59
莱斯布里奇	66	78	74	61	−105	164	274	401	391	428	338	340	459	330	329	84
梅迪辛哈特	−177	−136	−169	−139	−277	−22	−12	−56	−66	−58	−119	−74	−13	1	−157	−273
雷德迪尔	137	107	103	90	23	307	488	373	291	285	310	354	487	487	200	−1
伍德布法罗	1 251	1 407	1 474	2 015	2 280	3 307	3 614	3 301	3 577	3 285	3 095	3 497	3 487	2 356	1 772	1 490

资料来源：作者的计算。这些数值表明需要为社会援助的受益者每个月多提供多少金额，才能将他们的住房成本控制在社会援助总收入的35%。

如上文所述，社会援助分为两个部分：一部分满足核心必需品，一部分满足核心居所。为了满足这些需求，2018 年一个成年人需要 627 美元，一个单亲家长带一个孩子需要 933 美元，一对夫妻带两个孩子需要 1 217 美元。无论一个个体或一个家庭居住在哪个社区，所需要的金额都是一样的。表 6 中的计算表明，要满足 35%的标准，就需要切实提高核心居所额度，更重要的是核心居所额度要因各个社区而异。

成本要增加多少呢？要进行精确的计算，需要获得各个社区中所有家庭结构获得社会援助的家庭数量信息。省政府会有这些数据，从而能够进行详尽的计算。即使没有这些信息，我们也能进行合理的估测。

表 6 假设对于居住在卡尔加里和埃德蒙顿的大部分家庭而言，单亲家长带一个孩子的家庭的核心居所支付每个月要增加 740 美元。2017 年，阿尔伯塔大约有 1.3 万单亲家庭接受社会援助。因此，这些接受社会援助的单亲家庭每年需增加大约 1.15 亿美元。同样的，父母双方带着两个孩子的家庭需要增加 0.15 亿美元。在计算这个数据时，没有考虑降低表 6 中社会援助金额高出住房占收入 35%标准的受益者的社会援助额度。要使所有接受 ETW 和 BFE 社会援助的家庭都不需要将收入的 35%以上用于房租，每年的成本大约为 1.3 亿美元。

除了确保接受社会援助的家庭不会将收入的 35%以上用于住房，这一建议还有三个吸引人的特征。首先，会将房租变化带来的家庭预算的不确定性从接受社会援助的家庭转移到提供社会援助的政府部门。对于家庭而言，在支付住房成本之后剩余的收入容易确定。因此，这一建议能够满足政策倡导者鼓吹的基本收入保障制度的重要特征，即缓解家庭的预算不确定性压力。其次，这一建议将核心居所与住房成本挂钩，从而极大地帮助社会援助的受益者应对通货膨胀。最后，这一建议有利于接受社会援助的人口进行地区间的流动。当住房成本限制家庭搬迁，妨碍获得更好的就业前景时，我们的建议能够消除这些阻碍。

（一）单身人口的特例

到目前为止，我们的讨论都在关注家庭。如前文所述，接受社会援助的大多是单身，因此需要给予特殊关注。此外，由于没有伴侣，单身人口在面对失业、疾病和其他冲击时也更脆弱。最后，如上文所述，为单身人口提供社会援助完全是省一级政府的职责，因此也需要给予单身人口特殊的关注。

表 7 中的第一组面板数据表示接受社会援助的单身人口需要用于房租的社

会援助收入。如果他们合住，则需要进行不同的计算。我们假设 3 个单身人口将他们的社会援助收入用于租赁一个房租为第一个五分位中最高的三居室。计算表明，如果 3 个单身人口合租，那么他们用于房租的收入的百分比与单亲家长大致相当（见表 4 的第一组面板数据）。伍德布法罗情况比较特殊，即使 3 个单身人口用他们的社会援助收入来合租，房租也高昂到无法承受。

表 7　单身家庭能够负担住房的程度

（1）3 个单身人口共同租住一个租金为第一个（最低）五分位的三居室

单位：%

	2002	2003	2004	2005	2006	2007	2008	2009	2010	2011	2012	2013	2014	2015	2016	2017
卡尔加里	52	52	52	51	51	61	59	49	48	47	47	49	51	53	51	49
埃德蒙顿	54	56	57	57	56	67	76	57	55	58	55	59	62	64	62	57
格兰博瑞尔	59	57	64	63	70	95	79	52	51	52	54	62	60	61	46	46
莱斯布里奇	46	42	50	48	55	62	48	43	42	44	44	45	41	56	51	47
梅迪辛哈特	45	45	46	46	45	54	51	39	39	39	37	37	41	41	44	42
雷德迪尔	51	48	48	55	51	67	66	47	44	44	44	46	49	51	47	46
伍德布法罗	85	79	93	117	103	150	144	119	130	116	97	113	110	97	82	79

注：表中的颜色通过赋值来代表在某一年度该地区负担住房的严峻程度。房租与收入的比率用颜色来表示：

0～35%	35%～50%	50%～65%	>65%

（2）3 个单身人口共同居住在一个租金为第一个（最低）五分位的三居室

单位：美元

	2002	2003	2004	2005	2006	2007	2008	2009	2010	2011	2012	2013	2014	2015	2016	2017
卡尔加里	200	199	199	198	207	317	310	244	230	206	220	256	303	327	303	283
埃德蒙顿	223	247	261	260	269	389	524	373	349	396	363	446	496	531	493	436
格兰博瑞尔	290	261	346	341	450	721	572	301	277	301	339	494	470	489	211	217
莱斯布里奇	133	90	184	151	260	321	167	139	120	158	172	194	113	384	303	236
梅迪辛哈特	119	118	137	132	131	226	205	63	63	63	29	37	113	112	160	141
雷德迪尔	195	152	151	241	212	388	405	206	158	158	163	208	256	298	231	212
伍德布法罗	595	533	699	984	883	1 388	1 405	1 444	1 634	1 396	1 124	1 455	1 398	1 155	874	855

资料来源：作者的计算。这些数字表示，将社会援助的受益者的住房成本控制在社会援助总收入的 35%以下，为他们提供月度住房补贴所需要的额度。

表7中的第二组面板数据表示，3人合租的情况下，需要为每个单身人口追加多少社会援助收入，才能使他们负担得起低质量的三居室。计算方法与带着儿童的家庭一致。

额外成本究竟是多少呢？2017年，阿尔伯塔大约有3.8万单身人口接受社会援助。如果假设所需要的住房成本要增加300美元，那么将单身人口的房租限制在社会援助收入的35%以下，每年需要增加0.72亿美元。在计算这些成本时，需要注意省财政为无家可归的人口提供的居所中居住的大部分都是单身人口。Kneebone和Wilkins（2016）的研究表明，为每个单身成人每个月多发放125美元的支持，就能够降低收容所中20%的床位。因此，这么做能够大幅度降低人们被迫选择无家可归者收容所时所需的收容所床位成本，以及相关的省一级医疗和司法服务的成本。

（二）本文建议与控制房租的对比

我们的建议是控制房租的一种替代方式。控制房租是为了保护租客免遭高房租和房租变动之苦。但房租控制不仅会强迫房主应对不是他们制造的社会问题，也会导致出租房数量减少，从而使现状进一步恶化。我们的建议通过调整社会援助转移支付的方式，确保房租占收入的比例保持在35%以下，使所有人不必为房租波动而烦恼。提高接受社会援助的人口的收入，使他们能够购买住房，也会增加市场上低收入人口能够负担的出租房屋的供应量。最重要的是，我们的建议使低收入家庭预算的波动转移到政府社会援助预算上，使这种波动效率更高、成本更低，也不会危及低收入家庭的食品预算。

（三）本文建议与保障年收入的对比

我们的建议与保障年收入（GAI）有相似之处。GAI为受益者提供稳定的收入支持，但由他们自己应对住房成本的波动，以及住房成本波动对非住房类预算的影响。我们的建议是通过调整社会援助收入来抵消住房成本的波动，使家庭无需额外收入也能保持非住房类预算的稳定。因此，这两种方式都保障了低收入家庭的预算稳定。

但二者也都面临相似的挑战。无论是GAI还是我们的建议，或是任何视图为低收入个体和家庭提高支持力度的建议，都意味着要建立起福利保障，人们愿意维持在福利保障的水平上，甚至会放弃带薪工作来追求这样的福利保障。有关这一问题的研究都表明，对劳动力供应的影响微乎其微，相对于可能减少的劳动力供应，带来的社会效益十分显著，包括降低医疗成本、提高儿童的学习成绩等。

我们的建议与 GAI 有个显著区别。我们的建议排除了工作中的贫困人口，因此并不包括所有的收入贫困。许多反贫困政策，特别是由国家和省两级政府提供的劳动收入和工作税减免，都明确地排除了没有工作收入的个体和家庭。其他的反贫困政策还排除了带孩子的家庭，联邦政府的保障收入补助面向低收入老年人，也排除了 65 岁以下的人口。因此，虽然我们的建议不是针对所有人口面临的贫困的全面解决方案，但仍然能够贡献于现有的这套公共政策。

六、总结与结论

贫困是个艰难的社会问题。贫困的成因复杂多样且常常难于理解。贫困是一种社会疾病，需要决策者的关注。无论减贫的努力有多么不完善，决策者们都需要一个相对简单的瞄准方式，来施展其减贫政策。

在加拿大统计局目前使用的三种贫困线测量方式中，市场篮子因对当地情况最为敏感而最有效。但市场篮子需要依赖一个商品和服务的详单的制订、维护和频繁更新，从而显得迟钝。这种方式试图界定一个非常详尽的预算清单，而低收入个体和家庭的预算事实上集中在几个主要的开支项目。如果只关注必需品的成本，维护和更新贫困指标以更灵敏地反映当地情况就会变得更加便捷。一旦认识到住房是生活品质的基础，住房成本会影响低收入家庭其他必需品的支出，就会发现解决住房成本问题应当成为任何贫困测量方式的核心。

我们回顾了贫困线以及用于贫困测量、评估和应对的数据质量，提出了一种与为有需要的人口提供收入支持不同的方式。这种方式意味着省政府要吸收接受社会援助的家庭目前所面临的预算不确定性。如果能够确保社会援助收入投入到住房上的比例低于某个特定的比例，依靠社会援助生活的家庭用于非住房类预算的资金额度就更加确定。政府的成本是不确定的，因为社会援助转移支付弥补住房成本的变化。但相比低收入家庭，政府预算能够吸收和应对这种不确定性会更容易、成本也会更低。

我们也粗略计算了我们的建议会产生的成本。我们将房租与收入的比率标准定在 35%，家庭支出超过这一标准则被定义为贫困。我们估测，这一建议每年会增加 2 亿美元的成本。如果换一个角度来看，这个数字等于阿尔伯塔卫生部预算的 0.9%，还不及卫生部预算中四舍五入带来的误差。更重要的是，我们认为这一建议能够节省大量成本，从而使净成本远低于这个数字。我们相信，这一建议会对阿尔伯塔低收入人口的福利产生巨大影响，从而不可避免地得出这样的结论：如果有现成的工具，减贫不仅可能，而且经济。

最后，考虑到本文所讨论的问题的广度和深度，有一些局限性也就毫不意外。我们讨论阿尔伯塔的社会援助时，只关注由“阿尔伯塔社会福利津贴”定义为“能够工作”（ETW）和面临“完全就业障碍”（BFE）的人口。考虑到文章的篇幅，我们没有涉及重度残疾保障收入（AISH），同时也认为这一问题值得单独讨论。我们也没有涉及原住民，主要原因是现有的贫困测量都没有提到他们的贫困问题。由于原住民的特殊境况，他们的贫困问题也同样值得专门审视。最后，我们讨论贫困问题也未涉及老年人口。退休金如何应对老年贫困问题超出了本文的讨论范畴。

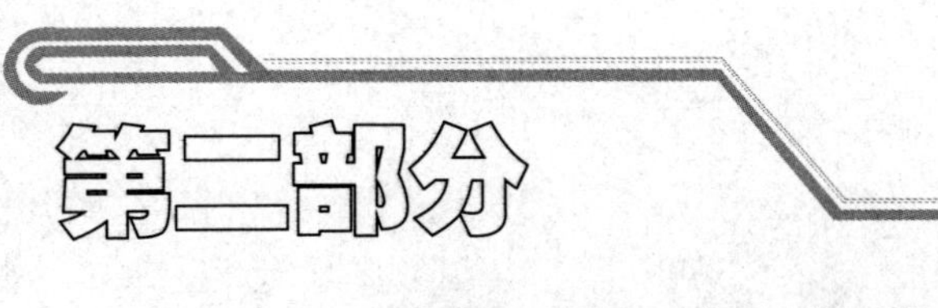

前沿问题

2018年多维贫困指数：对世界上最贫困人口的最详细描述

牛津贫困与人类发展中心

介绍

多维贫困关注贫困人口经历的重叠剥夺。生活贫困的人们在解释他们生活的不利条件时，经常描述为缺乏教育、健康状况不佳、营养不良、危险的住房及不安全的用水等。这种剥夺反映了许多穷人的生活经历以及他们在实现自我价值的能力方面所面临的障碍。他们促使可持续发展目标（SDGs）着重强调解决各种形式和维度的问题。

多维贫困指数（MPI）关注每个人同时面临的挑战，并以此衡量非货币性贫困。这样做的动机是通过相关可行的见解来补充货币贫困指标。诺贝Amartya Sen曾指出，“不同贫困来源之间的劣势‘耦合’，可能是理解贫困和制定减贫公共政策的一个极其重要的考虑因素”（2009）。

这份报告介绍了2018年全球MPI，它是基于一个简短而有力的10个剥夺清单的全新的修订指数。专题1介绍了2018年全球MPI的结构——维度、指标、权重和贫困线。从概念上讲，全球MPI借鉴了Amartya Sen的能力视角，即“不可避免地关注我们的生活和关注多个不同特征”（2009）。从经验上看，全球MPI受到数据的严格限制，并且由于人们生活的巨大多样性而限制了其相关性。然而，它通过提供迄今为止最详细的贫困图景，来维持和激励人们对关键劣势的关注。但是全球MPI是什么？如何与可持续发展目标以及诸如“2063年议程”和“联合国消灭贫穷第三个十年”等其他优先事项保持一致？它要基于怎样的数据？

什么是全球MPI？

全球MPI是衡量发展中地区100多个国家严重贫困程度的国际可比指标。它通过捕捉每个人在与教育、健康和生活水平相关的十项指标中经历的同时剥夺补充全球货币贫困措施。在2018年，10项指标中已有5项被修改。

全球 MPI 从何而来?

全球 MPI 由联合国开发计划署和牛津大学的牛津贫困与人类发展倡议(OPHI)于 2010 年制定,用于开发计划署的人类发展报告。电子数据和分析每年至少更新一次,以包括新发布的数据。修订的全球 MPI 是 OPHI 和 UNDP 的联合工作,有助于更好地使全球 MPI 与可持续发展目标保持一致(Alkire、Jahan,2018)。

专题 1　全球 MPI 和可持续发展目标

全球 MPI 于 2010 年推出,已经涵盖了可持续发展目标所体现的一些价值观。例如,全球 MPI 不是关注贫困的单一方面,而是以多种形式和维度描绘贫困。MPI 不是孤立地观察一个接一个的挑战,而是展示了贫困人口生活中的剥夺是如何具体地相互关联的。全球 MPI 不只提供国家描述,而是按国家区域,地区,种族或年龄组分列。为更好地与可持续发展目标对接,已对 2018 年全球 MPI 的基本指标进行了修订。那么 2018 年全球 MPI 如何支持可持续发展目标议程呢?

可持续发展目标 1/17。消除世界各地各种形式的贫困。确定可持续发展目标的《2030 年可持续发展议程》的序言指出,"消除一切形式和层面的贫困是全球面临的最大挑战,也是可持续发展不可或缺的要求。"全球 MPI 关注的是多方面的贫困问题,重点关注健康、教育和生活水平等关键方面。

可持续发展目标 1.2。各维度的贫困。可持续发展目标的 169 个具体目标中的第二个具体目标要求各国将生活在所有维度的贫困中的男性、女性和儿童的比例减半。人们认为贫穷既是多方面的,也是可衡量的。各国为反映其具体情况而制定的官方国家多维贫困指数和全球多维贫困指数,如国家收入贫困指标和每天 1.90 美元贫困线,均能评估减贫进展:一个是关于国家优先事项,另一个是从比较视角出发。

不让任何一个人掉队。《2030 年可持续发展议程》承诺"不让任何一个人掉队"。将这一想法付诸实践,全球 MPI 考虑了个人贫困的深度或强度,超越了仅考虑贫困人口总体数量(贫困人口比例),并提供了减少对最贫困人口的剥夺的计量激励方式,即使他们还没有摆脱贫困。这推动了"不让任何一个人掉队"的政策。MPI 按地区、年龄、城市和农村地区划分，确定了特定的贫困地区。这样可以实现更有针对性的策略和操作，并有助于确保不会遗漏特定区域和群体。

跨越可持续发展目标的互联互通。全球 MPI 反映了每个人在可持续发展目标的多个领域面临的剥夺——教育、水、卫生、健康、住房等。与至少 7 个可持续发展目标相关联，MPI 将许多问题集中在一个总体评价体系中。而且，如果人们被剥夺了三分之一的加权指标，那么他们就是 MPI 穷人，所以 MPI 关注的是被可持续发展目标落下的人。

专题 2 贫困概况：印度的 Amudha

Amudha 是一名 14 岁的十年级学生，就读于马杜赖附近一个小乡村社区的一所学校。她和她的父亲、母亲、姐姐、侄子和侄女住在一起。

她的父亲在采摘椰子时手骨折了，因此他不能再做体力劳动者的工作。在他康复期间，成为了一名看门人，她的母亲成了一名建筑工人。现在父母都在建筑行业工作。她的父亲每天收入 400 卢比，她的母亲每天收入 350 卢比，由于工作繁重，她的母亲的膝盖和背部疼痛严重。

Amudha 的父母买不起液化石油气（LPG）气瓶，用木材做饭。这个家庭住在一个租来的原始棚屋旁，旁边是当地政府的荒地上的干涸池塘。他们没有饮用水或厕所设施。他们在池塘旁边的空地上排便。他们从邻居的供应中获得电力。微薄的工资不足以维持一个六口之家。Amudha 的母亲梦想在她去世前拥有自己的小屋。

Amudha 的姐姐在 16 岁时结婚，但她的母亲希望 Amudha 能够学习更多，这样她就能得到一份好工作和薪水来养家糊口。

Amudha 的一天从早上 6 点开始。她在家帮助妈妈，然后步行去学校。政府提供给她的自行车坏了，而她没有钱修理。希望协会信托赞助她的教育。放学后，她参加补习班直至晚上 9 点。然后她回家吃饭。之后，她帮妈妈洗碗，晚上 10 点睡觉。Amudha 的目标是成为一名医生。她的母亲曾失去了两个婴儿，因为在没有任何医疗保健的情况下，在家中分娩。Amudha 希望帮助像她母亲一样的农村妇女。她在努力实现这一目标。

根据 2018 年全球 MPI，Amudha 是贫困人口。图中的灰色框显示了她面临的剥夺。

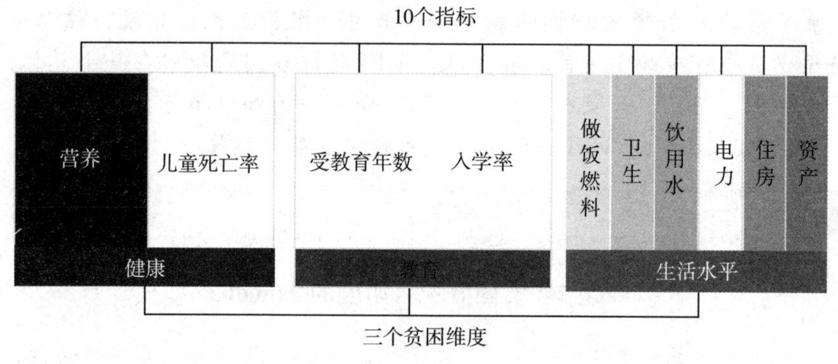

如何计算？

全球 MPI 使用 Alkire－Foster（AF）方法来衡量多维贫困。AF 方法以加权剥夺评分的形式，总结每个人的被剥夺经历，识别贫困人群，并将这些信息汇总到某个标题和相关信息平台中。由于它的简单性和特殊性，已被广泛使用。这是全球 MPI 的三个关键因素（专题 3）：

- 发生率是贫困人口的百分比（或人数比率，H）。
- 强度是指贫困人口被剥夺指标的平均比例（A）。
- MPI 是多维贫困指数，是发生率和强度的乘积（MPI ＝ H×A）。

由已故 Tony Atkinson 爵士担任主席的世界银行全球贫困监测委员会最近建议，全球贫困监测应包括使用这种方法的非货币多维贫困衡量指标（世界银行 2017），以补充国际货币贫困线。

专题 3　2018 年全球 MPI：结构和数据

该报告标志着全球 MPI 新版本的发布，该版本适用于可持续发展目标，并使用新的可用数据。2018 年全球 MPI 采用与前几年相同的方法，但指标有所变化，以反映这些新发展。

维度、指标、权重和临界值。全球 MPI 由三个维度（健康、教育和生活水平）和 10 个指标组成。每个维度的权重相等，每个维度内的各个

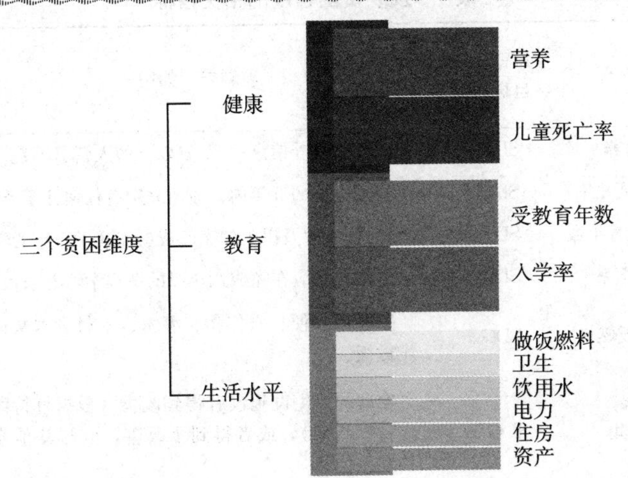

指标的权重也相等。如果一个人被剥夺了至少三分之一的加权指标，那么他就被认为是多维贫困的。

2018 年全球 MPI 指标变化。与最初的 MPI 相比，指标变化体现在营养、儿童死亡率、受教育年数、住房和资产等指标上。营养指标现在也考虑了儿童发育不良和特定年龄的体重指数线。关于儿童死亡率，2018 年全球 MPI 仅调查前五年内的儿童死亡率（如果有相关信息）。在"受教育年数"指标中，新标准要求非受教育年数为 6 年，而不是 5 年。对于住房而言，如果一个人没有足够的材料来建造屋顶、墙壁或地板，而不仅仅是地板，那么他们的住房指标就是被剥夺的。计算机和畜力车被添加到资产清单中，如果一个人没有这些资产，则被视为被剥夺。

数据。2018 年，全球 MPI 基于 51 个国家的人口和健康调查（DHS），43 个国家的多指标类集调查（MICS），两个 DHS - MICS 综合调查，3 个阿拉伯家庭健康项目（PAPFAM）调查，以及中国、厄瓜多尔、牙买加、墨西哥和南非的全国调查。2018 年表使用了 2006—2016 年收集的数据。其中 96 组数据来自 2010—2016 年，63 组数据来自 2014—2016 年。使用 2016 年人口数据计算，2018 年全球 MPI 覆盖的人口为 57.3 亿人。

全球 MPI 只是一个数字吗？

MPI 在一个相关的信息平台上提供报告，显示贫困人口的数量和百分比。信息平台还显示每个指标的贫困程度和构成（表 1）。它显示谁是贫困人口（发生率），他们有多贫困（强度），以及他们如何贫困（从每个指标来看）。此

表 1　反映贫困程度的相关指标

贫困维度	指标	可持续发展目标领域	被剥夺，如……	权重
健康	营养[①]	SDG 2	任何有营养信息的 70 岁以下的人营养不良。	1/6
	儿童死亡率[②]	SDG 3	在调查前的五年内，该家庭中有任何儿童死亡	1/6
教育	受教育年数	SDG 4	没有 10 岁及以上的家庭成员完成了六年的学业	1/6
	入学率[③]	SDG 4	学龄儿童应在完成八年级的课程学习前未入学。	1/6
生活水平	做饭燃料	SDG 7	家庭用粪便、农作物、灌木、木材、木炭或煤炭做饭。	1/18
	卫生[④]	SDG 11	家庭的卫生设施没有得到改善（根据可持续发展目标指南），或者得到了改善，但与其他家庭共享。	1/18
	饮用水[⑤]	SDG 6	家庭无法获得改善的饮用水（根据可持续发展目标指南）或获得安全饮用水的距离至少需往返 30 分钟的步行。	1/18
	电力	SDG 7	这个家庭没有电。	1/18
	住房[⑥]	SDG 11	家庭住房不足：地板是天然材料或屋顶或墙壁是简陋材料。	1/18
	资产	SDG 1	家庭不拥有这些资产中的一种以上：收音机、电视、电话、计算机、畜力车、自行车、摩托车或冰箱，并且不拥有汽车或卡车。	1/18

注：①如果 20～70 岁的成年人的体重指数（BMI）低于 18.5 米/千克^2，则被视为营养不良。如果 5～20 岁的人的特定年龄的体重指数低于 2 个标准差，则被视为营养不良。如果 5 岁以下儿童的年龄身高（发育迟缓）或年龄体重（体重不足）的 z 值低于参考人群中位数的两个标准差，则被视为营养不良。在大多数国家，年龄体重指数覆盖 15～19 岁的人群，因为人体测量数据仅适用于该年龄组；如果有其他数据，年龄体重指数则适用于 5 岁以上和 20 岁以下的所有人。②儿童死亡率依据 15～49 岁妇女的信息。如果缺少此信息，并且如果家庭中的 15～59 岁男性报告没有儿童死亡率，这个记录也包括在内。③学龄儿童进入义务小学阶段的数据来源：国土安全部，多指标类集调查和国家报告，联合国教科文组织，统计机构数据库。④如果一个家庭有一些类型的冲水厕所或茅厕，或通风的改良坑或堆肥厕所，只要它们不是共用的，就被认为是获得了改善的卫生条件。如果调查报告使用其他“适当”卫生设施的定义，我们将遵循调查报告。⑤如果水源是以下任何类型，则认定家庭可以获得干净的饮用水：自来水、公共水龙头、钻孔或水泵、防护井，受保护的泉水或雨水，并且取水距离步行（往返）在 30 分钟以内。如果调查报告使用其他“安全”饮用水的定义，我们将遵循调查报告。⑥如果地板是由泥土/黏土/土壤、沙子或粪便制成，则视为被剥夺；或者如果住宅没有屋顶或墙壁，或者屋顶或墙壁是使用天然材料建造，如甘蔗、棕榈/树干、草皮/泥土、泥土、草/芦苇、茅草、竹子、木棍或简陋材料如纸箱、塑料/聚乙烯薄膜、竹子与泥/石头与泥、松散的石头、未覆盖的土坯，未加工的/再利用木材、胶合板、纸板、未烧透的砖或帆布/帐篷。

外，MPI 按年龄组别和城市/农村地区进行了分类，以及（如数据允许）按区域或种族和残疾状况等特征进行分类，以了解贫困在社会中有何不同 。报告结果确定了那些处于极端贫困和严重贫困的人口。

数据使用的最新和完整程度如何？

最新数据，就覆盖年限而言：

- 32 个共计有 25.8 亿人口和 7.97 亿贫困人口的国家采用了 2015—2016 年的数据。
- 35 个共计有 24.6 亿人口和 3.9 亿 MPI 贫困人口的国家采用了 2013—2014 年的数据。
- 23 个共计有 5.41 亿人口和 8 900 万 MPI 贫困人口的国家采用了 2011—2012 年的数据。
- 15 个共计有 1.51 亿人口和 6 800 万 MPI 贫困人口的国家采用了 2006—2010 年的数据。

因此，59%的 MPI 贫困人口的信息来自于 2015 年及之后的调查，并且有 88%的 MPI 贫困人口的信息来自 2013 年及之后的调查。也就是说，在分析 MPI 时必须始终考虑年份。

指标范围：如上所述，2018 年全球 MPI 基于 2006—2016 年的国土安全部调查，多指标类集调查和泛阿拉伯家庭健康项目调查以及国家调查。[①] 在全球 MPI 覆盖的 105 个国家中，87 个国家拥有完整的 10 个指标的信息。7 个国家（阿富汗、哥伦比亚、多米尼加共和国、印度尼西亚、菲律宾、乌克兰和越南）缺少有关营养的信息。7 个国家（巴巴多斯、波斯尼亚和黑塞哥维那、牙买加、前南斯拉夫马其顿共和国、墨西哥、圣卢西亚和苏里南）缺少有关儿童死亡率的信息。埃及缺少关于做饭燃料的信息，洪都拉斯缺少关于电力的信息，中国缺少关于住房的信息。菲律宾还缺少关于入学率的信息——这是唯一缺少两项指标数据的国家。如果缺少一项指标，则对该维度中的其余指标重新加权，使每个维度的权重为三分之一。

有 14 个国家缺少已死亡儿童的死亡日期信息，因此我们无法确定调查前五年的儿童死亡率。[②]对这些国家，我们使用家庭中妇女或男子报告的儿童死亡信息，因此剥夺程度相对较高，在进行比较时需要谨慎。

---

① 两个数据集，布隆迪和尼日利亚，包含 2016—2017 年的数据。

② 不丹、中非共和国、厄瓜多尔、吉布提、哈萨克斯坦、黑山、摩洛哥、阿拉伯叙利亚共和国、塞尔维亚、泰国、特立尼达和多巴哥、瓦努阿图和乌兹别克斯坦。

专题 4　解读全球 MPI 的用户指南

有时人们认为 MPI“只是”一个指数，是一个显示贫困程度数字。但 MPI 的意义远不止于此：它还可以被分解，以显示谁是贫困人口，以及他们是如何贫困的。下面是一个例子解释全球 MPI 如何做到这一点。

发生率或人数比率。让我们从最熟悉的数字开始：MPI 贫困人口的百分比。这被称为人数比率，贫困发生率或贫困率。例如，在多哥，48.4%的人是 MPI 穷人，因为他们被剥夺了加权 MPI 指标的三分之一或更多。

强度。这是贫困人口被剥夺的平均分数或贫困人口被剥夺的平均比例。在多哥，强度为 51.7%，这意味着多哥的贫困人口经历了平均 51.7%的加权剥夺。由于贫困人口的界定线为 1/3，即所有被认定为 MPI 贫困的人都经历了至少三分之一的加权剥夺，他们的剥夺分数介于 33.33%～100%。

MPI。MPI 是发生率和强度的乘积：它是通过将两者相乘计算出来的。例如，多哥的 MPI 为 0.294，因为 48.4%×51.7%＝ 0.294。这表明，如果多哥的每个人在所有指标上都是贫困和被剥夺的，那么多哥的贫困人口将经历 29.4%的剥夺。MPI 的范围从零到一，而更高的数字意味着更大程度的贫困。

如何减少 MPI。因为 MPI 由两个子指数组成——发生率和强度——如果其中任何一个下降，MPI 就会下降。因此，如果一个贫困人口成为非贫困人口，那么 MPI 将会下降。如果一个贫困人口之前被剥夺的指标中变得不被剥夺，那么 MPI 也会下降。因此，MPI 不仅追踪贫困线以上的人口流动，而且追踪贫困人口生活的改善，激励推出针对贫困人口中最贫困人口的政策。

指标的审查人数比率是指在特定指标中被剥夺的 MPI 贫困人口占总人口的百分比。全球 MPI 是 10 个审查人数比率的加权总和。这意味着，减少对贫困人口的任何剥夺，都将减少 MPI 所衡量的贫困。

指标的百分比贡献显示它对整体 MPI 的贡献程度。这用于了解贫困人口如何贫困，或贫困的构成。百分比的贡献既取决于在该指标中被剥夺的贫困人口数量，也取决于该指标的权重。通过使用将其可视化为条状图，我们可以一目了然地比较对不同国家或群体的全球 MPI 贡献最大的指标。

比较有多可信?

与任何贫困衡量标准一样，全球 MPI 在选择指标、权重和贫困线时也涉及规范性选择（Alkire、Jahan，2018）。Amartya Sen 建议对贫困指标进行评估，以确定它们是否符合“合理范围”的规范。核心稳健性测试评估了国家之间的成对比较的百分比，该百分比考虑了标准误差，如果将贫困线设定为 20%或 40%而不是 33.33%，那么这一比率将保持不变。在贫困线为 33.33%的情况下，国家 A 更贫困（95%的显著性），那么如果贫困线为 20%，A 国是否仍比 B 国家更为贫困？就全球 MPI 而言，在 104[①] 个国家进行的具有统计学意义的两两比较中，以 33.33%的多维贫困线作为基线的情况下，94.9%的统计是稳健的。这意味着通过其他多维贫困人口临界值，MPI 的相对值在很大程度上保持不变。为了分享关于不同贫困水平的信息，所有数据表都提供了基于五个临界值的信息：1%，20%，33.33%，40%和 50%。为了理解国家比较对权重选择的稳健性，对每个维度的权重进行了调整，使得每个维度依次获得相对权重的 50%，其他两个维度各获得 25%的权重。每个指标都相应地重新加权。我们发现，考虑到 95%的置信区间，89%的国家之间的成对比较对于每个维度 25%～50%之间的权重变化是稳健的。与 2018 年全球 MPI 相对应的牛津贫困与人类发展倡议技术文件提供了全套稳健性测试，其中包括对指标和权重的稳健性。

展望未来

下一节将概述全球总量，从而证明全球 MPI 的增值与现有数据具有可比性，并且可以为儿童、农村地区、88 个国家的 1 127 个地区、印度的 640 个地区以及其他关键群组提供全球描述和详细分析。目的仅在于通知并且有时会发出警报。更根本的目的是鼓励在多个方面开展结束严重贫困的行动。

除非另有说明，所有表格和图表均采用 2018 年 Alkire，Kanagaratnam 和 Suppa 以及 2018 年 Alkire，Kanagaratnam，Mitchell，Nogales 和 Suppa 。

一、全球概览

覆盖了 105 个国家的 13 亿贫困人口

在全球 MPI 覆盖的 105 个国家中，有 13 亿人生活在严重的多维贫困中。[②]

---

① 唯一缺失的国家是亚美尼亚，因为在贫困线为 40%的情况下，MPI 为 0。

② 本报告中的人口总数乘以联合国经济和社会事务部人口司（2017）2016 年的贫困发生率。数据表还提供了调查年份的人口数据。

相当于这些国家总人口（57亿）的23%。这些人在健康、教育和生活水平方面，至少有1/3的重叠剥夺。他们可能缺乏适当的住房或卫生设施、营养或初等教育。他们存在于每个地区和每个国家，表明严重贫困仍然是一种全球现象。

撒哈拉以南非洲（42%）和南亚（41%）的贫困人口最多

虽然贫困无处不在，但世界上大多数贫困人口（超过11亿）都生活在撒哈拉以南非洲或南亚。撒哈拉以南非洲的贫困人口往往会经历更严重的贫困。虽然东亚人口最多，但在全球多维贫困人口中所占的比例较小（表2）。

表2　按世界区域划分的MPI贫困

发展中地区（联合国统计司）	MPI①	贫困发生率②	强度③	贫困人口数量（百万）④	MPI的人口覆盖率
阿拉伯国家	0.098	19.2%	50.8%	65.7	85%
东亚和太平洋地区	0.025	5.9%	43.1%	117.7	94%
东欧和中亚	0.009	2.4%	38.3%	3.5	43%
拉丁美洲和加勒比地区	0.033	7.7%	43.2%	39.7	81%
南亚	0.143	31.3%	45.8%	545.9	95%
撒哈拉以南非洲	0.317	57.7%	54.9%	559.4	99%
全球MPI（发展中地区）	0.115	23.2%	49.5%	13.3亿	91%

注：①多维贫困指数（MPI）的范围是从0到1；②贫困发生率是剥夺比例为1/3或以上的人口百分比；③强度是贫困人口加权剥夺的平均百分比；④贫困人口数使用2016年的人口数据。

资料来源：作者计算；所有总和都是人口加权的。

2015/2016年，印度贫困人口减少了2.71亿

正如第2节所阐述的那样，印度发生了全球性的变化。2005/2006—2015/2016年度，印度的多维贫困人口数量从6.35亿降至3.64亿，这是一个历史性的转变。此外，1999—2006年最贫困人口的多维贫困减少速度最慢，与此趋势形成鲜明对比的是，从2005/2006—2015/2016年度，最贫困人口的多维贫困减少最快。儿童、最贫困的州、部落以及穆斯林的贫困下降最快，这表明他们非但没有落后，反而正在迎头赶上。使用2018年规范的全球MPI趋势目前仅适用于印度；正在建设对其他国家随时间推移的变化趋势的统一分析。

大约2/3的MPI贫困人口生活在中等收入国家

近9亿贫困人口生活在中等收入国家。尽管全国人均国民总收入较高，但这些人和低收入国家（LICs）的人口一样，缺少清洁饮用水、营养和教育。

从绝对意义上讲，他们的生活面临着与生活在低收入国家的人口相似的群体性匮乏，值得优先考虑。

然而，低收入国家中多维贫困的人口比例确实较高。虽然 2018 年全球 MPI 覆盖人口中只有 12%居住在低收入国家，但实际上仍有 33%的 MPI 贫困人口生活在低收入国家。低收入国家中近 65%的人口是贫困人口（中高收入国家的这一比例为 18%），而在加权指标中，低收入国家的贫困人口平均被剥夺了 55%（相比之下，中等收入或高收入国家为 47%）。17 个 MPI 最贫困国家均是低收入国家。然而，在低收入国家中，情况却千差万别：南苏丹的 MPI 贫困人口比例为 92%、尼日尔为 91%，而塔吉克斯坦为 12%。入学率对低收入国家的平均 MPI 贡献最大，占整体 MPI 的 18%，其次是营养（16%）和儿童死亡率（14%）。

最不发达国家被包含在最贫穷国家中

2018 年全球 MPI 覆盖了联合国确定的 47 个“最不发达国家”中的 43 个。虽然这 43 个国家只占全球 MPI 覆盖总人口的 17%，但它们占贫困人口的 43%。

最不发达国家中近 60%的人口（5.79 亿）是多维贫困人口，平均加权剥夺指数为 54%。全球 MPI 的 29 个最贫穷国家中有 28 个是最不发达国家，尼日利亚是唯一的例外。

全部贫困人口中有 46%严重贫困人口

在覆盖的所有国家中，超过 1/10（6.11 亿）的人口被剥夺了至少一半的加权指标，而不仅仅是被确定为 MPI 贫困的最低贫困值即三分之一。这意味着在 13 亿 MPI 贫困人口中，46%的人没有接近贫困线，而是生活在严重贫困之中。这些人中的每一个都经历了单一指标忽略的一系列不利条件，而 MPI 使这些人口可以被发现。

MPI 贫困人口中的严重贫困比例差异很大。马拉维（2015—2016 年）和喀麦隆（2014 年）的 MPI 均为 0.244，但在喀麦隆，57%的贫困人口为严重贫困，而在马拉维，这一比例为 35%。虽然全球 MPI 报告了五项贫困临界值：1%、20%、33.33%、40%和 50%，但每个国家都会提供高达 90%的额外临界值，以便显现出贫困人口中的不同强度模式。

儿童占所有贫困人口的一半

当我们根据 MPI 贫困人口的年龄进行分析时，我们发现所有多维贫困人口中有近一半（49.9%）是 18 岁以下的儿童。因此，在所涵盖的国家中，超过 6.65 亿儿童（每 3 个儿童中就有 1 个）在多维贫困中度过了童年。在这些儿童中，有 52%生活在极度贫困中。就冲突而言，超过一半的 MPI 贫困儿童生活在警戒、高度警戒、最高警戒的最脆弱国家。

MPI 包括儿童成果的指标，如入学率和营养，也包括影响儿童生活机会的指标，如适当的卫生设施、安全用水、住房和清洁的做饭燃料。它还反映了影响儿童生活的家庭特征，例如是否已有孩子死亡以及是否有人接受过六年教育。考虑到世界人口统计的儿童数量可能比以往任何时候都多，儿童贫困的高发生率呼吁采取行动。

全球 MPI 被分解为 1 127 个地区

全球 MPI 被分解为 88 个国家的 1 127 个地区，以便发现富裕国家的贫困地区和贫困国家的地区进展。此外，这使在国内外进行更细致的分析成为可能，并鼓励更有针对性和有效的扶贫政策。除了将 88 个国家分解为 1 127 个地区之外，印度还有第二级分解，划分为 640 个地区，使全球 MPI 调查的地区总数达到 1 767 个。由于全球 MPI 是基于剥夺的直接测量（营养不良、清洁水、住房和入学率），因此可以直接在国家内部和国家之间进行比较。从这个意义上说，分解比较比货币贫困更简单。

贫困人口是如何贫困的？

我们观察到 13 亿人生活在极端的多维贫困中。这些儿童、妇女或男子以多种方式落在后面：他们被剥夺了 1/3 或更多的加权指标。但是根据每一项指标，他们是如何贫困的呢？本部分结尾分享了对这些极端贫困人口生活环境的见解。

MPI 贫困人口共经历了 74 亿次剥夺。表 3 显示了 13 亿贫困人口中有多少人经历过 MPI 剥夺。在信息时代，尤其是在经济增长不断反弹的背景下，这些数字背后隐藏的人类苦难程度仍然令人震惊。当我们记起这甚至不包括所有在每一项指标中被剥夺的人时（只包括那些被剥夺某一指标和其他指标加起来至少有一个维度的 MPI 贫困人口），更加令人痛苦。

表 3 MPI 贫困人口数量及在哪些方面被剥夺

MPI 贫困人口数量及在哪些方面被剥夺	百万	MPI 贫困人口所占比例
营养	827	62%
儿童死亡率	173	13%
受教育年数	671	50%
入学率	493	37%
做饭燃料	1 218	91%
卫生	1 058	79%

（续）

MPI 贫困人口数量及在哪些方面被剥夺	百万	MPI 贫困人口所占比例
水	602	45%
电力	740	56%
住房	1 064	80%
资产	585	44%

在 13 亿 MPI 贫困人口中，超过 90%的人不能简单地点燃火炉或打开电炉做饭：他们必须收集或购买做饭材料，将它们带回家，然后用木头、粪便、煤炭或木炭生火。固体做饭燃料存在健康风险：那些没有通风设备的人（通常是妇女和儿童），会受到室内空气污染，这种污染会刺激眼睛和肺部，是可预防性死亡的主要原因。

五分之四的 MPI 贫困人口住在地板是泥土、沙子或天然材料的房子里，或者是墙壁和屋顶很简陋的地方（可能是纸板、塑料布、草或泥）。在暴雨和强风，或者有小偷的时候，这样的房屋都不是安全的场所。相同数量的人缺少适当的卫生厕所，如堆肥厕所、防护式坑式厕所或抽水马桶。

超过 60%的贫困人口与营养不良的人居住在一起。在许多情况下，不止一个家庭成员面临发育迟缓或体重不足的营养问题。在这些家庭中，仅是生存也不能被视为理所当然，尽管从更大的世界视角来看，肥胖往往是一个突出的问题。儿童营养不良尤其令人担忧，因为它会影响儿童的身心发育，并影响他们的生活机会和未来。

电力是许多人认为理所当然的服务，如果公共汽车和飞机的座位上没有电源，人们会感到不满。但超过一半的 MPI 贫困人口甚至连一个太阳能灯泡也没有。这里的数据存在问题，因为即使是那些有电力供应的人也可能会经历数小时的减载、可能无法承担的费用以及电流的多变性。因此，还有许多额外的挑战需要考虑。然而，有 7.4 亿人（地球 1/10 的人）被重叠剥夺，他们晚上无法打开灯或风扇，也无法给手机充电。

想象一下，如果一半的 MPI 贫困人口没有任何人在家完成了六年的学业，当他们收到报纸或信件时，除非有人自学成才，否则没有人能够读懂这封信，他们将不得不寻求帮助。在一个发短信、浏览互联网和填表格都要求教育的社会中，这是形成社会关系、参与经济活动、获得体面工作和参与政治进程的巨大障碍。

专题 5 不仅仅是一个描述：理解 MPI

MPI 的一个主要优势在于它不仅为每个国家提供了总体数字，还可以通过将指标进行细分，显示哪些剥夺在该国造成贫困。

例如，塔吉克斯坦和秘鲁的 MPI 非常相似：分别为 0.049 和 0.052。这两个国家的贫困发生率（12%）和强度（40%～41%）也相似。不同的是他们的贫困构成。

在秘鲁，18%的 MPI 总数是由于受教育年数的剥夺所致，而在塔吉克斯坦，该指标仅占 1%。相比之下，塔吉克斯坦的营养不良贡献率更高（35%），是秘鲁的两倍。总体而言，秘鲁一半以上（56%）的贫困是由生活水平方面造成的，而健康方面对塔吉克斯坦的影响最大。

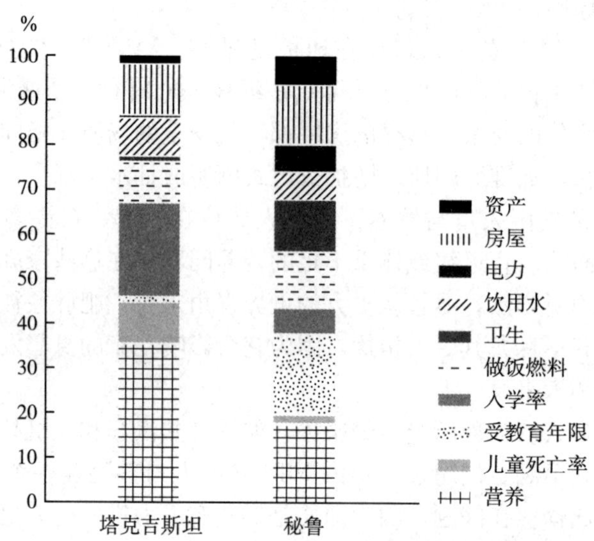

各指标对塔吉克斯坦和秘鲁贫困的贡献百分比

通过更加深入地研究这些数字，我们可以看到两个看起来相似的贫困国家，实际上其贫困构成是非常不同的。贫困人口千差万别，因此需不同的政策回应。

全世界有 44%的贫困人口在从家步行往返 30 分钟内无法获得清洁饮用水。这些人面临水传染疾病的风险，这些疾病会影响他们的健康，也可能影响儿童的入学率。由于父母和儿童更有可能负责为家庭取水，因此长途跋涉取水也会给妇女和儿童带来额外负担。超过 2/5 的贫困人口没有自己的基本资产（一辆汽车或卡车或至少以下的其中两项：收音机、电视、电话、电脑、自行车、摩托车或冰箱），而这些资产有助于他们的福利和经济活动，也可以作为抵御贫困和脆弱社区经常遭受的经济冲击的保险。电话包括固定电话和移动电话，用于收集有关工作机会的信息、跟踪气候情况，以及在一些国家还包括银行业务。汽车和卡车或自行车和摩托车，对于上下班或探亲访友都至关重要。缺少交通工具会让人感到孤立，使他们更难获得改善自己和家人生活条件所需的工作。

超过 1/3 的贫困人口生活在一个适龄儿童没有上学的家庭中。这反映了这样一个现实：尽管在受教育方面取得了重大进步，但世界未能实现普及小学教育的千年发展目标（联合国 2017）。教育的缺失不仅会影响孩子，也会影响家庭，家庭将不能从孩子作为受过教育的成年人所获得的收入增加中获益。当然，受教育年数并不能很好地代表教育质量和学习成果，因此一些上学的孩子仍然没有享受可持续发展目标对“公平和优质”教育的要求。但是没有上学的孩子的机会更少。

最后，有 1.73 亿贫困人口生活在一个孩子已经在调查的前五年死亡的家庭中。尽管这一数字低于其他指标中的贫困人数，但考虑到失去孩子对一个家庭可能造成的创伤性和破坏性的损失，这一统计数据仍然令人震惊。

与任何全球贫困指标一样，2018 年全球 MPI 是不完美和不完整的。在指标方面，它缺少体面劳动、反暴力或去权（这也是贫困人口生活和贫困经历的关键方面），也不包括教育质量或健康功能，而且它只反映了严重贫困，并没有反映那些低 MPI 国家可能更关心的中度贫困。不过，全球 MPI 确实关注可持续发展目标的一组核心指标。正如 Amartya Sen 所观察到的那样，它正在逐渐展现出同时剥夺的情况，继续打击和剥削穷人的生活。这些重叠剥夺值得衡量、承认并采取行动。

二、分区域描述

在世界主要的地理区域内，在撒哈拉以南非洲和南亚居住的多维贫困人口数量大致相等，分别为 42％和 41％，但国家之间的差异非常明显。本文将从非洲开始，介绍各地区多维贫困人口的共性和多样性。

(一) 撒哈拉以南非洲

撒哈拉以南非洲的多维贫困指数（MPI）最高，拥有世界上最多的贫困人口。MPI 覆盖撒哈拉以南非洲 40 个国家的 9.69 亿人口，使得该区域成为全球 MPI 覆盖国家数量最多的地区。

根据 MPI，撒哈拉以南非洲约有 5.59 亿是贫困人口。总体而言，该地区的 MPI 为 0.317，其中 58%的人口处于多维贫困状态，平均贫困强度为 55%。

该地区最贫穷的国家是南苏丹和尼日尔，90%以上的人口是多维贫困人口。这两个国家近四分之三的人口处于严重贫困状态，至少遭受 50%的加权剥夺。南非是撒哈拉以南非洲地区最不贫困的国家，贫困线以下人口的比例低于 6%。尼日利亚和布隆迪的数据最新，来自 2016—2017 年。根据多维贫困指数，尼日利亚仍然有 9 700 万的贫困人口。

基于联合国的地理定义，我们发现东非和中非是最贫困的地区，64%的人口生活在多维贫困状态中。南部非洲是该地区迄今为止最不贫困的区域，贫困人口仅占 8.6%。

2018 年全球 MPI 覆盖撒哈拉以南非洲的 458 个地区。其中在 310 个地区，贫困人口超过一半，在 160 个地区，贫困人口超过四分之三。在 42 个地区，贫困人口超过 90%，这些地区分布在 10 个国家，包括布基纳法索、中非共和国、乍得、埃塞俄比亚、冈比亚、马达加斯加、马里、尼日尔、塞拉利昂和乌干达。

撒哈拉以南非洲贫困发生率最高的地区是乍得的瓦迪菲拉区，贫困人口比例惊人，达 99%，贫困程度为 95%，这意味着他们被剥夺了至少一半的加权指标。这也意味着生活在瓦迪菲拉区的 350 000 人口中，有 347 900 人口是多维贫困人口，其中有 35 000 的人口处于非常贫困状态。

国内城市与农村或偏远地区之间的差异尤为明显。例如，肯尼亚的首都内罗毕和一些大城市。

尼日利亚的拉各斯，乌干达的坎帕拉和莫桑比克的马普托，MPI 不到十分之一，而在肯尼亚的东北部省份、尼日利亚的索科托、乌干达的卡拉莫贾和莫桑比克的赞比西亚，贫困率达 85%或以上。

撒哈拉以南非洲人口导致贫困的最大因素是营养，占 MPI 的近 19%，紧随其后的是受教育年限占 15%和入学率占 13%。在圣多美和普林西比，因受教育年限导致的贫困率占其 MPI 的 28%，而在津巴布韦，则不到 5%。中非共和国是世界上贫困率最高的国家，贫困人口占 79%，儿童死亡率是主要导致因素（表 4）。

表 4 撒哈拉以南非洲的全球 MPI

国家	调查	年份	多维贫困指数（HXA）	多维贫困发生率（A）	多维贫困剥夺强度（A）	贫困人口数量	易受贫困影响人口百分比	严重贫困人口百分比	缺少指标
南非	NIDS	2014/2015	0.021	5.6	38.4	3 131 867	14.1	0.6	0
加蓬	DHS	2012	0.067	15.0	44.3	297 744	17.6	4.8	0
斯威士兰	MICS	2014	0.083	19.6	42.4	263 057	20.9	4.4	0
圣多美和普林西比	MICS	2014	0.092	22.1	41.7	44 228	19.4	4.4	0
加纳	DHS	2014	0.132	28.9	45.5	8 157 952	21.4	9.6	0
莱索托	DHS	2014	0.146	33.6	43.5	741 292	24.5	8.6	0
津巴布韦	DHS	2015	0.149	34.7	42.9	5 602 321	26.3	8.8	0
肯尼亚	DHS	2014	0.179	38.9	46.0	18 837 111	34.7	13.4	0
科摩罗	DHS-MICS	2012	0.181	37.4	48.5	297 292	22.2	16.2	0
纳米比亚	DHS	2013	0.183	40.6	45.1	1 006 583	19.3	12.9	0
刚果	DHS	2011/2012	0.185	40.4	45.7	2 071 707	25.7	15.5	0
科特迪瓦	MICS	2016	0.236	46.1	51.2	10 925 568	17.6	24.5	0
马拉维	DHS	2015/2016	0.244	52.7	46.2	9 539 039	28.4	18.5	0
喀麦隆	MICS	2014	0.244	45.4	53.7	10 641 124	17.3	25.8	0
多哥	DHS	2013/2014	0.250	48.4	51.6	3 678 922	21.8	24.4	0
毛里塔尼亚	MICS	2015	0.261	50.6	51.6	2 176 339	18.6	26.4	0
赞比亚	DHS	2013/2014	0.262	53.4	49.1	8 856 280	22.4	24.3	0
卢旺达	DHS	2014/2015	0.266	55.8	47.7	6.654 948	24.9	22.9	0

（续）

国家	调查	年份	多维贫困指数（HXA）	多维贫困发生率（A）	多维贫困剥夺强度（A）	贫困人口数量	易受贫困影响人口百分比	严重贫困人口百分比	缺少指标
坦桑尼亚	DHS	2015/2016	0.275	55.6	49.4	30 915 256	24.1	26.1	0
乌干达	DHS	2016	0.279	56.8	49.1	23 548 842	23.9	25.4	0
安哥拉	DHS	2015/2016	0.283	51.2	55.3	14 742 761	15.5	32.5	0
冈比亚	DHS	2013	0.286	55.3	51.8	1 127 013	21.8	32.0	0
塞内加尔	DHS	2016	0.293	54.4	53.9	8 388 727	17.2	32.0	0
尼日利亚	MICS	2016/2017	0.294	52.0	56.7	96 622 555	16.9	32.7	0
利比里亚	DHS	2013	0.331	64.9	50.9	2 994 230	20.4	33.2	0
几内亚	MICS	2016	0.337	62.0	54.5	7 679 276	17.1	38.1	0
贝宁	MICS	2014	0.346	63.2	54.8	6 875 105	16.1	38.0	0
几内亚比绍	MICS	2014	0.373	67.4	55.4	1 224 064	19.1	40.5	0
刚果民主共和国	DHS	2013/2014	0.378	72.5	52.2	57 049 758	17.7	42.2	0
布隆迪	DHS	2016/2017	0.404	74.3	54.3	7 822 559	16.2	45.4	0
莫桑比克	DHS	2011	0.412	72.5	56.8	20 913 041	13.5	49.2	0
塞拉利昂	DHS	2013	0.422	76.5	55.2	5 657 425	14.4	48.4	0
马达加斯加	DHS	2008/2009	0.453	77.8	58.2	19 365 604	11.8	57.3	0
马里	MICS	2015	0.457	78.1	58.5	14 055 659	10.9	56.7	0
中非共和国	MICS	2010	0.465	79.4	58.6	3 646 305	13.1	54.7	0
埃塞俄比亚	DHS	2016	0.490	83.8	58.5	85 834 453	8.7	61.8	0
布基纳法索	DHS	2010	0.520	84.0	61.9	15 664 814	7.3	64.8	0

（续）

国家	调查	年份	多维贫困指数（HXA）	多维贫困发生率（A）	多维贫困剥夺强度（A）	贫困人口数量	易受贫困影响人口百分比	严重贫困人口百分比	缺少指标
乍得	DHS	2014/2015	0.535	85.9	62.3	12 409 278	9.7	66.2	0
南苏丹	MICS	2010	0.581	91.9	63.2	11 241 959	6.3	74.5	0
尼日尔	DHS	2012	0.591	90.6	65.3	18 726 852	5.0	74.9	0

注：15～49 岁母亲报告的儿童死亡率应考虑在内。如果 15 岁年龄及以上母亲报告的儿童死亡率被考虑在内，则多维贫困率为 0.032，多维贫困发生率为 8.2%。多维贫困指数（MPI）在 0～1 之间。贫困发生率指剥夺强度为 1/3 或以上的人口百分比。剥夺强度指多维贫困人口遭受剥夺的平均百分比。贫困人口数量使用的是 2016 年的人口数字。易受贫困影响的人口遭受了 20%～33.32%的加权剥夺。严重贫困指多维贫困剥夺强度为 1/2 或以上的人口百分比。下同。

（二）南亚

MPI 覆盖南亚的 7 个国家，超过 17 亿人口，其中约有 5.46 亿贫困人口。南亚是世界上第二大贫困地区，在多维贫困指数和贫困率方面仅次于撒哈拉以南非洲。此外，南亚 11%的人口处于严重贫困状态，至少有一半的加权指标被剥夺，19%的人口易受贫困影响，这意味着他们被剥夺了 20%～33%的加权指标。

2009 年马尔代夫的贫困率最低，其中不到 2%的人口被确定为多维贫困人口，5%的人口处于贫困状态。在最贫困的阿富汗，有超过一半（56%）的人口处于贫困状态。在阿富汗和巴基斯坦，四分之一的人生活在严重贫困状态中。在南亚，尽管缺乏阿富汗的营养情况数据，我们仍然可以得知营养剥夺对整个全球 MPI 的贡献率仍然在四分之一以上。除欧洲和中亚外，低水平的贫困使指数分析变得十分困难。儿童死亡率和照明的贡献率均低于 4%。

南亚 19 个最贫困的地区中有 17 个在阿富汗。另外两个地区是孟加拉国的锡尔赫特和巴基斯坦的俾路支省。最贫困的地区是阿富汗的努里斯坦和乌鲁兹甘省，贫困人口各占 94%和 95%。其他地区情况相对较好。在首都喀布尔，18%的人口处于多维贫困状态，5%的人口处于严重贫困状态。

目前收集到的南亚国家数据来自不同年份。马尔代夫 2009 年的数据和巴基斯坦 2012/2013 年的数据都将根据 2016 年的数据进行更新，更新之后将获得阿富汗、印度、马尔代夫、尼泊尔和巴基斯坦 2015 年或 2016 年的数据，根据这些数据可以进行有趣的比较（表 5）。

（三）阿拉伯国家

阿拉伯国家的贫困情况分析可能会受到旧数据的影响，无法反映现状。索马里和吉布提的最新数据来自 2006 年；叙利亚的数据来自 2009 年；也门的数据来自 2013 年。根据现有数据，贫困差异很大。在索马里，82%的人处于多维贫困状态，而在巴勒斯坦、约旦和利比亚则不到 2%。阿拉伯国家 70%的多维贫困人口生活在苏丹、也门和索马里。

总的来说，全球 MPI 覆盖阿拉伯地区 13 个国家的 3.42 亿人口，其中 6 600 万（19%）是多维贫困人口。经人口调整后的全球 MPI 为 0.089，平均而言，贫困人口被剥夺了 51%的加权指标。教育和卫生对该地区的 MPI 贡献率相对较大（分别为 44%和 33%），而生活水平指标贡献率相对较少（22%）。

在该地区的许多国家，以及拉丁美洲和加勒比地区以及欧洲和中亚，全球MPI都很低。因此，测量严重多维贫困的全球MPI不足以了解这些国家的贫困状况。全球MPI严重贫困情况分析必须基于适度的多维贫困状态，其指标和临界值反映了每个地区的贫困愿望和标准。

联合国西亚经济社会委员会于2017年发表了一份“阿拉伯多维贫困报告”。报告中的数据进一步证实了世界银行全球贫困委员会阿特金森的建议。工作和安全因素应纳入多维贫困措施中，以更好地反映贫困人口的状况（2017年世界银行）。不幸的是，全球多维贫困数据并没有考虑这一方面；将来有必要将其囊括其中（表6）。

（四）拉丁美洲和加勒比海地区

全球MPI覆盖拉丁美洲和加勒比地区的20个国家的5.16亿人口。大约有4 000万（8%）人生活在多维贫困状态中，平均被剥夺了43%的加权指标，导致多维贫困率达到0.033。

在该地区，有1 100万人（2%）处于严重多维贫困状态，这意味着他们被剥夺了50%或更多的加权指标。除海地（23%）、危地马拉（11%）、玻利维亚（7%）、洪都拉斯（7%）和尼加拉瓜（6%）外，严重贫困发生率均低于5%。大多数贫困人口加权指标的剥夺情况与贫困线相对接近。有趣的是，后一种说法对于非贫困人口也是不可忽略的。超过3 900万人（8%）被确认为易受多维贫困的影响，这意味着他们被剥夺了20%～33%的加权指标。除海地外所有国家的弱势群体比例都高于严重贫困人口，而海地的两个指标则非常相似（240万和220万）。大多数国家有超过5%的脆弱人口，在海地（20%）、危地马拉（21%）和洪都拉斯（22%）脆弱人口都超过了20%。

各个国家在不同层面情况也非常不同。从整个地区来看，多维贫困人口比例从48%（海地）和29%（危地马拉）到2%（圣卢西亚）和0.6%（特立尼达和多巴哥）不等。令人惊讶的是，最高和最低的贫困发生率均出现在拉丁美洲和加勒比海地区。南美洲国家的多维贫困率与其区域分布一样处于中间。玻利维亚的发生率最高（20%），圭亚那的发生率最低（3%）。海地、巴西和危地马拉居住的严重贫困人口最多。

总体而言，多维贫困人口往往集中在农村地区（68%）。尽管与世界其他地区相比差距较小，各国之间仍存在较大差别。哥伦比亚和玻利维亚的内部差距最大。其他国家，如墨西哥和圣卢西亚，城乡贫困差距较小。

深入研究每个指标对多维贫困指数的贡献率可以发现，儿童死亡率

（23%）、营养（21%）和受教育年限（18%）是导致该地区整体 MPI 较高的主要原因。在海地，超过 5%的人口是贫困人口，这些家庭在过去 5 年中发生了一起孩子死亡的悲剧（表 7）。

（五）东亚和太平洋

全球 MPI 覆盖东亚和太平洋地区 11 个国家的 20 多亿人口，其中不到 6%即 1.18 亿是多维度贫困人口。贫困人口占比从东帝汶的 46%到泰国的不到 1%不等。该地区是全球 MPI 覆盖人口最多的地区，但并没有严重贫穷人口，反映出其相对较低的贫困水平。

该地区的贫困程度很低，这同时在很大程度上也说明了中国的多维贫困率很低，该地区的全球多维贫困发生率仅刚刚超过 4%。然而，由于各国之间的人口差异巨大，2014 年该地区近一半的贫困人口居住在中国。该地区人口调整后的平均 MPI 为 0.025。但是，各国之间仍存在很大差异。老挝人民民主共和国和东帝汶 MPI 最高为 0.211，而泰国的 MPI 最低为 0.003。MPI 在这些国家内进一步降低，我们可以看到，即使是一些贫困程度相对较低的国家也有很多贫困人口。例如，印度尼西亚有 7%的人口处于贫穷状态，但在印度尼西亚的巴布亚地区，近 44%的人口处于多维贫困状态。在柬埔寨，各个地区的贫困水平从金边的 7%到柏威夏和东南亚和太平洋地区最贫穷的地区之一——上丁省的 64%不等。

在计算多维贫困率时我们发现了很多有意思的现象。菲律宾和老挝人民民主共和国的贫困率同样高达 52%，但在老挝人民民主共和国，40%的人口处于多维贫困状态，而在菲律宾，这一比例仅为 7%。

在整个地区，超过 2 400 万人生活在严重贫困状态中，这意味着他们至少经历了一半的加权剥夺。缅甸拥有最多的严重贫困人口约 730 万。虽然东帝汶的多维贫困率最高，但老挝人民民主共和国的严重贫困率最高为 22%。

东亚和太平洋地区最主要的贫困因素是营养（占整个 MPI 的 26%），紧随其后的是受教育年限（22%）—— 尽管东亚和太平洋地区有 3 个国家（越南、印度尼西亚和菲律宾）缺乏营养数据。电力（1%）和资产（4%）对该地区的贫困贡献相对较小。瓦努阿图在这些区域中表现有点异常：多年的学校教育被剥夺率并不高（7%），而电力和资产分别对多维贫困指数的贡献率超过 11%（表 8）。

表 5 南亚全球 MPI

国家	调查	年份	多维贫困指数（HXA）	多维贫困发生率（A）	多维贫困剥夺强度（A）	贫困人口数量	易受贫困影响的人口百分比	严重贫困人口百分比	缺少指标
马尔代夫	DHS	2009	0.007	1.9	36.6	8 020	5.3	0.1	0
印度	DHS	2015/2016	0.121	27.5	43.9	364 225 000	19.1	8.6	0
尼泊尔	DHS	2016	0.154	35.3	43.6	10 217 460	24.3	12.0	0
不丹	MICS	2010	0.175	37.3	46.8	297 894	17.7	14.7	0
孟加拉国	DHS	2014	0.194	41.1	47.3	66 916 352	21.5	16.2	0
巴基斯坦	DHS	2012/2013	0.228	43.9	52.0	84 772 711	14.5	24.7	0
阿富汗	DHS	2015/2016	0.273	56.1	48.7	19 442 025	18.0	25.1	Nutrition

表 6　阿拉伯国家的全球 MPI

国家	调查	年份	多维贫困指标（HXA）	多维贫困发生率（A）	多维贫困剥夺强度（A）	贫困人口数量	易受贫困影响的人口百分比	严重贫困人口百分比	缺少指标
巴勒斯坦	MICS	2014	0.004	1.0	37.6	47 367	5.4	0.1	0
约旦	DHS	2012	0.005	1.3	35.5	122 678	0.9	0.1	0
突尼斯	MICS	2011/2012	0.005	1.3	39.7	150 943	3.7	0.2	0
利比亚	PAPFAM	2014	0.007	2.0	37.1	124 121	11.3	0.1	0
阿尔及利亚	MICS	2012/2013	0.008	2.1	38.8	858 484	5.9	0.3	0
埃及	DHS	2014	0.020	5.2	37.6	4 991 978	6.1	0.6	做饭燃料
阿拉伯叙利亚共和国	PAPFAM	2009	0.029	7.4	38.9	1 362 336	7.7	1.2	0
伊拉克	MICS	2011	0.059	14.7	40.0	5 452 938	7.9	3.0	0
摩洛哥	PAPFAM	2011	0.085	18.6	45.7	6 549 637	13.2	6.5	0
吉布提	MICS	2006	0.170	34.6	49.0	326 305	18.5	15.7	0
也门	DHS	2013	0.241	47.8	50.5	13 178 290	22.1	23.9	0
苏丹	MICS	2014	0.280	52.4	53.4	20 738 000	17.6	30.9	0
索马里	MICS	2006	0.518	82.2	62.9	11 772 865	8.7	67.5	0

表 7　拉丁美洲和加勒比地区的全球 MPI

国家	调查	年份	多维贫困指标（HXA）	多维贫困发生率（A）	多维贫困剥夺强度（A）	贫困人口数量	易受贫困影响的人口百分比	严重贫困人口百分比	缺少指标
特立尼达和多巴哥	MICS	2011	0.002	0.6	38.0	8 689	3.7	0.1	0
圣卢西亚	MICS	2012	0.007	1.9	37.5	3 420	1.6	0.0	儿童死亡率
巴巴多斯	MICS	2012	0.009	2.5	34.2	7 100	0.5	0.0	儿童死亡率
圭亚那	MICS	2014	0.014	3.4	41.9	26 031	5.9	0.7	0
多米尼加共和国	MICS	2014	0.016	4.1	38.9	441 439	5.2	0.5	营养
巴西	PNAD	2015	0.016	3.8	42.5	7 978	6.2	0.9	营养
伯利兹	MICS	2015/2016	0.017	4.4	39.8	15 968	8.5	0.6	0
厄瓜多尔	ECV	2013/2014	0.018	4.5	40.0	735 554	7.5	0.8	0
牙买加	JSLC	2014	0.018	4.7	38.7	135 046	6.4	0.8	儿童死亡率
巴拉圭	MICS	2016	0.019	4.6	42.0	307 607	7.3	1.0	0
哥伦比亚	DHS	2015/2016	0.021	5.0	40.8	2 448 496	6.2	0.9	营养
墨西哥	ENSANUT	2016	0.025	6.3	39.2	8 060 969	4.7	1.0	儿童死亡率
萨尔瓦多	MICS	2014	0.033	7.9	41.3	504 315	9.9	1.7	0
苏里南	MICS	2010	0.041	9.4	43.4	52 392	4.5	2.5	儿童死亡率
秘鲁	DHS	2012	0.052	12.4	41.5	3 954 358	12.5	2.7	0
尼加拉瓜	DHS	2011/2012	0.074	16.3	45.2	1 002 709	13.2	5.5	0
洪都拉斯	DHS	2011/2012	0.090	19.5	46.4	1 775 853	22.2	6.6	照明
玻利维亚	DHS	2008	0.094	20.5	46.0	2 226 616	15.6	7.1	0
危地马拉	DHS	2014/2015	0.134	29.1	46.2	4 820 614	21.1	11.3	0
海地	DHS	2012	0.231	47.6	48.6	5 162 817	20.4	22.5	0

表 8　东亚和太平洋地区的全球 MPI

国家	调查	年份	多维贫困指标（HXA）	多维贫困发生率（A）	多维贫困剥夺强度（A）	贫困人口数量	易受贫困影响的人口百分比	严重贫困人口百分比	缺少指标
泰国	MICS	2015/2016	0.003	0.8	39.1	543 261	7.2	0.1	0
中国	CFPS	2014	0.017	4.0	41.4	56 363 102	17.9	0.3	营养
越南	MICS	2014	0.020	5.0	39.5	4 723 947	18.0	0.7	营养
印度尼西亚	DHS	2012	0.029	7.2	40.5	18 922 031	9.1	1.2	营养
菲律宾	DHS	2013	0.038	7.4	51.8	7 652 520	9.3	4.7	营养、人学率
蒙古	MICS	2013	0.043	10.2	41.6	310 114	19.1	1.6	0
柬埔寨	DHS	2014/2015	0.158	34.9	45.3	5 499 199	21.1	12.0	0
瓦努阿图	MICS	2007	0.174	38.8	44.9	104 815	32.3	10.2	0
缅甸	DHS	2015/2016	0.176	38.3	45.9	20 279 852	21.9	13.9	0
东帝汶	DHS	2016	0.211	46.0	45.8	584 178	26.0	16.5	0
老挝人民民主共和国	MICS/DHS	2011/2012	0.211	40.5	52.2	2 736 632	18.7	22.0	0

表 9 欧洲和中亚的全球 MPI

国家	调查	年份	多维贫困指数（HXA）	多维贫困发生率（A）	多维贫困剥夺强度（A）	贫困人口数量	易受贫困影响的人口百分比	严重贫困人口百分比	缺少指标
亚美尼亚	DHS	2015/2016	0.001	0.2	36.2	5 455	2.7	0.0	0
乌克兰	MICS	2012	0.001	0.2	34.5	106 939	0.4	0.0	营养
塞尔维亚	MICS	2014	0.001	0.3	42.5	29 902	3.4	0.1	0
土库曼斯坦	MICS	2015/2016	0.001	0.4	36.1	22 831	2.5	0.0	0
哈萨克斯坦	MICS	2015	0.002	0.5	35.6	81 492	1.8	0.0	0
黑山	MICS	2013	0.002	0.4	45.7	2 405	4.3	0.1	0
摩尔多瓦	MICS	2012	0.004	0.9	37.4	38 308	3.6	0.1	0
阿尔巴尼亚	DHS	2008/2009	0.008	2.0	37.8	59 531	7.3	0.2	0
吉尔吉斯斯坦	MICS	2014	0.008	2.3	36.3	136 138	8.3	0.0	0
波斯尼亚和黑塞哥维那	MICS	2011/2012	0.008	2.2	37.9	77 023	4.1	0.1	儿童死亡率
马其顿的 TFYR	MICS	2011	0.010	2.5	37.7	52 712	2.9	0.2	儿童死亡率
乌兹别克斯坦	MICS	2006	0.016	4.4	37.2	1 377 129	10.1	0.3	0
阿塞拜疆	DHS	2006	0.019	4.9	38.4	476 967	12.2	0.5	0
塔吉克斯坦	DHS	2012	0.049	12.1	40.4	1 057 958	25.4	2.3	0

（六）欧洲和中亚

欧洲和中亚是本报告中最不贫穷的地区，也是人口覆盖率最低的地区。欧洲和中亚 1.49 亿人口中有 350 万是贫困人口，占总人口的 2%，MPI 为 0.009。另有 6%的人口容易陷入贫困状态，这意味着他们被剥夺了 20%～33%的加权指标。该地区最贫穷的国家是塔吉克斯坦，属于低收入国家，约有 12%的人口处于多维贫困状态，另有 25%的人口易陷入多维贫困状态。所有其他国家的人口比率均低于 5%。塔吉克斯坦贫困人口约占总人口的 10%以上，缺乏足够的住房。

塔吉克斯坦是所有低收入国家中 MPI 最低的国家之一，仍然有无限的可能性。最令人鼓舞的是，亚美尼亚、乌克兰、塞尔维亚、土库曼斯坦、哈萨克斯坦和黑山的严重 MPI（MPI 为 0.001 或 0.002，多维贫困发生率低于 0.5%）较低。

从欧洲和中亚的全球多维贫困指数结果中很难得出太多结论，因为这种具有国际可比性的严重贫困指数并未充分反映该地区的贫困现象。适度的贫困衡量标准更加适合了解该地区存在的贫困现象，以及广泛意义上的潜在改善领域（表 9）。

我们继续计算 MPI 主要有两方面的原因。首先，MPI 描绘了全球贫困的变化，其次，MPI 严重贫困现象实际上可以消除。

为终结极端贫困而筹资

Marcus Manuel　Harsh Desai　Emma Samman　Martin Evans

一、引言和概述

2015 年，所有国家的领导人承诺到 2030 年“在世界所有人口中消除极端贫困”。过去 25 年间，全世界的极端贫困人口数量已经减少了一半（世界银行，2015）。尽管有如此的成就，今天仍有 8 亿人生活在极端贫困中。其中一些极端贫困人口所在的国家总体贫困发生率相对较低，也已经拥有相应的项目和资源，能够在 2030 年消除极端贫困。然而，更多的极端贫困人口所在的国家缺乏足够的资源来实现这一目标，在前行道路上还面临着多种多样、错综复杂的阻碍。在低收入国家、最不发达国家、脆弱国家和遭受战乱的国家，这些挑战尤为严峻，它们大多数当前的贫困率都超过了 20%。

本报告评估了实现 2030 年消除极端贫困这一全球目标所需的工作，并为篇幅更短的 ODI 简报（Manuel 等，2018）提供了全面的背景材料。本报告评估了 180 多个国家和经济体的状况，包括全部 34 个低收入国家和经济体（LIC），103 个中等收入国家和经济体（MIC）和全部 47 个最不发达国家（LDC）。

本报告首先界定了那些无法依赖自身资源来终结极端贫困的国家，依据为：

• 新的贫困预测，减贫需求的预测值为考虑经济增长动员影响之后，到 2030 年仍将处于贫困状态的人口数量；

• 新的税收预测，在当前的经济结构和总体经济发展水平下，以国际货币基金组织（IMF）和世界银行的研究为基础计算出经济上可行的税收预期；

• 三个核心社会部门的成本估算，这三个由世界各国，包括经济合作与发展组织（OECD）国家提供资金，对消除极端贫困有着深远的影响核心社会部门是：教育、医疗（包括营养）和社会保障转移支付。

本报告的第二部分评估了 OECD 发展援助委员会（DAC）援助国对消除极端贫困的影响，特别是它们提供的援助额度，以及它们瞄准最需要外部金融援助来消除极端贫困的国家的效率。这部分也以测量国家层面的收入不平等的基尼系数为基础，构建新的方法论来测量援助国的投入和效率。

二、贫困预测

（一）近来的贫困预测

一些最近的研究预测有 50～60 个国家无法在 2030 年消除极端贫困。其中，近来的预测表明约有 30 个国家预期贫困率超过 20%，特别不容乐观。

Chandy（2017）根据当前的极端贫困率和过去的减贫趋势，界定了 30 个被落下的风险最大的国家。他同时界定了 19 个同样存在风险的国家，它们在 2013 年的贫困发生率也超过了 20%。世界银行贫困时钟计划采用 IMF 的 GDP 增长预期，辅以 OECD 和国际应用系统分析研究所开发的长期共享社会经济路径（Kharas 和 Fengler，2017）来进行预测。这样，到 2030 年将有 62 个国家的贫困发生率高于 3%。Gertz 和 Kharas（2018）采用类似的方法界定了 31 个严重偏离正轨的国家，它们到 2030 年的预期极端贫困率都超过 20%。

近年来的研究也表明，这些国家面临着来自各个领域的挑战，包括战乱和气候变化。Gertz 和 Kharas（2018）指出，这些严重偏离正轨的国家中，许多都面临着最为严峻的发展阻碍，包括低效的政府、弱小的私人部门、战乱和暴力的高风险，以及自然灾害的高风险等。人们也越来越认识到，这些挑战会改变长期贫困国家的减贫预期，例如赞比亚的贫困率在过去 30 年间始终高于 50%（Whitworth，2015），也会影响那些持续增长但贫困率又有所反弹的国家，例如，乌干达曾在前些年实现过迅速减贫。

（二）本报告中的贫困预测

本报告所使用的贫困预期和预测是基于世界银行 2014 年建构的方法论。主要的数据源是世界银行的贫困数据库（Povcal Net）。如有数据缺失，则使用其他来源的数据，如世界银行贫困时钟计划等，并采用世界银行通行的做法，以收入水平可比的国家为基础进行预测。世界银行贫困数据库数据的主要区别在于：

- 对于正在遭受战乱的国家，如果已知贫困率有所升高，但无法预测确切的变化程度，则使用接受人道主义援助的人口比例（南苏丹、叙利亚和也门）。
- 尼日利亚使用最近一次的住户调查数据（同世界银行贫困时钟计划）。
- 乌干达使用最近一次的住户调查数据（表明贫困在加剧）。

用于贫困预测的两个重要假设是个体的平均收入增长达到过去 10 年间的增

速，以及收入分配不发生变化（在最近5年的测量中，收入平均值的变化很小）。

这些预测印证了早前的研究，表明增长会极大地助力全球范围内的消除极端贫困。据预测，全世界处于极端贫困的人口比例将从2013年的10.8%下降到2030年的4.7%。这样，到2030年仍有4亿人将处于极端贫困。这些人将分布在28个面临严峻挑战的国家，它们的贫困率都高于20%。其中一些国家的减贫速度将显著低于全球平均值，还有一些国家的贫困率将会升高，例如中非和马拉维。

这个面临严峻挑战的国家列表与其他研究者的列表大致相同（图1）。Samman，Chandy（2017）以及Gertz和Kharas（2018）都界定了30个左右预期贫困率高于20%的国家。其中17个国家同时出现在3个列表中。如果稍稍放低标准，允许一定的预测差异，即将贫困率设定为高于15%，则重合的国家数量增加到20个。由于三个研究采取了非常不同的研究方法，包括当前贫困率（Chandy）、基于过去经济增长速度的未来贫困率（Samman）和基于IMF经济增长速度预期的未来贫困率（Gertz和Kharas），这样的重合程度十分惊人。其中两个主要原因是许多国家当前的贫困率非常高（20个国家超过45%），但只有很少的国家实现了非常缓慢的减贫。

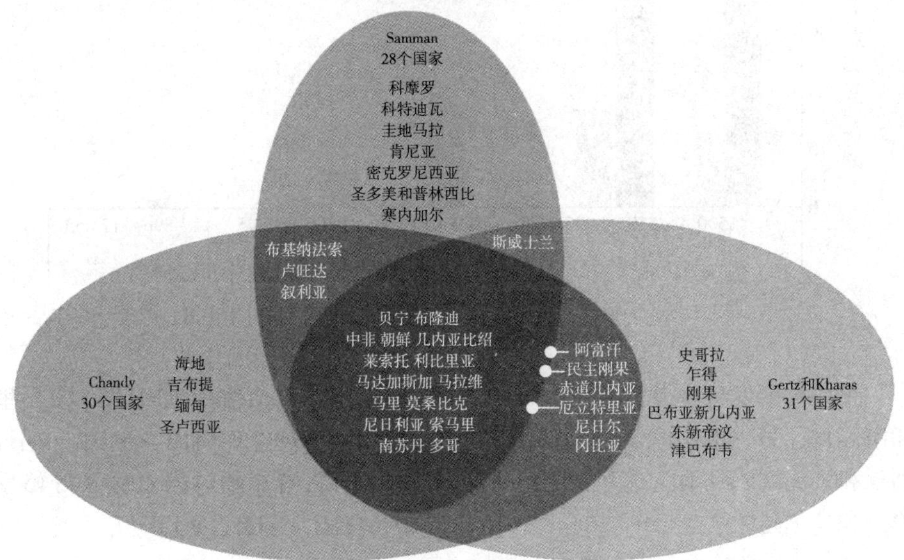

图1　到2030年面临严峻贫困挑战的国家

这些贫困预测印证了先前的研究，表明贫困将会更加集中在脆弱国家和最不发达国家（如Kharas何Rogerson，2017）。处于极端贫困中的国家，有超过一半都属于 OECD 最近界定的 58 个脆弱国家，到 2030 年这一比例将达到 85%。同样，极端贫困也将更加集中在 47 个最不发达国家，只是集中程度要轻得多，比例将从 43%升高到 55%。低收入国家的极端贫困人口比例也会从目前的 40%升高到 2030 年的 54%。由于最不发达国家只有全球总量的一半多，它们的贫困率将会是其他国家的 7 倍：这些国家的以人口计算的频率将达到 21%，而中等收入国家只有 3%。

这些预测也印证了一国的贫困率与总体收入水平之间显著的相关性（图 2）。在收入非常低的国家（VLIC），人均收入不及低收入国家和中等收入国家的一半，贫困发生率会特别高。然而，到 2030 年贫困率仍高于 20%的国家中，中低收入国家将会占约 1/3（其中科特迪瓦、尼日利亚和赞比亚的极端贫困人口都超过 1 000 万）。

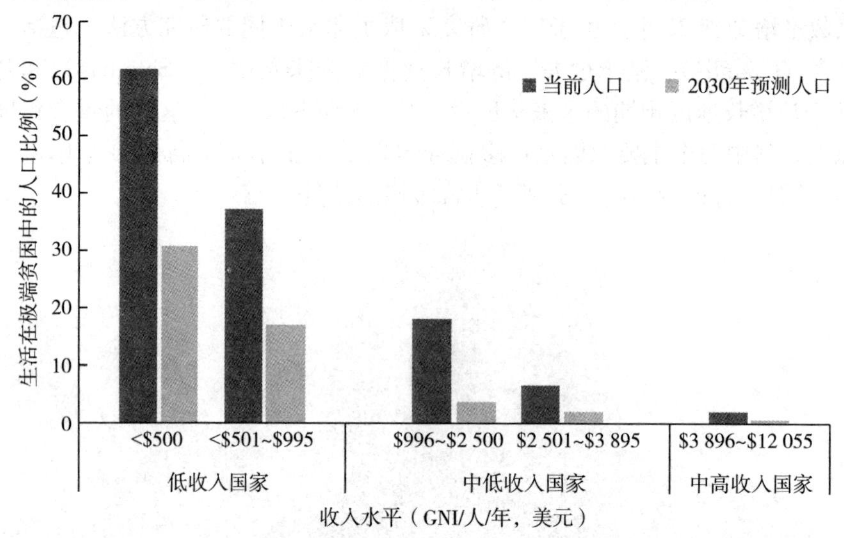

图 2　当前和预测的贫困率中值（以收入分组）

一些贫困发生率预测值很高的国家经历了长时期的战乱，如中非、索马里和南苏丹。另一些国家多年来贫困率居高不下，如马达加斯加、马拉维、尼日利亚和赞比亚。还有一些国家的贫困率经历了长期的下降过程之后又开始反弹，如乌干达。

三、三个核心社会部门的成本核算

经济增长一直是全球减贫的重要推动力。本报告和其他贫困预测都表明，经济增长将会在更长时间内继续推动减贫。然而，这些预测也同样表明，增长本身并不足以到2030年消除许多国家的极端贫困。所有OECD国家、低收入国家和中等收入国家都在追求的三个相互关联的社会部门对贫困有着深远的影响，即教育、医疗和为最贫困人口提供金融支持。这三个部门约占OECD国家政府支出的一半，约占所有援助国援助资金的1/3。这三个社会部门是确保长期脱离极端贫困的重要因素。本章将估算低收入国家和中等收入国家这三个社会部门的成本。由于教育和医疗部门的成本核算都非常完备，我们的分析将更多聚焦于支持最贫困人口，但要注意这三个部门是相互交织的，都至关重要。

（一）教育成本核算

联合国教科文组织（UNESCO）为许多低收入国家和中低收入国家所做的教育成本核算（UNESCO，2015）仍然是最详尽的国别教育成本估算。UNESCO报告覆盖了所有低收入国家和许多中低收入国家的小学和初中教育，即10年的教育年限。该报告估算，这些国家到2030年将实现100%的小学和初中教育完成率，生师比将略有下降（从25∶1下降到31∶1）。

由于2015年的成本核算基于低得多的完成率，而2030年估算值考虑了学生规模的大幅增加，从2015—2030年间的均值就成为最好的单点估值。该估算同时假设教师的工资将随人均GDP上涨20%～25%（意味着到2030年小学教师的工资将涨到4.5倍），所有经常性支出中25%为非工资项目。最后，该估算也考虑了不平等的加剧，学生成本平均涨幅的25%将用于吸引边缘化儿童。边缘化儿童数量与失学儿童数量和生活在每人每天2美元贫困线下的人口比例相关。UNESCO估算也意味着，要通过需求侧的干预，来提高最贫困儿童和最边缘化儿童的入学率（例如现金转移支付）。本报告将单独讨论这种转移支付，因此为避免重复计算，并不计入教育成本。

UNESCO报告不包括学前教育。鉴于学前教育的重要性得到越来越多的承认，本报告将UNESCO计算的成本提高了10%，确保能够多接受一年的教育。UNESCO没有覆盖所有中低收入国家，也没有涉及任何中高收入国家（UMIC）。这些国家的教育成本采用GDP的4%这一较低的全民教育目标。

（二）医疗和营养成本核算

世界卫生组织的宏观经济与卫生委员会于2001年首次尝试核算健康千年发展目标的成本（WHO，2001）。它估算“每人每年基本医疗干预的成本约为 34 美元”，是最不发达国家人均收入 300 美元的 11%。根据美国通胀率进行调整，到 2013 年 34 美元已变成 48 美元。第二次大的尝试由医疗体系国际创新融资高层工作组于 2009 年发起，由于计算了更多的服务项目和更广泛的覆盖面，其估算的低收入国家的平均成本为 54 美元（2005 年）。该工作组计算了应对慢性病的服务（控烟和减盐）和治疗慢性病（如部分癌症和精神疾病）的必需药品。2014 年，查塔姆全球卫生中心成立了一个专家组来取代该工作组的职能，根据通胀和汇率将低收入国家的成本调整为每人 86 美元。

近来，WHO 和世界银行资助的团队重新计算了普惠式医疗的成本，并将成果发表在《柳叶刀》杂志上。WHO 报告估算了改革医疗体系以确保实现健康可持续发展目标（SDG）的成本，涉及 67 个低收入和中等收入国家（Stenberg 等，2017）。该报告认为，低收入国家基本政府医疗支出的平均数为每人 71 美元。世界银行报告计算了 21 个必要的医疗包，包括 218 种干预手段，界定了基本的普惠式医疗概念模型（Jamison 等，2017）。该模型估算的低收入和中低收入国家的医疗成本分别为每人 76 美元和 110 美元。由于两个研究的计算结果差异不大，本报告采用二者中较高的数值。对最贫困的国家而言，这些数字可能会偏高，但没有其他的国别估算数据来加以替代。

由于营养的重要性得到更多的关注，本报告也加入了来自一份世界银行报告的营养成本核算，即估算了实现消除发育不良、贫血、母乳喂养和消瘦等方面的全球目标所需的一系列影响深远的营养干预的成本（Shekar 等，2017）。这样，0～4 岁儿童每人将增加 10 美元的额外成本（相当于全体人口每人 2 美元）。

（三）社会保障转移支付成本核算

虽然经济增长仍不能使许多国家摆脱极端贫困，但令人鼓舞的是，每个国家都有各种形式的瞄准性转移支付，来直接对抗贫困。

然而，瞄准性转移支付项目的覆盖面仍然远远不够。目前的项目只能覆盖贫困人口的一小部分，他们获得的转移支付的货币价值也非常少。最近的国际劳工办公室报告（2017）和世界银行报告（2018）估算，社会保障项目仅覆盖了世界人口的 45%，社会安全网项目仅惠及低收入国家极端贫困人口的 20%。例如，埃塞俄比亚的大型计划试图惠及 1 000 万人口，但目前仅覆盖了极端贫困人口的 1/3。此外，转移支付平均额度仅达到帮助贫困家庭脱离贫困所需资金的一半（专题 1）。而尼日利亚虽然在 2015 年启动了 3 个计划，但总覆盖面还不及极端贫困人口的 0.2%。2015 年，亚洲的大规模项目的覆盖面也只有极端贫困人口的 20%～25%，如孟加拉国和巴基斯坦。

旨在减贫的社会保障项目的具体设计因各国的环境和历史条件而异。本报告无意讨论在国家层面上哪种设计更合适，而是确保各国拥有提供基本的社会保障转移支付所需的资金，能够帮助贫困人口达到或超过每人每天 1.90 美元的国际极端贫困线。许多国家可能会选择高于这个最低标准，不只提供底线保障，例如通过贡献给付和养老计划来提供社会保障，虽然这些方式可能会成效甚微。一些国家可能会选择有条件的转移支付，例如以子女入学或接种为条件。

本报告中使用 Martin Evans（ODI）的典型成本核算，其依据为：

（1）每个国家的极端贫困差距，即消费水平或收入水平相对于极端贫困线的差距；

（2）预期贫困程度，使项目设计规模能够仅覆盖那些无法通过广泛的经济增长而脱离贫困的人口；

（3）帮助不同形式的转移支付和服务认识改善贫困人口生计的人口学和经济学推动力的需求；

（4）认识到长期可持续性和国内政治可接受性意味着瞄准特定人口的现金转移支付（例如针对儿童和老人）需要平衡减贫和普惠目标；

（5）认识到残疾人和慢性病人将需要额外的现金和服务支持。

因此，本报告的成本核算包括两种不同的转移支付。

1. 瞄准特定人口的转移支付

儿童在极端贫困人口中的比例很高：世界银行估算，18 岁以下的儿童中，有 19.5%生活在每人每天 1.90 美元的极端贫困线下，而成人这一比例则为 9.2%（2016）。0～9 岁的儿童贫困率特别高，在更高年龄组贫困率逐渐下降。因此，瞄准儿童现状或儿童数量的转移支付是有效减贫的特征之一。在许多国家，极端贫困家庭中都有非常高比例的儿童生活在其中。

虽然老年人口与贫困国家的贫困关系不大，但大多数国家认识到要为他们提供支持。最贫困的国家生育率很高，有很大比例的家庭中有儿童生活（与富裕国家不同）。于是，瞄准儿童（和老人）的转移支付在多大程度上应该是普惠的，就不仅是个覆盖和效率问题，也是个规范性政策问题，能够反映国家层面的政治和经济限制因素。为了确保各国能够负担其所选择的转移支付，这里的成本核算以普惠路径为假设，即相对成本较高的选项。普惠式和瞄准式路径的区别在贫困率较高的国家并不显著，因为瞄准式项目也需要触及绝大多数人口，渗漏率和管理成本也更高。仅在中非、几内亚比绍、马达加斯加、马拉维和赞比亚等 5 个国家，普惠式路径的成本要略高一些。在本报告中，这些国家的成本核算都略有增加，以便它们选择采用成本略高的瞄准式项目。

2. 生产性的安全网/生计促进项目

这些项目应当有助于消除创收不确定的风险，并促进生产力的提高。在最贫困的国家，瞄准儿童的转移支付应该能够促进社会中大多数参与经济活动的成人的收入和消费。因此，我们最典型的案例以埃塞俄比亚的生产安全网项目为例，提供了基于成年人口公共就业的"生产性安全网"类型的转移支付和有助于提高生产力、促进商业活动的"生计改善服务"（专题 1）。

专题 1　埃塞俄比亚的生产安全网

埃塞俄比亚的生产安全网项目是低收入国家中最大规模的安全网项目。在认识到长达 10 年的人道主义呼吁没能消除居高不下的长期饥饿率后，于 2005 年启动了该项目。该项目因帮助 140 万人口脱离极端贫困、避免埃塞俄比亚因 2010/2011 年度的旱灾而遭受饥荒而广受赞誉。同时，该项目在应对 2015/2016 年度 40 年不遇的大旱灾期间，也发挥了关键作用。然而，在当时该项目还不具备足够的规模来独立提供支持，还必须依靠额外的粮食救济。

该项目旨在到 2020 年时实现受益人口翻倍（即 1 亿），帮助其中大约一半人脱离极端贫困。根据预期，大多数受益者（80%多）将由家庭中的成年成员来接受转移支付，即在地方公共工程中工作半年，获得每年 42 美元的收入，相当于购买力平价（PPP）下的每人每天 0.28 美元。无法工作的人（即残疾人、独居老人）也能够获得同等的转移支付，并且是全年的。大多数受益者会选择接受现金形式的转移支付，电子支付机制也正在逐渐扩大试点。

该项目的支持包中包括营养搭配和生计技能。许多公共工程项目都是农业投资，例如保土保水项目和小规模灌溉项目等。这些项目会带来更大的利益，例如大规模的碳汇。其他项目包括为促进地方经济发展而兴建基础设施（例如农村道路）和提供基本服务（教学点和卫生站）。气候项目的关注点之一是使气候适应的利益最大化，同时使适应不良的风险最小化。该项目瞄准性很高，80%的转移支付惠及贫困人口，要直接归功于对公共工程的关注。因此，受益者是自我选择的，只有缺乏其他生计机会的最贫困人口会参与其中。

虽然计划扩大规模，该项目仍只能覆盖1/3的极端贫困人口，转移支付的平均额度也只能达到帮助典型贫困家庭脱离贫困所需成本的一半。要惠及所有贫困人口，项目成本需要增加到将近6倍，即每年40亿美元。这样的项目目前还无法想象，即使提高税收，其成本也超过了埃塞俄比亚接受的援助总额，要实现政治上的可行性，还需要多年的努力。

瞄准特定人口的转移支付是社会保障项目的最主要组成部分，普惠式覆盖能够确保极端贫困人口、接近贫困人口和其他脆弱人口获益。长期贫困咨询网络（CPAN）最近的系列报告表明贫困的明显动态，一些家庭脱离贫困几年后又重新返贫，特别是家庭成员患病而必须承担医疗成本时更是如此（Shepherd等，2018）。因此，建议基于极端贫困差距设计转移支付，使每个受益者能够得到小额但规律的收入，降低他们的风险趋避。

由于瞄准特定人口的普惠式转移支付能够降低管理成本，减少排斥误差，可以将管理成本保守估算为4%。生产性安全网/升级服务可以采取两种形式。第一种是生产性安全网：为处于极端贫困或接近极端贫困、希望在瞄准特定人口的转移支付之外，再额外参与公共工程的家庭提供公共工程项目。这种项目采取自我瞄准机制，渗漏率估算为20%，但管理成本会高得多，估算为36%（基于埃塞俄比亚生产安全网项目计算）。这里的管理成本主要是小规模水利设施、地方道路和造林等公共工程的资本成本。第二种是如埃塞俄比亚的生产安全网一样的“生计改善”项目，分配了总支出的25%（更高的单位成本），管理成本则为转移支付的30%。如埃塞俄比亚生产安全网项目的案例所示，公共工程是转移支付的主要形式，生计改善转移支付则只有生产性安全网/生计转移支付的10%（表1）。

表1 转移支付的特征（按类型）

转移支付类型	目标人群	渗透率	管理成本
按人口	0～14岁、65岁以上	0	4%
公共工程	处于劳动年龄的极端贫困人口	20%	35%
生计改善	处于劳动年龄的极端贫困人口	10%	30%

如埃塞俄比亚生产安全网项目的案例所示，成本也包括为残疾人和慢性病人提供支持。这些群体不需要参与公共工程，每个月就能获得同等的收益，并

且确保获得整年的收益（哪怕公共工程只需 6 个月）。如埃塞俄比亚生产安全网项目的案例所示，有 8%的受益者需要这样的支持（世界银行，2014）。

在本报告中，成本核算是基于 2030 年的预期贫困差距。这是为了确保为最不可能实现 2030 目标的国家提供支持，避免把钱花在有能力通过增长实现脱贫的人身上。这样计算下来成本要低得多，从当前贫困率下的每年 2 490 亿美元变为 2 540 亿美元。同时，国家层面提供资金的方式也有所不同。

然而，由于贫困预测必然包含一定程度的主观判断，本报告的主要结论基于当前的贫困率进行了检验。检验的结果对报告总体结论几乎没有影响，其中部分原因是大多数在 2015 年处于高度贫困中的国家，到 2030 年也仍将继续处于高度贫困。

（四）成本核算小结

所有低收入国家和中等收入国家覆盖上述三个部门的总成本是 2.4 万亿美元。其中低收入国家的成本为 1 370 亿美元，一个典型的低收入国家每年人均为 188 美元（表 2）。

表 2 社会部门成本（每年）

	总成本（10 亿美元）	其中低收入国家成本（10 亿美元）	低收入国家人均成本中值（美元/人）
教育	1 138.8	33.2	41.0
医疗（包括营养）	1 155.0	58.2	77.0
社会保障转移支付	153.6	45.9	65.0
总计	2 447.4	137.3	188.0*

* 三个部门的总和（183 美元）略有不同，因为所有的数据都取中值。

在预期贫困率很高的国家，成本最高的项目是社会保障。在中非，要想消除极端贫困，社会保障转移支付的成本是教育和医疗总成本的两倍。在贫困率较低的国家，如尼日利亚，情况则恰恰相反，社会保障转移支付的成本要低于教育和医疗成本。在一些增长能够实现消除贫困的国家（如孟加拉国），社会保障转移支付的成本几乎为零。这并不意味着没有必要进行转移支付。在许多中等收入国家和 OECD 国家，有案例证明转移支付能够减少贫困人口数量，但只能使他们刚好脱贫而已，从而降低国内的不平等程度。如图 3 所示为所有资源不足的国家（即可获得的财政收入不足以负担这些核心社会部门的支出的国家，如第 5 部分所述）所需的成本，其中财政收入缺口最大的国家位于最左侧，即中非。

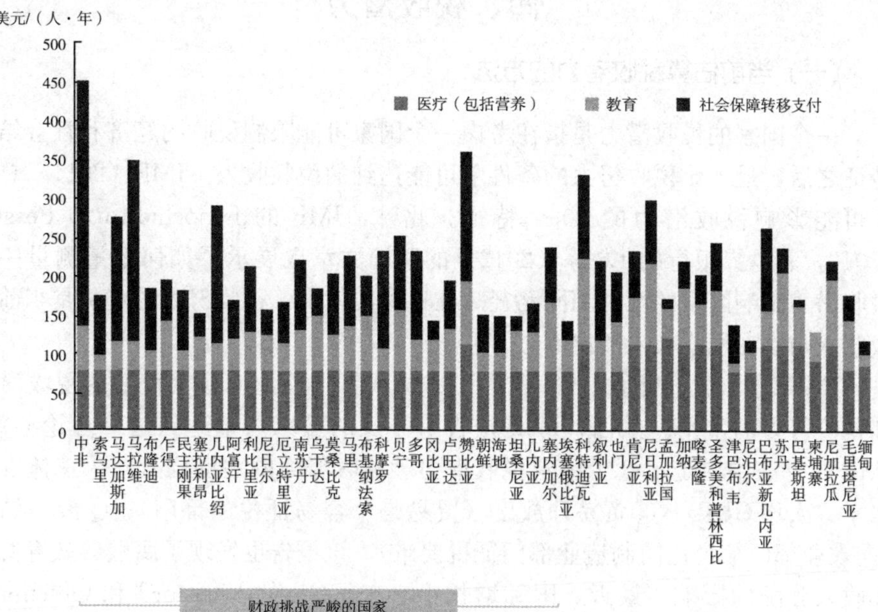

图 3　实施医疗、教育和社会保障项目的成本（所有资源不足的国家）

（五）主要不足：缺少基础设施成本核算

为进一步计算成本，最好能够将本报告的分析扩展到其他重要部门，例如基础设施和水资源。没能包含这些部门，意味着在各个议题之间无法形成合力。这里使用的社会部门路径体现了部门之间的联系：例如现金转移支付以提高入学率而著称。但是国家层面的诊断，如世界银行的千年发展目标模拟模型工具更加重视这样的合力，有助于设置部门之间的优先序。因此，农村地区的家庭收入增长（取决于诸多因素，如农村道路投资）比提供更明显的学校物资更能够提高入学率（Rogerson 等，2014）。

这里有个问题，对其他部门的供给或服务通常没有通行的标准，例如路网密度、用电人口等。近 10 年前开创性的非洲基础设施国别诊断报告瞄准各个国家不同的基础设施条件，如今依旧是重要的参考来源（Foster 和 Briceno - Garmendia，2010）。未来将会有更多部门的成本核算，而整合这些成本核算将会是个非常有价值的研究领域。

四、税收潜力

（一）当前估算税收潜力的方法

一个国家的税收潜力是指在考虑一个国家可能限制税收的经济和社会结构特征之后，最大化税收努力的条件下可能达到的税收收入。IMF（2011）总结了可能影响税收潜力的 20 个特征。此外，IMF 的 Fenochietto 和 Pessino（2013）和世界银行的 Le 等（2012）的两篇文章也展示了如何定量测量一国税收潜力影响因素的两种不同路径。在这些文献中，税收努力的定义是当前税收收入与潜在税收收入的比率。

IMF 试图通过“随机效率前沿”方法来界定理论上最大程度的税收潜力和税收努力的水平。然而，IMF 报告所涉及的国家均未达到这一理论前沿。IMF 的方法中界定了 3 个决定税收潜力和税收努力的关键要素：①总体发展水平（人均 GDP）；②贸易开放度（贸易是个容易征税的部门）；③经济结构（向农业部门征税比向制造业部门征税要难）。该报告也发现了腐败、教育支出和收入分配的影响。最近，国际增长中心（IGC）的 Langford 和 Ohlenburg（2016）采用同样的方式，证明上述 3 个要素（测量方式略有不同）、教育和腐败的重要性（相对于其他变量而言）。

世界银行采取更传统的计量经济学方法，同样界定了 IMF 的 3 个关键要素，以及腐败和人口增长。近来其他研究也表明类似结论：例如 Morrissey 等（2016）验证了农业是个关键的决定因素。世界银行报告比较了一国与其他影响提高税收的经济特征相似的国家的表现，采用这种“同行比较”的方式，有半数国家的表现在平均水平之上，半数国家则在平均水平之下。

本报告的估算折中了上述两种方法：一个国家的税收潜力不受理论前沿的限制，也不仅限于其同侪的平均值。用这种中点方式进行估算，一个典型国家的税收能力约为 IMF/IGC 前沿能力数字的 80%，但比世界银行的同侪平均值要高出 20%。

考虑到技术和方法的不同，IMF、IGC 和世界银行分别计算出不同的税收潜力也就毫不意外。然而，计算结果的差异程度依然出乎意料（图 4）。

由于无法解决数据差异，本报告采取三个估算值的平均值作为税收潜力。于是，税收收入潜力就等于税收潜力与最新的非税收收入之和。这些估算值的平均数（中值）意味着：低收入国家的税收能够从 GDP 的 17%增加到 19%，最不发达国家则从 18%增加到 29%，而中等收入国家则从 25%增加到 30%。

当然，在这样的国家分组内部存在着巨大差异，特别是在低收入国家中，一些国家的税收潜力不到 10%，而另一些则高于 25%（图 5）。

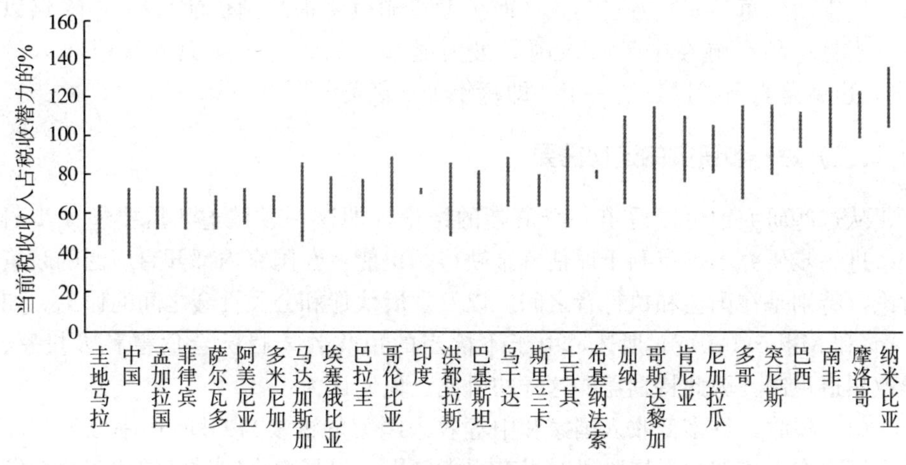

图 4　IMF、世界银行和 IGC 的税收潜力估算

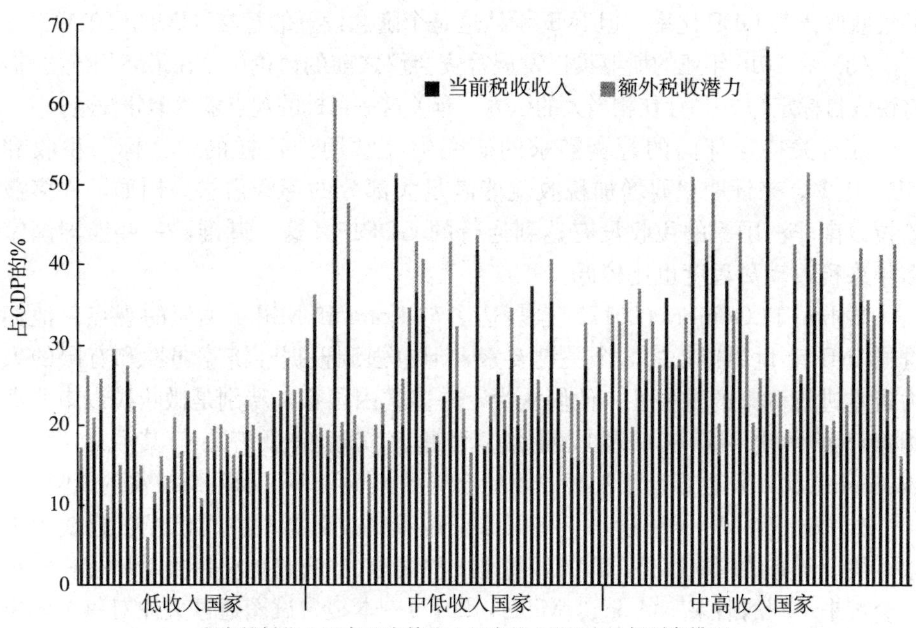

图 5　当前税收收入和额外潜在税收收入

这些税收潜力的数字印证了上述报告的结论，从全球来看，提高税收有着巨大的潜力。低收入国家和中等收入国家每年能够增加 2 万亿美元的税收收入，即提高到每年 9.4 万亿美元。而援助总额也将提高到目前水平的 10 倍以上。当然这种影响在中等收入国家最为显著：低收入国家只占税收收入的 1%，也就是当前援助额的一半，即每年 150 亿美元。

（二）进一步研究的迫切需要

从这些研究中可以得出一个清晰的结论，即这一领域迫切需要进一步研究。进一步研究不仅有利于评估资金缺口，也能够在国家内部开启广泛的政策讨论，特别是在国会和执行者之间，以及发展伙伴和公民社会之间的讨论。如 Long 和 Miller（2017）所述，由于不恰当的税收收入目标会危害私人投资、导致累退税制，因此特别需要这样的研究。他们认为：

（1）税收：许多低收入国家和中等收入国家的税收与 GDP 比率已经与高收入国家在大相似的发展阶段时没有很大区别。过早地设定过高的比率会对发展造成负面影响。

（2）如 Gasper 等（2016）所述，IMF 对低收入国家的标准建议是设定 15% 的税收收入与 GDP 比率，但 IMF 承认这是个随意设置的基准（IMF，2011）。

（3）在 2015 年亚的斯亚贝巴发展筹资会议之前的讨论中，在最终拒绝之前，将税收目标定为 20%存在相当大的压力。有关这一目标的观点依然十分普遍。

在有关特定部门的筹资需求的研究中经常用到这样的“目标”税收和 GDP 比率，来证明只要增加税收就能满足大部分的筹资需求。例如，许多撒哈拉以南非洲国家的税收没有达到通行的 GDP15%这一基准，一些亚洲国家多年来税收动员程度也比较低。

Yohou 和 Goujon（2017）也表达了与 Long 和 Miller 类似的观点。他们赞同 IMF 和世界银行的 3 个关键要素，但也强调根据经济脆弱性和有限的人力资本进行调整的重要性。他们认为，许多贫困国家，特别是撒哈拉以南非洲国家已经做出了切实的税收努力，因此真实税率显著高于其税收潜力。Bastagli（2015）也强调增加税收可能会导致累退税率从而阻碍减贫的风险。

如 Long 和 Miller 所述，一些国家征税不足，而另一些则已经接近能力上限。假设所有的国家都是一样的，将是一种误导。“盲目地坚持推动增加税收可能会带来不利的后果”（Long、Miller，2017）。本报告试图通过关注对每个国家税收潜力的分别估算而非设定统一目标，来解决这一问题。我们希望使用现有的税收潜力估算数据来激励未来的研究改进质量，降低研究中的不确定性。

五、国内筹资缺口及其影响

图 6 所示为教育、医疗和消除极端贫困的现金转移支付的总成本与一国国内税收潜力的对比。该图覆盖了所有的低收入国家和中等收入国家（包括所有的最不发达国家），并按相对于成本的筹资缺口进行排序。

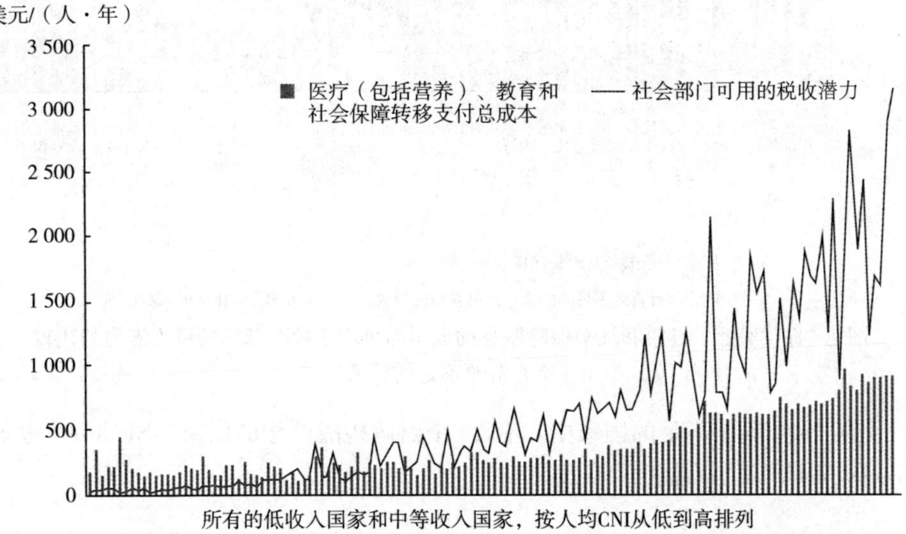

图 6　提供医疗、健康和社会保障服务的成本与可用于社会部门的税收潜力的比较（所有国家）

政府税收收入当然需要用于诸多活动，最明显的是基础设施，因此可以假设一个国家的税收潜力最多有 50%能够用于教育、医疗和社会转移支付部门。OECD 国家政府在这 3 个部门的平均支出是收入的 60%（美国这一比例为 56%）。然而，由于许多低收入国家和中等收入国家所需的基础设施建设投入要大得多，可以合理假设其用于社会部门的支出占比要少一些。如图 6 所示，所有的中高收入国家和大多数中低收入国家都能够完全负担这些成本。然而，（除塔吉克斯坦之外）没有一个低收入国家能够完全承受这些成本，哪怕将税收增加到可能的最大值也无济于事。

图 7 关注 48 个将税收潜力的一半都用于社会部门支出也不能完全负担这些成本的国家（采用国际目标，但低于 OECD 国家 60%的平均值）。该图中的国家按税收与成本的比率从低到高排序，最低的是中非。

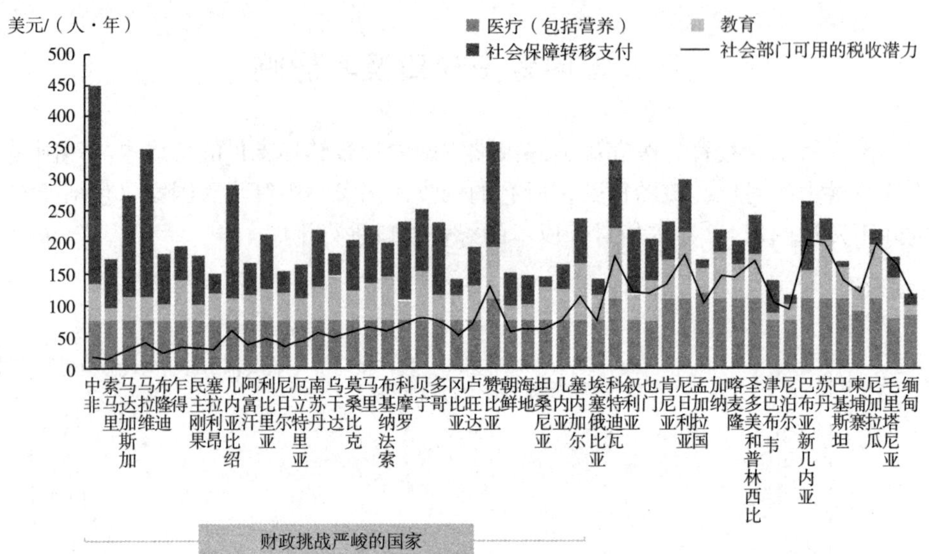

图 7　提供医疗、健康和社会保障服务的成本与可用于社会部门的税收潜力的比较（所有资源不足的国家）

在 48 个资源不足的国家中，有 29 个财政挑战严峻的国家（SFCC），筹资不足成本的 50%（图 8）。

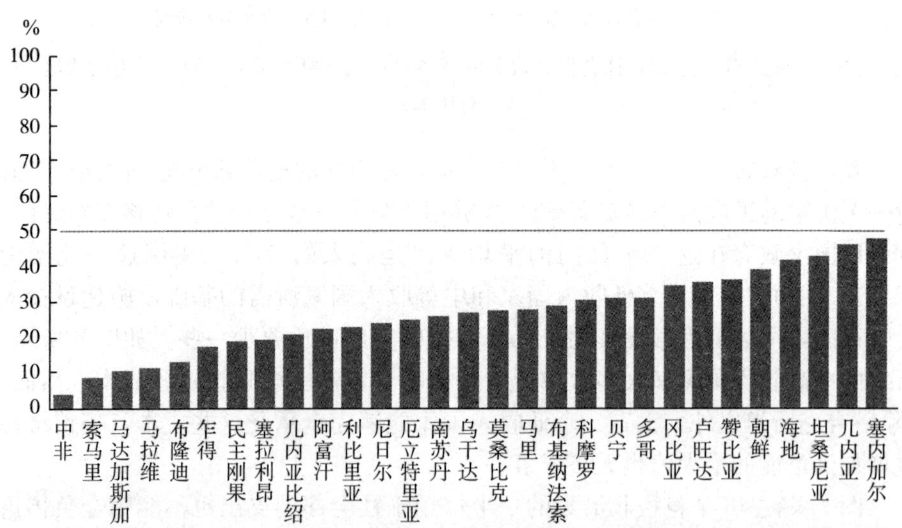

图 8　财政挑战严峻的国家（可用的税收潜力不足总成本的 50%）

毫不意外，29 个财政挑战严峻的国家和 28 个贫困挑战严峻的国家（到 2030 年贫困率高于 20%）高度重合（图 9、图 10），许多国家都出现在两个列表中。然而，两个列表的差异也很显著。

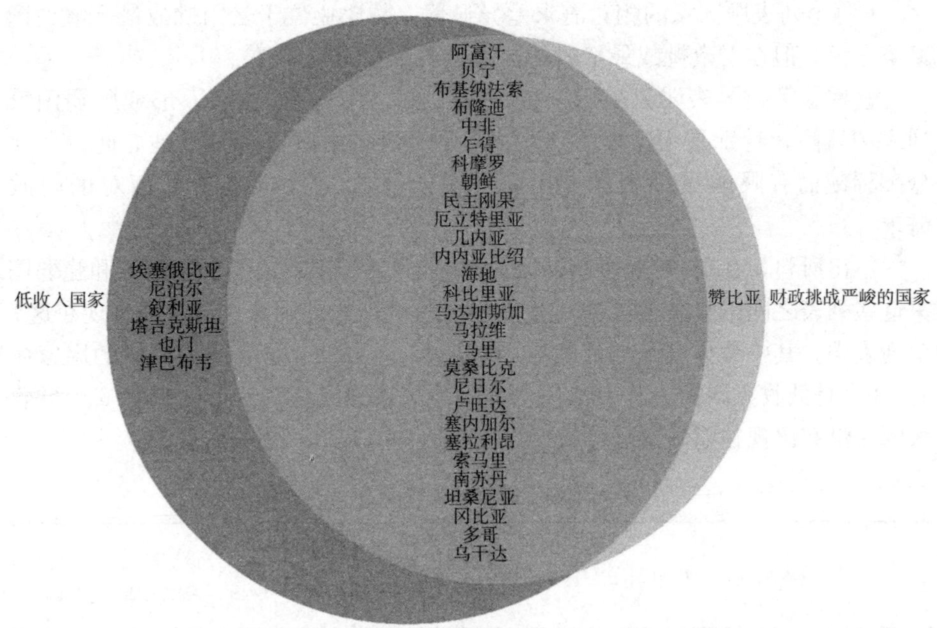

图 9　财政挑战严峻的国家与低收入国家的重合

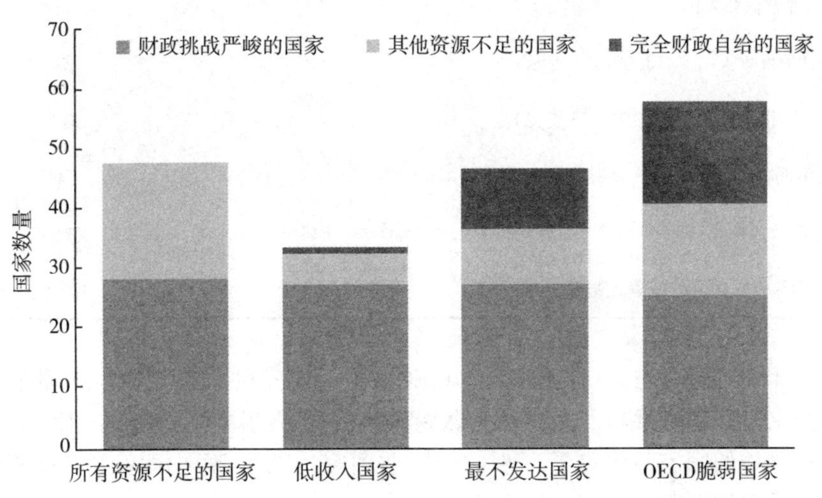

图 10　低收入国家、最不发达国家和 OECD 脆弱国家中的资源不足国家

• 5 个贫困挑战严峻的国家能够完全负担其成本，包括莱索托、斯威士兰和危地马拉。

• 10 个财政挑战严峻的国家贫困率低于 20%。

• 每个列表中国家的相对需求差异显著。赞比亚位于贫困挑战最严峻的国家第 5 位，但在财政挑战最严峻的国家列表中仅为第 24 位。

这些显著差异表明只采用一种（或几种）手段测量需求、形成脆弱国家列表的风险，特别是用这样的列表去争取额外的财政资源时更是如此。如果分配稀缺而有限的援助资源是问题所在，那么对比就应基于相对的财政需求。

不出所料，在财政挑战严峻的国家与低收入国家、最不发达国家和脆弱国家这些列表之间也有高度重合。29 个财政挑战严峻的国家大多数都出现在这 3 个列表中。其中最显著是与低收入国家的重合：29 个财政挑战严峻的国家中有 28 个是低收入国家，其中唯一一个中等收入国家是赞比亚。只有 6 个低收入国家没有出现在财政挑战严峻的国家列表中（表 3、图 11）。

表 3 援助和税收潜力

收入组（人均 GNI）	极端贫困人口人均 CPA 中值（2017—2019）（美元）	极端贫困人口税收潜力中值（美元）
低收入国家（≤995 美元）	78	247
非常低收入国家（>500 美元）	69	118
其他低收入国家（500～995 美元）	92	288
中等收入国家（996～12 055 美元）	756	26 372
中低收入国家（996～3 895 美元）	563	4 497
中高收入国家（3 896～12 055 美元）	845	73 987
中等收入国家与低收入国家比率	10∶1	107∶1

与 47 个最不发达国家和 58 个 OECD 脆弱国家的重合要少。大量的最不发达国家没有筹资缺口。虽然大多数财政挑战严峻的国家也是脆弱国家，但财政挑战严峻的国家只代表了一小部分脆弱国家：58 个脆弱国家中只有不到一半面临着严峻的财政挑战。

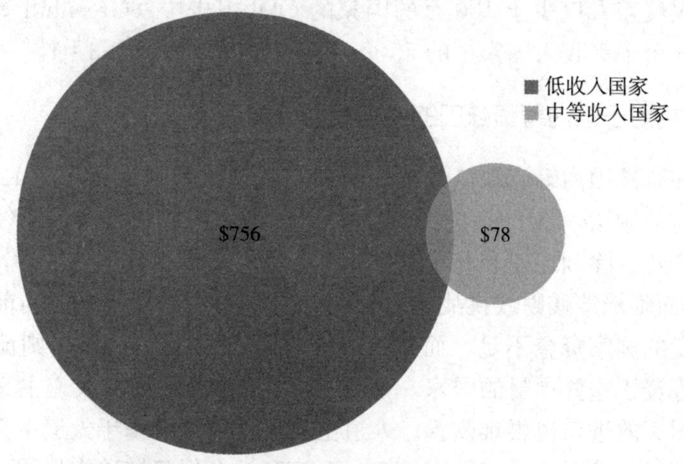

图 11　低收入国家和中等收入国家极端贫困人口人均援助中值

六、当前终结极端贫困的援助筹资目标

当前援助筹资在瞄准财政挑战最为严峻的国家时表现不佳。从三个角度对援助瞄准性进行评估，会清晰地得出这样的结论：

（1）全球对最不发达国家和低收入国家的援助分配；

（2）援助筹资相对于国内筹资缺口的比例；

（3）财政挑战严峻的国家核心社会部门的援助筹资。

（一）当前流向最不发达国家和低收入国家的援助分配

当前，援助分配并未瞄准最贫困的国家，甚至是递减的：相对富裕的国家比相对贫困的国家得到的援助更多。虽然国际目标是提高向最不发达国家的援助，并反复进行承诺，但它们得到的援助总额在过去 6 年间却从 30％下降到 24％。

由于相对富裕的国家在应对极端贫困时拥有的资源要多得多，当前援助的递减式分配显然不合情理。如表 3 所示，即使一个典型的中等收入国家极端贫困人口的人均税收潜力是一个典型低收入国家的 100 倍，但这个典型的中等收入国家的极端贫困人口获得的人均援助却是后者的 10 倍。

中等收入国家极端贫困人口的人均援助中值是低收入国家的 10 倍。在早前的一份仅覆盖人口少于 100 万的国家的 ODI 报告中（Greenhill 等，2015），只涉及 103 个中等收入国家中的 55 个，这一比率则估算为 3∶1。

（二）相对于国内筹资缺口的当前援助分配

援助在瞄准国内筹资缺口最大的国家时表现也差强人意。图 12 假设援助国采取政府的做法，将 50%的援助分配到教育、医疗和社会保障领域。总体情况非常清楚：除利比亚和塞拉利昂（程度较轻）等少数例外之外，援助对填补这 29 个面临最严峻财政挑战的国家的筹资缺口中作用甚微。当前的援助分配导致大量的国家资金不足，而 45%的国别援助项目（CPA）则流向了那些完全能够筹资于这些项目的国家。如图 12 所示，即便加上人道主义援助，资金不足的国家的进口也很难改善。人道主义援助完全是基于人道主义需求，用于应对短期紧急情况，而非国家教育、医疗和社会保障转移支付体系的长期发展。因此，本报告对援助分配的讨论将仅限于国别援助项目，而假设人道主义援助没有变化。

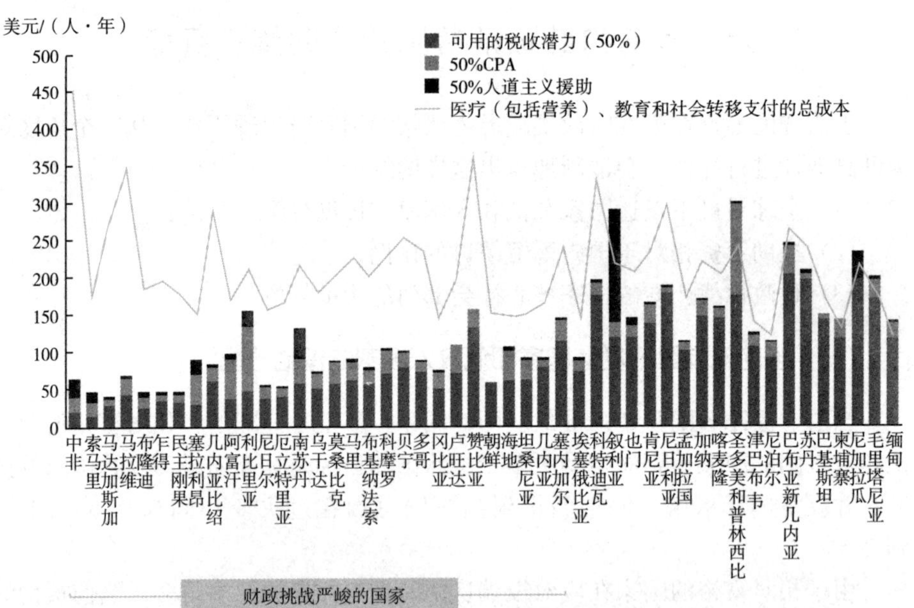

图 12　社会部门可用的援助和税收潜力与医疗、教育和社会保障转移支付的总成本对比

当然，援助并非外部资金的唯一来源。虽然私人部门投资和劳务汇款同样

能够促进增长、减少贫困，但它们不能为普惠式的公共社会服务提供资金。此外，如先前的ODI报告（Greenhill等，2015）和Gertz和Kharas（2018）最近的研究所述，这些资金来源更多地惠及相对富裕的国家。在大规模外国直接投资流入时，这些资金来源会倾向于聚集到资源攫取型产业，除了能够贡献于国内税收之外，对极端贫困的直接影响微乎其微。

同样的，虽然有大规模的劳务汇款流入，但其收益已经纳入家庭收入核算，统计在极端贫困数据中。一些国家试图向这些劳务汇款征税，或鼓励移民投资于发展证券，但相对于全国的总体税收潜力而言，这些资金总额显得非常小。如Gertz和Kharas（2018）所述，解决最严峻的极端贫困问题需要继续依赖公共财政，即国内税收和外部援助。

（三）财政挑战严峻的国家中三个核心社会部门当前的援助筹资

表4所示为财政挑战严峻的国家中三个核心社会部门各自的成本，并与援助国所提供的筹资总额进行了比较。该表采用官方发展援助（ODA）而非CPA数据，确保援助国的贡献不会被低估（ODA包括了通过人道主义渠道提供的援助支出）。

表4　财政挑战严峻的国家教育、医疗和社会保障转移支付部门筹资不足

	教育	医疗（包括营养）	社会保障转移支付	三个部门总和
估算成本（中值）	46美元	78美元	74美元	195美元
该部门占政府收入的比例的国际目标*	20%	15%	15%	50%
所需政府支出（基于114美元的税收潜力中值计算）	23美元	17美元	17美元	57美元
筹资缺口	23美元	61美元	57美元	138美元
援助国ODA支出（包括人道主义）	2.9美元	10.5美元	3.4美元	19.4美元
援助国ODA支出占筹资缺口的比例	13%	17%	6%	14%

*：教育的全民教育目标为20%的政府收入，医疗的阿布贾目标是15%。社会保障支出占收入的比例没有明确的统一目标。2008年的温得和克目标是占GDP的4.5%（即典型低收入国家当前占GDP 16.4%的政府收入的27%），国际劳工组织（ILO）的目标是占GDP的6%（是典型低收入国家当前政府收入的36%）。最近，ILO的演讲中提到将占GDP 2.9%作为最低标准（典型低收入国家当前政府收入的18%）。本表将15%设为预期目标，使三个部门的综合达到50%，并将在本报告中继续使用这一数据。

注：所有的单位都是美元/人/年（除特意说明外）；数字加总可能并不精确；所有的数字都采用中值。

这三个核心社会部门的筹资缺口显然是终结极端贫困的阻碍。这三个部门的筹资不足也与亚的斯亚贝巴行动议程（AAAA）通过新的社会契约来解决这些领域支出问题的承诺相悖。考虑到这三个社会部门对投资于一国的人力资本这一长期增长的关键要素的重要性，这个问题就更值得关注。

这种筹资不足对被落下的风险最高的国家的负面影响尤其显著。在教育领域，最近的 UNESCO 报告表明低收入国家适龄儿童的小学失学率比中等收入国家高出 3 倍。近期“教育不能等待”运动强调了战乱对儿童的影响。如果没有针对学校建筑、厕所设施的额外投入，残疾儿童将继续被排斥在外。在医疗领域，缺乏资金意味着防止疟疾的蚊帐只能惠及一半有需求的人口（WHO，2017）。

教育和医疗领域的筹资都达不到需求，但社会保障领域的筹资不足尤为严重，只能得到教育援助的一半和医疗援助的三分之一（相对于各自的筹资缺口而言）。发展倡议（2015）也注意到社会现金转移支付的相对筹资不足，并预测这种相对不足会加剧：社会保障领域的外部需求只有 12％得到资助，而教育和医疗领域这一比例为 50％。世界银行的数据也表明，低收入国家的总支出（包括政府支出和援助支持）只有每人每年 5 美元，而（低收入国家的）平均估算成本则是 66 美元（图 13）。

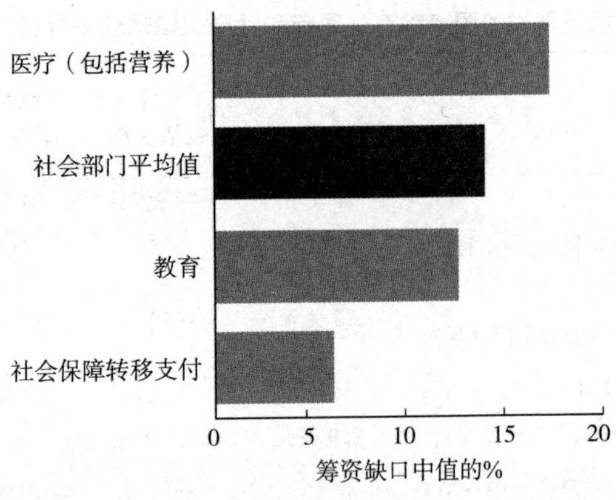

图 13　财政挑战严峻的国家援助总额（ODA）和筹资缺口的对比

社会保障部门的筹资不足会导致拓展（或建立）旨在为极端贫困人口提供支持的、相互协同的全国性现金转移支付项目的延迟。来自世界银行的最新数据表明，世界银行的社会安全网项目仅覆盖了低收入国家最贫困人口的 1/5（2018）。考虑到围绕这些项目的重要性和影响的分析越来越多（Bastagli 等，2016），这种筹资不足显得尤其出人意料。从全球来看，脱离极端贫困的人口只有 1/3 能够归功于获得这样的转移支付（世界银行，2018）。

社会转移支付项目资助不足的直接影响是，许多国家的脱贫进展非常缓慢，甚至根本没有进展（同上）。乌干达因为遭遇了旱灾，贫困率有所上升。如果乌干达有埃塞俄比亚这样的生产安全网项目，贫困家庭就能够更好地应对旱灾，而不至于重新陷入极端贫困。而且，那些被落下的风险最高的群体遭受了最大的打击：边缘化社区只能勉强糊口，还有残疾人也是一样。如果有瞄准性的现金转移支付，他们在家庭和在社区中的地位就会从被禁锢、被遗忘变成带来收入的成员而被感激。

理想状态下，建立和/或拓展这类项目需要与政府建立全面的伙伴关系。但是在某些情况下，出于政治、能力或时机等原因，这些项目只能独立运行，例如许多现金转移支付项目由人道主义机构管理（图 14）。

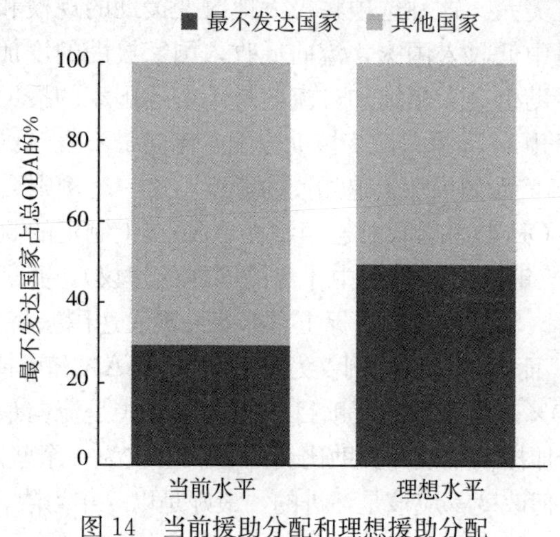

图 14　当前援助分配和理想援助分配

（四）使援助更好匹配筹资缺口的选择

在 48 个资源不足的国家中没有任何援助资金的情况下，提供教育、医疗和现金转移支付来消除极端贫困的总筹资缺口是 1 500 亿美元。在考虑了流向这些国家的援助资金之后，假设援助资金的一半进入教育、医疗和营养以及社会保障部门，筹资缺口有所下降，但仍有 1 250 亿美元。当前的援助只能消除 6 个国家的筹资缺口，其他 42 个国家的资金仍然短缺。

要填补筹资缺口，有两个选择。首先，重新分配现有援助能够在一定程度上填补缺口。总计有 400 亿美元的 CPA 流向 98 个完全有能力投资于教育、医疗和社会保障转移支付的国家。如果这些资金的大部分能够重新分配（82%，每年 330 亿美元）到财政挑战严峻的国家，那么所有财政挑战严峻的国家都将不复存在，它们都将能够负担至少 50%的成本。在这一选项下，流向低收入国家和最不发达国家的援助比例会显著增加，这些国家还会得到同样规模的额外援助用于基础设施建设和其他需求。然而，对现有援助进行重新分配只能填补 48 个资源不足国家筹资缺口的 1/8。

其次，在重新分配的同时，所有的 DAC 援助国都达到联合国占 GNI 0.7%的目标，从而带来每年 1 840 亿美元的额外援助资金（净 ODA）。假设其中 50%（920 亿美元）分配到教育、医疗和营养以及社会保障领域，所有国家都将有能力承担 94%的成本，还都将获得同样额度的额外资源，用于基础设施建设和其他优先事项。要想所有国家都能够 100%地负担三个部门的成本，还需要 300 亿美元。这种选项将极大地改变援助的规模和比例。由于许多资源不足的国家是中低收入国家，流向低收入国家援助的增加最为显著，流向中等收入国家的援助也会大幅增加，流向最不发达国家的援助也会增加。

对于 DAC 援助国，如果只改变援助分配，流向最不发达国家的援助比例将从 29%增加到 49%，而如果加上追加援助额度，这一比例则会增加到 59%。这样的分析能够支持 OECD 和公民社会组织在 AAAA 上制定的 50%的目标（并支持 Greenhill 等 2015 年在 ODI 报告中作出的同样的建议），并远高于可持续发展目标中 29%的目标。50%的援助目标也意味着最不发达国家将会获得 DAC 援助国 GNI 的 0.35%，而当前这一比例仅为 0.10%，AAAA 和可持续发展目标建议的比例也只有 0.20%。由于当前援助目标的表达方式是流向最不发达的国家的援助比例，这种增加援助规模和援助比例的建议会成为一个坚定而统一的目标。援助分配格局的任何改变都应该是渐进的，最好是以 5 年为限。

七、评估单个援助国对终结极端贫困的支持

本报告建议了一个新的指数，即援助国对终结极端贫困的有效支持，来评估援助国对终结极端贫困的支持程度。该指数由两个部分组成：首先是测量援助规模，即援助国的努力；其次是测量援助国的援助瞄准财政状况最为不利的国家的效率。

（一）构建援助国努力指数

第一部分是将援助国的援助努力与 ODA/GNI0.7%的目标进行对比。在

DAC 主要的援助国中（即那些在 2014—2016 年间 ODA 平均值超过 5 亿美元的国家），最大的 3 个援助国是挪威、瑞典和丹麦。这 3 个国家都超过了 0.7%的目标，得分超过 100%。而最末的 3 个国家则是韩国、美国和西班牙。努力程度差异巨大：所有 DAC 援助国的平均值是 44%，前三名的平均值是 130%，而最后三名的平均值是 25%（图 15）。

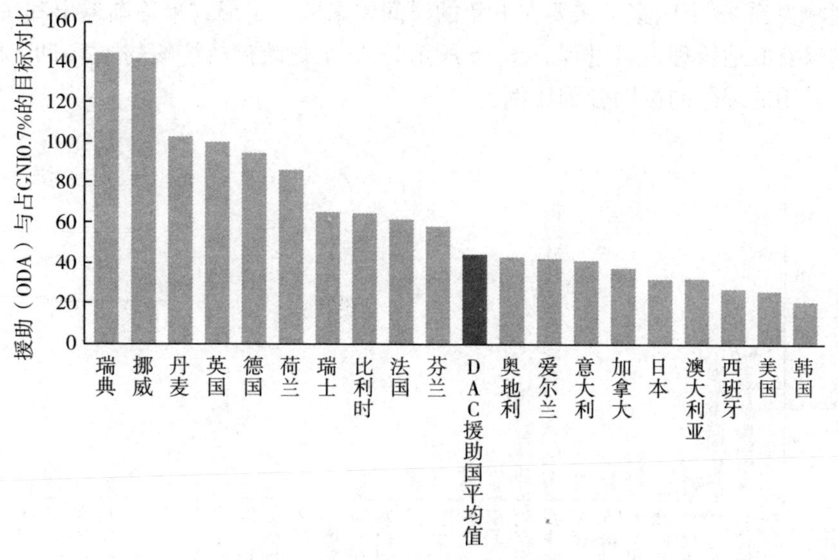

图 15 援助国的努力：援助规模与占 GNI0.7%目标的对比

（二）构建援助国瞄准极端贫困效率（DEEP）指数

该指数的第二部分是以更创新的方式评估援助国的效率。通常会用援助流入高于特定收入门槛的国家（所有低收入国家）或其他特定国家（所有最不发达国家）的援助比例来测量援助瞄准机制的效率。然而，二者都是单点测量：在寻求解决国内的不平等问题时，各国会关注整体的收入分配。基尼系数是测量收入分配的最常用工具，是对实际分配与平等分配收入进行对比，该比率用于判断国家内部和国家之间的收入不平等程度，因此也是测量援助分配最恰当的工具。

这一新的援助国指数，即援助国瞄准极端贫困的效率指数（DEEP）采取基尼系数的计算方式，关注援助的总体分配。该指数基于流向筹资缺口最大的国家的援助累积分配，不仅关注哪些国家得到援助，还关注这些国家得到的援助与其筹资缺口的匹配程度。100%的得分意味着该援助国所有的援助资金都能够匹配受援国的财政需求。超过 100%则表明其援助瞄准了最需要的国家。

DEEP 指数假设援助规模没有增加，只是将每年流向能够完全承担自身社会部门成本的国家的 330 亿美元重新分配到财政挑战严峻的国家。这意味着受援国减少到 98 个国家，需要在五年的时间内采取一定形式来逐渐退出和减少，以确保有效地管理过渡过程。图 16 所示为 29 个财政挑战严峻的国家 DEEP 指数中采用的理想的援助分配比例。

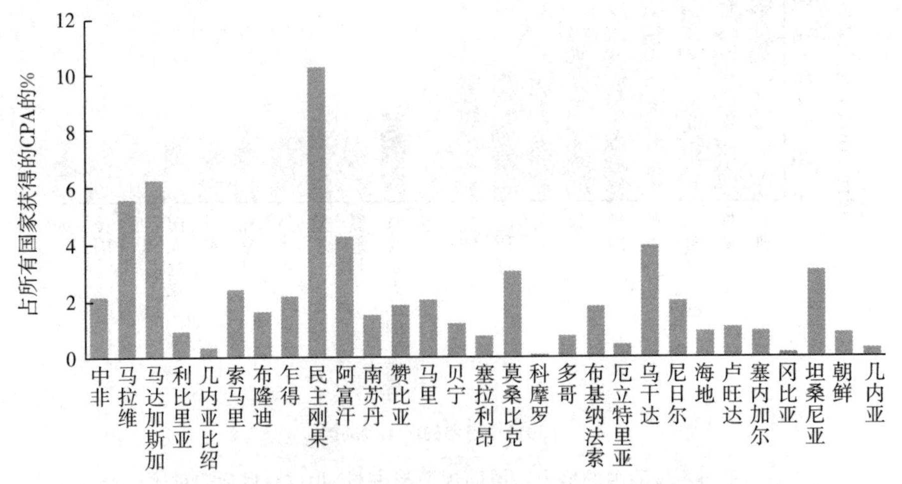

图 16　使所有财政挑战严峻的国家都能够负担 50%的社会部门成本所需的援助比例

图 17 比较了所有援助国的理想的援助累积分配和当前的援助分配。

DEEP 效率得分与基尼系数一样，基于理想和现实分配的差异，测量每条线下方的面积的比率。如果当前的援助分配与理想分配完全一致，每条线下方的面积就会相同，比率即为 100%。如果当前的援助分配完全没有流向图中的 29 个国家，那么这 29 个国家的累积线就会是条直线，线下面积就为零，两个面积的比率则为 0%。

当前最需要外部支持的筹资不足的国家，即财政挑战严峻的国家，已经持续了多年。所有 DAC 双边援助国的指数从 21 世纪第一个 10 年的 17%增加到 33%的峰值，随后又在近年来小幅回落到 28%（图 18）。

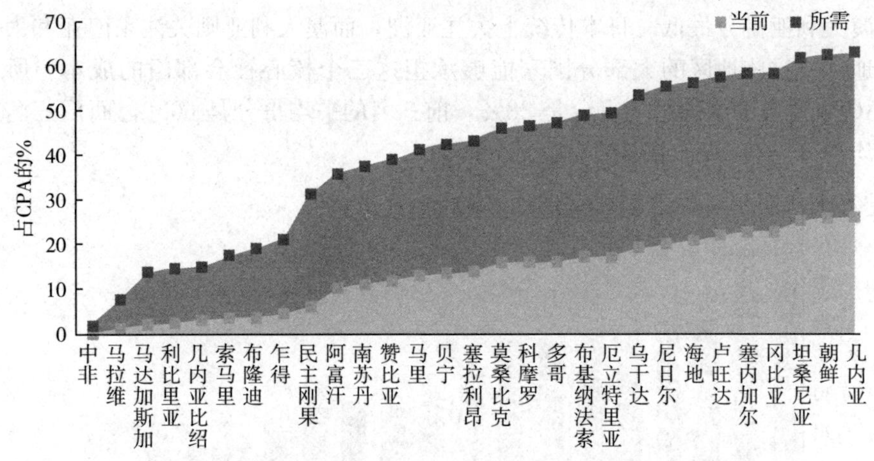

图 17　当前和使所有财政挑战严峻的国家都能够负担 50%的社会部门成本所需的累积援助比例

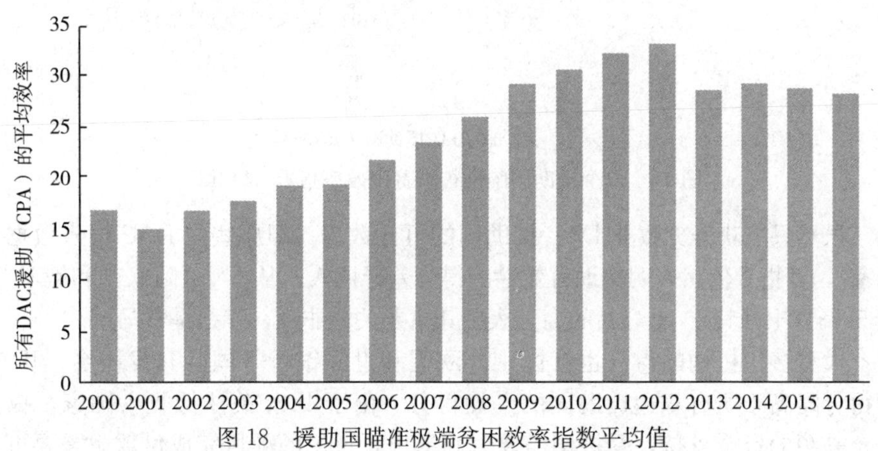

图 18　援助国瞄准极端贫困效率指数平均值

（三）主要的 DAC 援助国的 DEEP 得分

本节关注 2014—2016 年间平均 ODA 超过 5 亿美元的主要的 DAC 国家。它们的得分基于 CPA，所以不包括债务减免和人道主义援助。在 G7 国家中，美国的得分最高，表明其对 2 个财政挑战严峻的国家的大规模支持，即阿富汗和利比里亚。加拿大的得分次之，而英国位居第三。日本的得分最低，部分原因是其长期的援助重点是亚洲国家，而财政挑战严峻的国家越来越集中在非洲。

在非 G7 国家中，得分最高的双边援助国是爱尔兰、比利时和挪威。日本和澳大利亚得分最低。日本传统上关注亚洲，而澳大利亚则关注东南亚和太平洋地区。这些地区的大部分国家能够承担这三个核心社会部门的成本。所有 DAC 双边援助国的平均得分是 28%，前三名的平均得分是 63%，而后三名的平均得分只有 8%（图 19）。

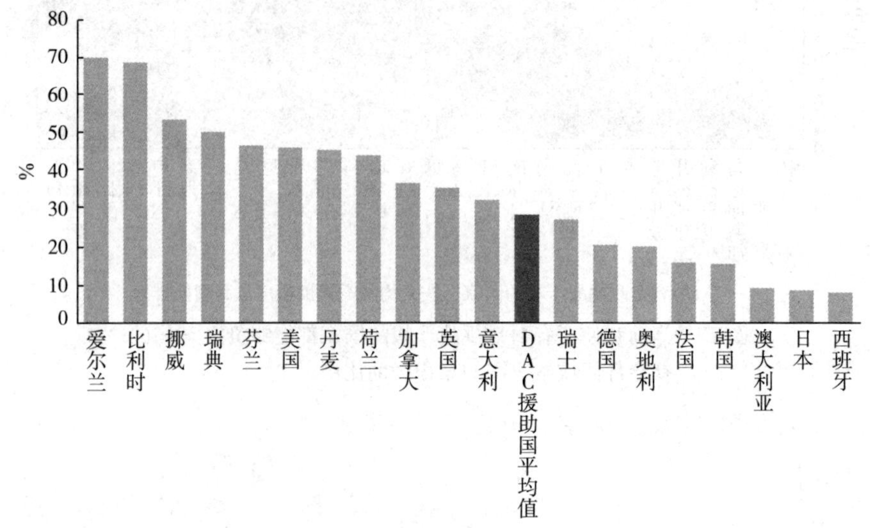

图 19　单个援助国瞄准极端贫困效率指数（DEEP）

虽然只能获得少数非 DAC 援助国的可比数据（即那些向 DAC 报告数据的国家），其指数依然表明援助有效性的得分差异巨大，从 4%（阿联酋和俄罗斯）到 51%（土耳其）。土耳其的高分表明其主要关注非洲，特别是索马里。

大型多边机构的得分也有区别。欧盟和世界银行（国际开发协会，IDA）的得分略高于所有双边援助国的平均得分。由于 IDA 关注低收入国家，提供混合来源的资金支持，受援国需要时间退出，过去的项目完成付款也需要更长的时间，意味着中低收入国家仍将获得可观的资源。IDA 的 3 个最大受益国都已经能够（印度和越南）或马上能够（巴基斯坦）完全承担自己的成本。

在全球基金中，全球卫生基金的得分很高，其目前的关注重点是民主刚果、坦桑尼亚、乌干达等国家。绿色气候基金的得分很低，鉴于一些财政挑战最为严峻的国家面对气候变化的脆弱性，也就毫不意外。2016 年，虽然绿色气候基金向孟加拉国拨付了大规模的资金，但埃及、摩洛哥和阿根廷仍是其主要援助对象。

援助国效率指数也能够用于评估特定援助行动的瞄准性。例如，用于支持一个国家增加税收的支出（AAAA 的举措之一）得分仅为 30%，刚刚超过 DAC

平均值。

（四）援助分配应该考虑有效性吗?

DEEP 指数强调当前的援助分配偏离受援国财政需求的程度。过去，援助分配模型基于需求和有效性。本报告不可能就是否应该考虑效率展开全面讨论。然而，有必要关注有关考虑援助有效性的以下观点。

首先，寻找最好的援助有效性测量方式充满挑战。Burnside/Dollar/Collier 模型仍然是世界银行的基础，其他援助分配模型使用国家政策和体制评估得分来测量援助有效性。随后的分析表明，在该得分和援助有效性之间只存在弱相关（Sterck 等，2016）。

其次，有越来越多的证据表明，即使在不利的条件下，援助也表现出有效性。世界银行项目在脆弱国家取得成功的比例与非脆弱国家相同（Carter，2016）。现金转移支付在各种充满挑战的环境中都取得成功，包括曾经接受人道主义援助的国家，例如尼日尔的智能卡项目和通过 ATM 机来触及居住在民主刚果雨林中的前战斗人员，以及索马里冲突中的紧急项目（发展倡议，2015）。

第三，有证据表明在不利环境中进行干预的单位成本可能更低。UNESCO 的估算表明，教育的单位成本存在差异：塞内加尔的成本是民主刚果的 4 倍。因此，投入民主刚果的每一美元都会产生更大的边际效应。

第四，关于援助吸收问题的相关性和重要性的辩论从未停止，特别是在利比里亚这样从战争中恢复的国家，需要大规模的投资才能重建该国的生产能力（Schmidt－Traub，2015；Addison 等，2017）。

最后，将援助从有着更高效的政府的国家转移出来，显然是个道德选择，也受到了越来越多的关注和担忧（Guillaumont 等，2015）。有关援助有效性的讨论，有些又回到了 19 世纪“值得帮助的”穷人的论调。如果终结极端贫困是一种人道主义紧急事件，那么需求就不应该是唯一标准。

（五）构建援助国支持终结极端贫困的整体指数

整体的有效支持指数是努力得分（衡量援助规模）乘以效率得分（衡量援助比例）。基于最新的数据（努力数据来自 2017 年，效率数据来自 2016 年），前三名的 DAC 援助国分别是挪威、瑞典和丹麦。所有 DAC 双边援助国的平均得分是 12%，前三名的平均得分是 65%，而后三名的平均得分是 3%。最后三名分别是西班牙、日本和澳大利亚。这样的整体有效性得分表明，在提高援助效率和增进援助努力方面，都仍有巨大的空间。来自前三名援助国的有效支持是后三名的 22 倍（图 20）。

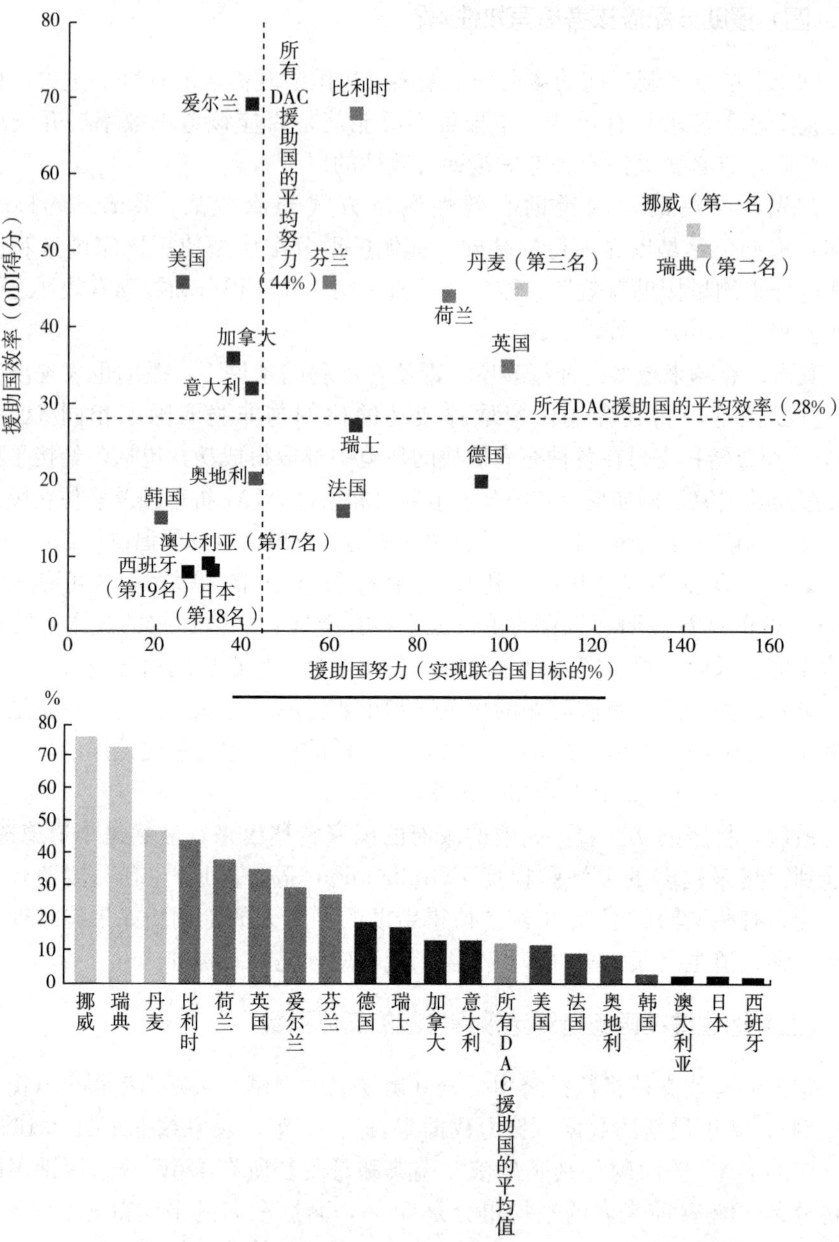

图 20　援助国有效支持终结极端贫困——援助努力和援助效率

八、建议与结论

本报告的分析清晰地表明，到2030年不可能实现全世界范围内终结极端贫困。但如果援助国及其伙伴能够将其援助努力聚焦于最需要支持的国家，以及能够在长期内实现脱贫的部门，这一目标仍然能够实现。

1. 需要作出的第一个改变是重新调整有关援助的全球讨论

当前的讨论聚焦于界定最需要的国家，而忽视了它们财政自给的能力。在界定最需要的国家时进行了各种尝试，例如贫困人口数量、脆弱程度、气候变化脆弱性等。最需要的国家的清单决定着援助的流向。极端贫困人口中有60%居住在中等收入国家这一事实，导致全部CPA的66%流向这些国家。而中等收入国家在对抗极端贫困时拥有10倍的（人均）税收资源这一事实，却没有被考虑进来。有关援助的讨论需要重新调整，同等地关注一个国家的财政自给能力。本报告试图开启这样的讨论。援助是一种稀缺的财政资源，应当主要流向财政需求最为突出的国家。所有援助都要从衡量两个方面开始：极端贫困人口获得的人均援助数量，以及该国自身的支付能力。本报告提出的新的援助分配效率指数能够突出极端贫困和税收问题，是有关援助讨论的核心。

2. 需要作出的第二个改变是纠正相对较少的社会保障转移支付资助，社会保障转移支付是确保没人掉队，特别是没有一个孩子或一个残疾人掉队的关键

最近的国际倡议已经在关注解决教育以及医疗和营养领域筹资不足的问题。低收入国家这些部门的资金严重不足，需要加以应对，而社会保障项目的经费更加稀缺。改变现状的关键之一是校正国际气候资金的不平衡。动员和支付额外的气候适应资金的进展一直很缓慢，也没有瞄准最需要财政支持的国家。如果绿色气候基金像援助国一样就国别瞄准效率进行打分，会落在后五名。然而，气候资金能够用于支持贫困转移支付，在埃塞俄比亚已有类似的案例。气候变化是个长期的议题，需要长期的筹资承诺。然而，许多国家都因为不确定是否能获得援助国的长期支持，而在犹豫是否扩大这类项目。

此外，由于气候变化是个外部问题，对国内政治视角而言，比较容易接受外部财政支持来加以应对。而构建全国性社会保障项目遭到的政治争议会多得多。虽然从全球历史趋势来看，这类项目显然在增加，但按现在的速度，最贫困的国家启动大规模项目还需要几十年。气候资金能够建立宝贵的机制，促进项目的实施，至少能够使受气候资金影响的家庭受益（可能意味着要首先聚焦于农村家庭)。

3. 需要作出的第三个改变是重新调整全球援助分配

关注财政挑战严峻的国家和其他资源不足的国家，意味着最不发达国家获得的援助份额会增加。低收入国家和脆弱国家的资金份额也会增加。需要改变当前的援助分配格局，确保最缺乏能力负担终结极端贫困所需的资金的国家处于优先位置。许多国际机构使用的援助分配模型可以成为切入点。大多数模型中，随着国家逐渐富裕起来，援助额度逐渐下降，因此这些模型的关键点在于援助下降的速度。通常来说，大多数模型采取渐进式的下降速率。但这与大多数政府所采取的方式相悖，它们只是设定底线要求，确保没有人落入最低收入/食品供应水平线以下，能够获得最低限度的服务，包括教育、医疗和住房。这正是新的ODI援助效率指数的基础。其支出方向是普遍认可的减贫关键部门：教育、医疗和营养，以及一定形式的社会保障。

4. 第四个改变，也是最重要的改变是重新调整支持各国终结极端贫困的全球负担分配

重新调整现有的援助，只能覆盖所有资源不足的国家100%地负担终结极端贫困成本的1/8；只有所有援助国都达到0.7%的ODA/GNI目标，才能确保所有国家都能够承担终结极端贫困的成本。

要实现每个国家的每个人都脱离极端贫困，援助国及其伙伴应当努力做到：

(1) 将全球援助聚焦到那些即便最大化税收也最不可能承担终结极端贫困的公共支出的国家上来。未来五年，流向最不发达国家的援助比例应当从所有ODA的30%增加到50%。

(2) 增加对这些国家核心社会部门的投资：医疗（包括营养）、教育和（特别是）社会保障转移支付，确保没有人被落下，特别是没有儿童和残疾人被落下。

(3) 将OECD DAC援助国的全球援助提高到GNI的0.7%（流向最不发达国家的援助达到GNI的0.35%），确保所有国家都能够负担到2030年终结极端贫困的成本，投资于其人力资本，保障2030年之后的未来增长。

(4) 采用极端贫困人口人均援助额作为有关援助流分析和展示的标准度量。

如果那些即使将税收尽可能地增加到最大值也无法负担所需成本的国家无法显著增加筹资，就不可能消除极端贫困。所有的国家都面临筹资障碍和贫困挑战。但只要援助仍旧是一种稀缺资源，就应当首先保障那些无力自助的国家，至少充分地投资于那些关键的部门。然而，高效的瞄准只是一部分，终结贫困还需要援助国作出更大的努力。

儿童贫困、灾害与气候变化

Vidya Diwakar　Emma Lovell　Sarah Opitz-Stapleton
Andrew Shepherd，John Twigg

一、引　言

本研究探讨了自然灾害（包括气候变化带来的灾害）与儿童和青少年贫困之间的关系。通过生命周期路径，既关注儿童贫困发生率，也关注长期贫困与福祉，从而为研究这种关系提供了新的视角。这种关注是由于认识到，在儿童和青少年发展的不同时期，灾害会以不同的方式影响他们的福祉、卫生和教育等服务，因此每个时期都相应地需要不同的政策和应对措施。本研究聚焦2000—2014年印度和肯尼亚（主要是邦戈玛、卡卡梅加和图尔卡纳三县）的自然灾害和气候灾害与儿童福祉之间的关联，并以印度比哈尔邦和肯尼亚图尔卡纳县为例进行了研究。这种分析方式新颖而独特，首次将一系列围绕家庭与儿童贫困、灾害和地方气候学的不同数据整合在了一起。审视这些相互关联的要素，将有助于增强政策制定者、地方和国家政府以及实践者对儿童和青少年适应能力的理解。

（一）认识灾害、贫困和儿童福祉

我们生活的社会经济、政治、文化和环境变化正在产生不同的危害风险，包括对儿童和青少年的危害（Opitz-Stapleton，2014）。ODI的一份报告发现，到2030年，将有多达3.25亿极端贫困人口生活在49个最高发生灾害的国家中，大部分位于南亚和撒哈拉以南非洲地区（Shepherd等，2013）；其中儿童和青少年的风险尤其严峻，在21世纪第一个十年中，每年有近1.75亿儿童受灾（救助儿童会，2007）。灾害和气候的变化对包括儿童和青少年在内的人们的影响各异，其中在社会、经济、文化、政治或环境等方面的边缘群体往往受环境冲击和压力的影响尤甚。这是由于人们所处的环境会限制或增强他们在气候和自然灾害面前的防灾、抗灾和适应能力（Lovell和Le Masson，2014）。

气候变化正在改变与气候危害的强度和频率，并加剧灾害的季节和年度变化。这些变化再加上儿童和青少年生活环境的变化，会使他们更加脆弱，削弱他们应对自然灾害并从中恢复的能力。同时，随着位于灾害高发地区的人口和资产越来越多，气候变化和灾害的影响愈发严峻（Mitchell 等，2012）。其中部分原因是风险的潜在诱因，包括人口变化、无序而快速的城市化、土地管理不善、环境退化以及自然生态系统破坏等（Lovell、Le Masson，2014；IPCC，2012；UNISDR，2015）。

包括气候变化灾害在内的自然灾害的脆弱性和暴露性都在加剧，为解决贫困和灾害风险带来了严重挑战。例如，贫困状态及其变化会影响一个家庭适应、预测和化解气候和灾害影响的能力（Bahadur 等，2015）。同时，自然灾害，包括气候变化导致的灾害，会对家庭贫困状态产生不利影响，并影响儿童福祉和长期发育结果。这种冲击和压力可能会抵消多年的发展成果，危及国际社会为实现 2030 年可持续发展议程所做的努力（Shepherd 等，2013），也会损害下一代儿童的发展成果。

对儿童福祉的影响在他们出生之前就已经开始显现，其中家庭因素起着一定的作用，例如家庭的物质特征、水源供给、粮食安全、孕产妇保健、营养以及储蓄和债务等。自然灾害对当地社区、家庭和个人的影响方式不同。然而，不同年龄、性别、残疾状况、种族、社会阶层、宗教、家庭结构、资源渠道、权力和地位不同的儿童和青少年的脆弱性和能力差别显著，灾害对他们的影响程度也就差异巨大。儿童和青少年并非一个同质的群体，认识到对儿童和青少年中存在着不同形式错综复杂的社会排斥和边缘化，而这些不同因素又会影响儿童整个生命历程的脆弱性，对相关的研究、政策和项目而言至关重要。倾向于关注短期、直接影响，而非灾害对儿童的健康和长期发展产生的间接、长期影响。而研究重心常常是突发的、影响巨大的事件，例如洪水和地震。尽管这类灾害往往会造成最直接、最严重的死亡和经济损失，但儿童和青少年还面临着包括季节和温度变化、干旱等渐变性危害带来的风险，这些风险会在长期内造成严重的贫困。例如，干旱加上水资源过度使用可能导致缺水和粮食不安全，进而产生营养不良，并可能在长时期内加剧现有的不平等状况。考虑到有近 1.6 亿儿童生活在严重干旱或极端干旱地区，这种现象十分令人担忧（UNICEF，2015；Peek，2008）。然而，对这些危害的历时分析往往有限，可能是由于缺乏有关长期儿童贫困、健康、福祉和其他动态的纵向数据。

本研究考察了一系列自然灾害及其背后的脆弱性，来审视对儿童贫困和福祉的短期和长期影响。本研究也兼顾了突发性和渐变性灾害及其对与儿童福祉密切相关的环境服务和生态系统的影响，因为二者对长期儿童贫困和最终消除极端贫困至关重要。

专题1 与国际政策框架的关联

一些国际政策框架考虑到了气候、灾害、可持续发展和儿童权利。《巴黎气候协定》为减少排放和支持各国采取气候适应行动提供了路径。《2015—2030年仙台减少灾害风险框架》承认有必要对灾害进行全方位管理，包括灾害的暴露性、脆弱性和危险性。同时认识到，应为儿童和年轻人提供“与法律框架、本国实际和教育课程相符的，贡献于降低灾害风险的空间和方式”（UNISDR，2015）。可持续发展目标在每个维度中都设定了与降低儿童贫困相关的、雄心勃勃的指标（目标1.2），而《儿童权利公约》则力求在与生存、发展、保护和参与等有关的社会经济、政治和公民等关键领域推动儿童权利（儿童权利联盟，2010）。这些框架之间需要加强一致性，以增强儿童和青少年对气候和灾害的适应能力，消除儿童贫困，确保没有一个人掉队。

（二）灾害和气候变化对儿童福祉的直接影响

灾害会对人身和财产造成物理和物质损害，进而直接影响家庭的贫困状况和动态。例如，房屋可能受损或倒塌，失去安全的住所，从而限制儿童从灾害中恢复的能力，也危及他们的人身安全（UNICEF，2015）。生态系统破坏会引发自然灾害，例如破坏红树林会引发洪水；也会对生计产生直接影响，或是带来诸如山体滑坡等次生灾害。文化遗产或宗教遗址遭到破坏会对儿童和青少年的身份认同、“信仰、实践和知识”（IFRC，2014）造成心灵和物质伤害，影响儿童和青少年的灾后恢复。

受到社会文化和迁往较安全地点的身体能力的限制，儿童在灾害期间和灾害过后的死亡率、发病率、伤病率也常常最高。考虑到他们对成人的依赖，而成人可能会因灾患病或死亡，儿童面临的风险可能更大。年龄较大的儿童在灾后可能会遭到直接的行为、心理和情感影响（Peek，2008）。因此，不同年龄需要不同形式的物质、社会、精神和情感支持（Peek，2008；Lovell、Le Masson，2014）。

（三）灾害和气候变化对儿童福祉的间接影响

灾害还会对家庭和儿童造成间接影响。基础设施受损和住房条件恶劣会增加未来在气候或灾害风险中的暴露性，或者会破坏家庭的水、电、能源供应和通讯，从而阻碍灾后恢复（Lovell、Mitchell，2015）。家庭可能会减少教育、医疗和食品支出，从而影响营养状况和长期发育成果。家庭还可能让子女辍学，从事家务劳动和有偿劳动等，以支持短期的家庭福利（Silbert、Usche，2012；Arouri 等，2015；Mottaleb 等，2013）。从长远来看，可能会阻断儿童，尤其是女孩，通过教育摆脱贫困的路径（Lovell、Le Masson，2014）。

儿童福祉也可能因服务和系统中断而受到影响。灾害会破坏学校建筑和交通基础设施、教科书和设备，使学生和教师被迫迁移（Peek，2008；Mudavanhu，2014）。还可能破坏卫生服务和医疗保健，包括免疫接种的机会和范围等（Datar 等，2011）。对孕妇的照顾可能会减少，从而威胁到子宫内婴儿的健康，对因灾受伤的儿童或患有慢性健康疾病的儿童的照顾也同样会减少。危害还包括如疾病传播等继发性健康影响（Mudavanhu，2014；Bartlett，2008）。洪水、大雨或长时间降雨导致排水管堵塞、厕所淹没，从而污染水源，加剧水传播、虫传播疾病和呼吸系统疾病在儿童中肆虐（Ahmed，2004；Dickin、Schuster－Wallace，2014）。

灾后儿童营养不良也是个严重的问题。世界卫生组织（WHO）估计，在2030—2050 年间，气候变化会危害农作物生产和粮食安全，造成约 9.5 万儿童因营养不良而死亡（WHO，2017）。还会导致发育迟缓和大脑损伤（Aguilar、Vicarelli，2011；Bartlett，2008；Opitz－Stapleton，2014）。营养不良和食物摄入不足会影响胎儿发育和孕产妇健康，从而影响出生体重和整体健康水平（Aguilar 和 Vicarelli，2011）。最后，灾害会带来长期的身心伤害，包括智力发育迟缓、成为孤儿、创伤后应激障碍、家庭破碎、性和心理虐待（Ridsel、McCormick，2013；Silverman、La Greca，2002；Peek，2008）。

（四）在环境冲击和压力中建造脱贫之路

实现零贫困需要改变“贫困”一词的概念和评估方式。长期贫困人口或长年贫困人口经常将自身的贫困“传递”给后代，并且通常缺乏摆脱困境的技能、教育和其他资产。即使他们能够摆脱贫困，也往往特别容易再次陷入贫困，尤其是在遭受冲击（包括灾害）时。

旨在解决贫困问题的政策应更加重视预防贫困和家庭陷入贫困的过程，同时重视推动社会经济发展来帮助家庭摆脱贫困。目前，减贫工作往往关注生活在贫困线附近的人口，而不是最贫困的人口。同样，灾害应对也会聚焦预防贫困和死亡（这可能导致贫困）。但是，实现“零贫困”意味着解决长期贫困，防贫防返贫，巩固脱贫成果。为此，同时关注救灾和灾后恢复能够有助于实现持续脱贫。

旨在构建生计弹性的政策和项目能够通过降低脆弱性和在环境冲击与压力面前的暴露性来降低危害风险，同时增强预测和应对未来事件的能力。更强有力的减轻灾害风险项目（DDR）与减贫措施相配合，可以降低贫困人口和面临陷入贫困风险的家庭的脆弱性，从而降低灾后贫困的风险。支持灾后应对和恢复的项目，则可以帮助家庭和对儿童福祉至关重要的不同部门和服务（如健康或教育）以能够解决长期贫困、预防贫困以及维系脱贫成果的方式进行重建，并增强个体和部门应对未来危害的弹性。

这些主题对于2030年可持续发展议程至关重要，也是《仙台减少灾害风险框架》（2015—2030年）的核心，该框架呼吁认识灾害风险的必要性（优先级1），加强灾害风险治理（优先级2），投资于减少灾害风险项目以提高抗灾能力（优先级3），以及增强“防灾能力，实现有效抗灾和在恢复、修复和重建时‘更好地重建’”（优先级4）（UNISDR，2015）。该框架将风险导向的发展与风险应对和恢复结合起来，为促进儿童福祉和减少贫困提供了机会。

（五）报告的范围和目的

本报告关注以下研究问题：

（1）灾害对儿童和青少年的贫困与福祉有何影响？

（2）相关的数据源（尤其是面板数据）分析，能够展示国家和省一级层面气候影响和灾害环境中儿童和青少年的贫困与福祉是何种状态？以及动态的成因有哪些？

（3）确定自然灾害、气候变化与儿童和青少年生命历程中的贫困之间的关系，能够对政策制定和项目研究带来哪些启示？

为此，我们选择了印度和肯尼亚的两个案例进行研究，选择的依据是：

- **大规模贫困人口，同时自然灾害高发。**肯尼亚近年来经历了严峻的干旱和粮食不安全。而印度到2030年可能会拥有最多的贫困人口。印度同时也面临各种自然灾害，而其政府有能力应对气候和自然灾害相关的风险，至少某些联邦政府如此（Shepherd等，2013）。全球约有1/3的贫困儿童生活在印度（Newhouse等，2016）。这两个国家也有大量的边缘化群体，例如印度的原住民（在册部落）和肯尼亚干旱和半干旱地区的牧民。这些人口的生计往往高度依赖环境，面对环境冲击和压力，包括气候变化时，风险也最高。

• **气候/灾害类型的多样性：**由于灾害可能是渐进的或突发的，频发的或低发的，因此在考察不同灾害产生的特殊影响造成的不同的脆弱性因素时，需要考虑风险的类型。在讨论儿童如何受到渐进和突发灾害的影响，包括气候变化和波动的影响时，重要的是认识到不同人口或群体在不同背景、不同时间经历的危害和风险各有不同。因此，本报告调查了两种灾害的影响，一种是突发灾害，如印度比哈尔邦的洪灾，一种是渐进灾害，如肯尼亚特尔卡纳邦的干旱。

• **旨在加强生计弹性的政策和项目，以及国家和省级应对自然灾害和气候变化的协同适应能力。**我们试图理解旨在应对环境冲击和压力、推动更具弹性的系统和服务的政策，以及这些国家的风险响应能力。这些能力会决定灾害的长期影响以及人口、资产、系统和服务的灾后恢复。

• **有关儿童发育成果和灾害数据可获得性，尤其是省一级**（表 1）。印度人类发展调查（IHDS）是个具有全国代表性的面板数据，覆盖了整个生命周期，以及印度各邦的各种儿童福祉成果。面板数据很重要，可以跟踪个人和家庭的变化历程，评估贫困动态，是实现零贫困的重要因素。肯尼亚的多指标聚类调查（MICS）覆盖了 2013/2014 年度的图尔卡纳、邦戈马和卡卡梅加三县，聚焦一系列儿童和青少年福祉指标。我们展示了儿童整个生命历程中的这些福祉成果。此外，这两个国家都能够获得省一级的气候和灾害数据，从而与省一级的福祉成果数据相结合。

下一部分将介绍研究中使用的方法，该方法首次使用了两个独特的数据源。第三节介绍了印度和肯尼亚的背景信息，包括最普遍的灾害类型和从数据得出的贫困状况。随后，我们对印度和肯尼亚灾害多发地区与其他地区的儿童和青少年生命历程中的贫困和福祉进行了对比，重点关注比哈尔邦和图尔卡纳的气候、灾害和儿童福祉成果。最后一部分总结了本研究的政策启示，并提出了初步建议，旨在确保儿童位于国家减贫行动的优先位置，致力于加强应对气候和灾害的弹性政策和规划能够加入风险考量。

二、方　　法

我们认识到灾害对不同生命阶段的影响不同，而每个阶段都需要采取不同的政策和应对措施，因此围绕儿童的生命历程来展开讨论。我们理解结果会因性别而异，也常常因种姓或社会群体而异，但并没有系统地呈现按这些身份进行分类的结果，而是关注样本量足够大、且统计上性别差异特别明显的实例。在分析时，我们聚焦于本报告所涉及的各个调查中均能够稳定获得的部分因素，当然只覆盖儿童福祉指标的一小部分。

● 子宫期到 5 岁：针对母亲的医疗服务、正式分娩护理和产前检查，针对婴儿的出生登记和 5 岁以下儿童的腹泻率登记。

● 儿童：接受小学教育的机会，小学入学率（6～14 岁）和受教育年限（6～14 岁）。

● 青少年：中学入学率（15～18 岁），受教育年限（15～18 岁），从事农业劳动和其他形式劳动的童工（10～19 岁）。

该研究调查了 2000—2014 年印度（比哈尔邦的案例研究）和肯尼亚（重点是邦格马、卡卡梅加和图尔卡纳三县）的自然/气候灾害与儿童和青少年福祉之间的关系。本研究首次将有关家庭和儿童贫困、灾害和当地气候的一系列不同的数据源和研究结合起来（表 1）。

表 1　数据源

数据源	简　介
印度人类发展调查（IHDS）	2005 年和 2011 年的全国面板数据，覆盖全国 41 554 户家庭（IHDS，无日期）。
肯尼亚多指标聚类调查（MICS）	2013—2014 年度图尔卡纳、邦戈马和卡卡梅加各县的家庭调查数据（MICS，无日期）。
EM - DAT	省级灾害类型、频率和强度的数据。我们调查了印度和肯尼亚追溯到调查前三年的数据。（http://www.emdat.be）
风险管理指数（INFORM，2017）	风险管理指数基于危害和暴露性、脆弱性和应对能力。（http://www.inform-index.org）
气候研究单位时间序列 4（CRU TS4.0 - Harris 等，2014）	栅格化降水和其他气象变量。（https://crudata.uea.ac.uk/cru/data/hrg）
气候危害小组来自气象观测数据的红外降水数据（CHIRPS - Funk 等，2015）	以平均区最近邻 CHIRPS 五分位数据替代哈尔邦缺失的降水数据，作为肯尼亚的降水数据。（http://chg.geog.ucsb.edu/data/chirps）
印度水门户网站（2017）	1970—2002 年期间印度特定地区的月降水量、最低和最高气温。（http://www.indiawaterportal.org/met_data）
全印度各地区降雨数据（印度气象局（IMD），2017）	2004—2015 年印度各地区的月降水量数据。（http://hydro.imd.gov.in/hydrometweb/（S（urzg0q2qhgiu3iybivktld55））/DistrictRaifall.aspx）

我们采取一系列稳健实证方法来分析儿童贫困与灾害的关系。特别是通过控制除灾害发生率和患病率以外的可能影响家庭贫困动态的其他因素，用逻辑回归来评估灾害与贫困发生率和贫困轨迹之间的关系。还使用统计 t 检验来审视不同性别和其他社会经济状况人口子群的均值差异。

研究是在印度灾害相对高发地区和肯尼亚图尔卡纳、邦戈马和卡卡梅加三县（基于现有的多指标聚类调查数据）进行的。此外，还对稳健性进行了更复杂的双重差分估测，以考察灾害对学校教育产出的影响程度。在案例研究地点，我们还对过去 30～40 年间的降雨和温度变化进行了曼—肯德尔（Mann - Kendall）趋势分析，基于对生计、健康和卫生的已知影响，来假设这些气候变化对儿童和青少年的影响。

虽然在整合生命历程中的数据源和相关分析是种创新，但也存在局限性。特别是使用回归分析来考察家庭贫困轨迹的驱动因素，随后一节关注儿童的生命历程，通过对比来考察灾害高发地区与其他地区的差异，但没有对可能影响儿童发育成果的其他变量进行控制。为了克服这一问题，我们依靠二手数据来支持所得出的假设，如上文所述，还采用了补充统计检验以确保结果的稳健性。

作为对经验分析的补充，本研究对肯尼亚和印度国家层面和案例研究地区图尔卡纳和比哈尔邦旨在构建应对灾害和气候变化弹性的现有政策进行了综述，也回顾了有关灾后家庭和儿童贫困程度和性质的大量文献。在本研究中，我们采用这种快速政策回顾的方式来评估此类政策对儿童整体福祉和贫困的潜在影响，特别是在灾害高发地区。

在分析中，我们测量了贫困状况和动态，也从个体剥夺的角度考察了多维福祉，如健康、教育和生活水平等。我们将“灾害高发地区”定义为在调查之前的几年中灾害发生率高于全国平均值的地区（基于 EM - DAT 数据，该数据覆盖各种灾害类型，包括生物、气候、地球物理、水文和气象因素）。在某些情况下，还包括灾害持续时间高于全国均值的地区。这种情况会作特别说明。因此，通过描述突发和渐进灾害对贫困发生率和贫困动态的影响，我们试图为政策和项目的制定提供良好的基础，从而减少贫困、提高应对气候和灾害风险的弹性。

我们用于测量印度贫困状态的方法是将家庭人均支出与国家贫困线进行比较。由于能够获得印度国家层面关于儿童和人类发展的面板数据，可以通过探索贫困轨迹来动态地测量福祉。考察个体福祉的变化十分重要，陷入贫困、摆脱贫困和困于贫困（即成为长期贫困人口）都能够归因于个体、家庭乃至全球层面各种各样的结构性和特质因素。使用面板数据来考察这些因素，能够更有力地说明气候灾害与其他自然灾害与儿童福祉之间的因果关系。其重要意义在于，推动脱贫和维持脱贫成果的政策与预防贫困的政策不同（Shepherd 等，2014）。

而肯尼亚缺少关于儿童健康的面板数据，我们转而使用多指标聚类调查数据。这种数据的局限性在于，无法追踪儿童和家庭的贫困轨迹，只能呈现一个时间点的贫困状况。实际上，研究地点的选择也部分地出于数据可获得性的考量，但基于非常有限的样本很难得出能够应用到其他国家或地区的一般性结论。然而，肯尼亚的截面数据与印度的纵向分析对比很有意义，基于关注儿童和母亲健康的数据源（多指标聚类调查）。在对肯尼亚的分析中，我们将财富得分的百分比低于贫困率的人口界定为贫困人口。我们对肯尼亚三县的儿童福祉进行了分析，数据来源是最近的（2013/2014 年）多指标聚类调查。因此，虽然我们在后续分析中为行文方便简单地称为“肯尼亚”，但分析仅限于图尔卡纳、邦戈马和卡卡梅加等西部几县。在案例研究中，则重点关注图尔卡纳。我们决定采用多指标聚类调查是基于该数据的目标，能够成为一种监测这些县儿童和妇女状况的工具。

三、国家概况：印度和肯尼亚的儿童贫困与灾害

（一）印度

- 2000—2014 年，洪水是印度最常见的灾害类型，造成死亡人数也最多。在此期间，以灾害发生频次而言，自然灾害最为高发的是比哈尔邦、北方邦和安得拉邦。洪水高发地区，陷入贫困的家庭比例也很高。
- 受干旱这种渐进式灾害影响的地区经济状况更好，也有更多人口脱贫。干旱高发地区贫困人口生活状况的改善，一定程度上要归因于穷人优先的政治解决方案和善政带来的腐败减少、基本服务提升。

1. 灾害概况

印度面积广阔，拥有多种气候和生态系统，影响着不同群体的贫困及贫困动态，影响着生计、文化，也影响着印度人口及其资产所面临的自然灾害。INFORM 数据库（INFORM，2017）将印度归为高灾害风险类别，总体风险值为 5.7（暴露性 7.3，脆弱性 5.4，缺乏应对能力 4.8）。

2000—2014 年间，印度平均每年遭受约 18 次灾害（EM - DAT，2017）；最普遍的灾害类型是洪水（50%），其次是暴雨（21%）、极端温度（11%）、流行病（9%）和山体滑坡（5%），见图 2。EM - DAT 数据库中关

于旱灾发生率的报告要低一些，尽管部分地区几乎每年都会经历旱灾。这种差异与国家农业委员会和印度气象部门对干旱的分类方式（农业、气象和水文分类）以及近来（2013）报告标准的变化、界定干旱起止时间及其空间影响等方面的困难有关（Rathore 等，2014）。

2000—2014 年之间，印度的自然灾害（包括与气候有关的灾害）估计影响约 6.55 亿人，造成 71 000 多人死亡，并带来近 540 亿美元的经济损失（EM-DAT，2017），见图 1、表 2。其中干旱影响的人口最多（3.5 亿人），但洪水在 2000—2014 年的 14 年间造成的死亡人数和经济损失最高（22 000 多人死亡、近 3 850 万美元的经济损失）（表 2）。应谨慎对待这些数据，因为缺乏数据意味着实际影响被严重低估。

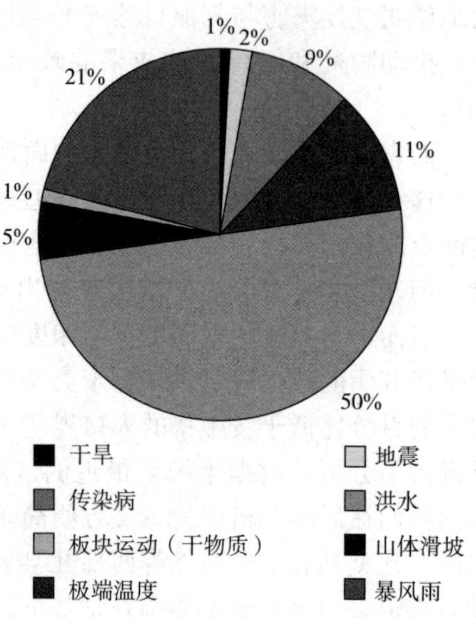

图 1　2000—2014 年印度不同类型灾害的发生率

注：EM-DAT 承认记录干旱等渐进灾害起止日期的挑战，因此该图中的干旱结果可能不完全准确。

资料来源：作者使用 Tableau Public 和 EM-DAT 数据进行汇编，2017 年。

表 2　2000—2014 年印度不同类型灾害导致的死亡人数、受灾人数和总损失

灾害类型	影响人数（百万）*	死亡人数	总损失（百万美元）
干旱	350	20	1 498.72
地震	8	37 820	4 765.80
传染病	<1	1 528	<1
极端温度	<1	6 489	400.00
洪水	276	22 318	38 473.35
山体滑坡	<1	832	50.00
板块运动（干物质）**	<1	16	<1
暴雨	21	1 658	8 640.51
累计	655	70 681	5 828.38

* 四舍五入。

** 表示在重力作用下从山坡上滑落下来的大量碎石/泥土/雪或冰。通常是积雪下面的物质，例如土壤和岩石（雪崩碎片）（IFRC，无日期）。

资料来源：作者根据 EM-DAT 数据进行的计算，2017 年。

2. 旨在构建弹性的政策：印度的气候和灾害风险治理

自 2000 年以来，印度的灾害风险应对和管理政策与实践一直在变化。随着 2005 年《灾害管理法》实施，成立了国家灾害管理局，它要求各州建立自己的灾害管理机构，并明确了各部门在灾害风险管理中的作用和责任（印度政府，2005）。2009 年的《国家灾害管理政策》为从过去的应对模式向更具预警性的灾害管理方式转变，进一步奠定了基础（印度政府，2009）。通过这两项法案的实施，包括应对差距和挑战的经验，加上认识到全球灾害管理视角的转变（如《仙台框架》、《巴黎气候协定》和可持续发展目标），印度制定并发布了《国家灾害管理计划 2016》，迈出了长期（15 年）灾害风险管理第一步（印度政府，2016）。灾害风险管理是分权式的，各邦和联邦直辖区，以及全国 80%的县，都已制定了自己的灾害管理计划（SDMP）（Bahadur 等，2016）。尽管这些计划关注到包括妇女、儿童和残疾人在内的不同弱势和边缘群体，其中一些还关注到种姓，但往往只针对他们在灾害应对时的需求和脆弱性，而非在灾害风险管理决策和实施中的参与（Bahadur 等，2016）。

印度的《国家气候变化行动计划》中包括缓解和适应气候变化的政策（印度政府，2008），重点关注与能源、水、农业、林业、栖息地保护和城市规划相关的八个任务领域，旨在同时实现减少贫困、促进可持续发展和增强弹性的目标（Pandve，2009；印度政府，2008）。

3. 印度边缘群体的贫困状况

印度目前属于中低收入国家，近年来经历了强劲的经济增长，这是本研究中灾害发生的背景。从 2005 年到 2011 年间，印度国内生产总值（GDP）每年平均增长 8.5%，很大程度上要归功于贸易自由化、显著的人口红利和识字率提高推动劳动力生产力的提高（Chandrasekhar，2011；Raghbendra Jha，2011；Anand，2014）。尽管 2011 年农业对国内生产总值的贡献率仅为 14%，却有 50%多的人口从事农业相关活动（Dhar，2012）；还有 1/3 的童工在农业部门（Acharya，2015）。

伴随着经济增长，印度也实现了显著的减贫成就。在 2004/2005 年度及 2011/2012 年度间，约有 1.38 亿人口摆脱贫困（Aiyar，2013）。这得益于一系列行动，包括儿童综合发展服务项目，该项目为 6 岁以下的儿童及其母亲提供食品、教育和医疗服务；以及圣雄甘地国家农村就业保障法案（MGNREGA），确保农村家庭每年有偿工作 100 天。

虽然调查中每一年的儿童贫困水平都很高，但从两年整体来看，长期贫困率则较低。长期贫困对儿童的影响是长期的，他们经常会遭受各种剥夺（如健康状况不佳、受教育机会不足等），限制了他们在以后生活中摆脱贫困的能力，通常需要采取专门措施来加以解决。从印度人类发展调查（IHDS）面板数据来看，2005 至 2011 年间，全国约有 7%的家庭生活在长期贫困中（图 2）。而在灾害发生率不同的地区，长期贫困的差异并不显著（图 3）。这意味着旨在构建弹性的政策和项目可能成功地帮助一些人口摆脱贫困，但在防止贫困（加剧贫困程度）和减少长期贫困方面却没那么有效。

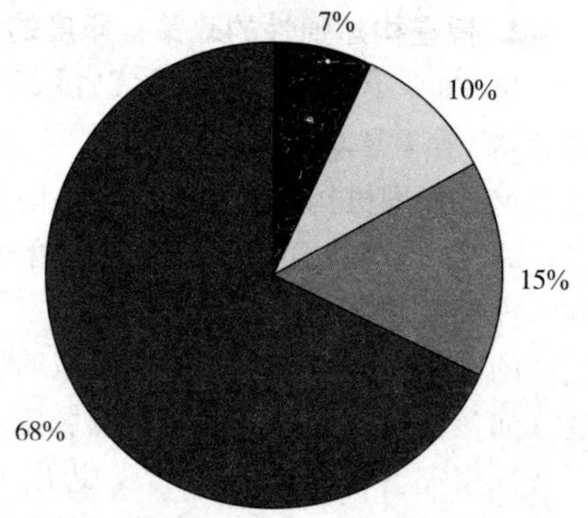

图 2　2005—2011 年印度家庭的贫困轨迹

资料来源：作者根据 2005 年和 2011 年印度人类发展调查数据（IHDS）计算得出，因此该图中关于干旱的结果可能不完全准确。

贫困程度加剧的家庭集中在易受灾地区。按灾害类型进行划分，则主要分布在遭受较多洪灾的地区。然而，对于 EM - DAT 中记录的旱灾高发地区，观察到贫困加深的情况较少，而摆脱贫困的案例较多。这是由于强劲的增长等诸多因素。例如自 20 世纪 90 年代以来，印度为干旱地区的农民建设了地下水系统，而洪灾高发地区由于农业条件较好而没有进行同样的建设（Mehta 和 Shah，2001）。同时，在某些地区有利于穷人的政治方案和善政也发挥了作用，表现为腐败减少、基本服务扩大（Mcloughlin，2014）。

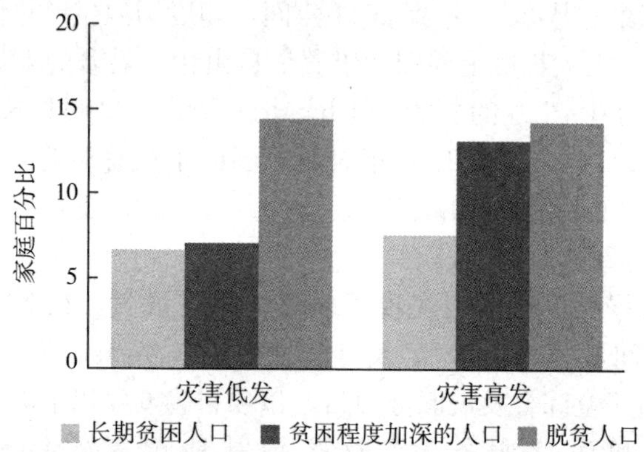

图 3　2011 年按灾害发生频率划分的家庭贫困轨迹

资料来源：作者根据 2005 年和 2011 年印度人类发展调查数据（IHDS）计算得出，因此该图中关于干旱的结果可能不完全准确。

贫困对不同家庭的影响程度不同，对不同群体的影响程度也不同，通常表现出宗教和种姓的区别（Thorat 等，2016）。表列种姓和部落，尤其是阿迪瓦西人的边缘状况已经持续了几代人的时间。在 2005—2011 年间，2/5 以上的长期贫困家庭为阿迪瓦西人（图 4）。在灾害高发地区，将近 1/5 的阿迪瓦西人口陷入贫困，而其他群体中这一比例仅为 12%（图 5）。

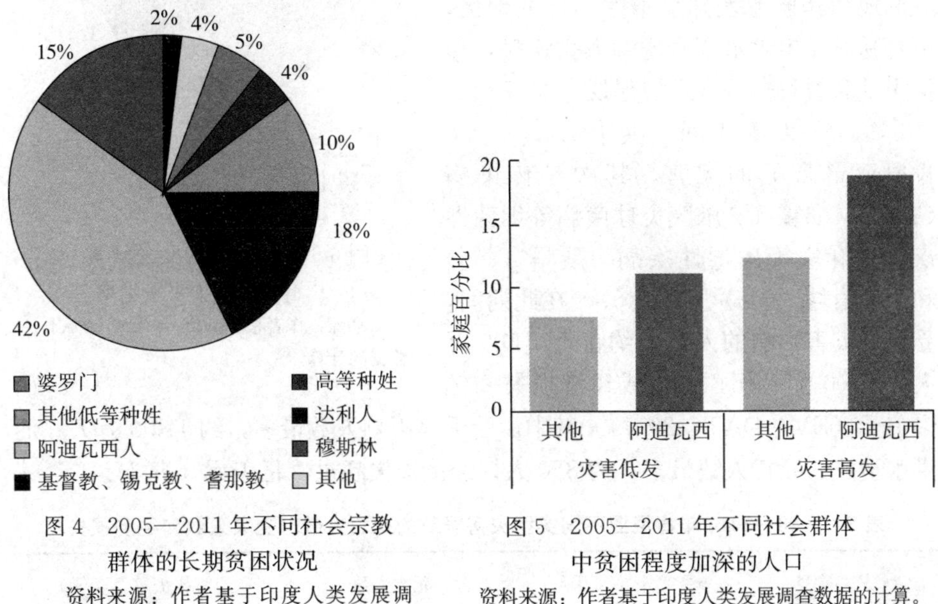

图 4　2005—2011 年不同社会宗教群体的长期贫困状况

资料来源：作者基于印度人类发展调查数据的计算。

图 5　2005—2011 年不同社会群体中贫困程度加深的人口

资料来源：作者基于印度人类发展调查数据的计算。

（二）肯尼亚

• 与印度一样，2000—2014 年，洪水是肯尼亚最常见的灾害类型，导致的死亡人数也最多。

• 肯尼亚受干旱影响的人口最多，在干旱和半干旱地区（ASAL）尤甚。

• 2010—2014 年间的情况尤其严峻，超过 1 000 万人受灾，特别是遭受旱灾的人口超过 2000—2014 年这 14 年间受灾人口的 1/2。

1. 灾害概况

INFORM 数据库（INFORM，2017）将肯尼亚列为高灾害风险，总体风险值为 6.1（其中危害暴露性 6.1，脆弱性 5.9，缺乏应对能力 6.4）。肯尼亚的自然灾害包括干旱、洪水、地震、火山爆发、山体滑坡、龙卷风和暴雨等等。干旱和半干旱地区占该国领土的约 89%（图 6），人口的 36%和牲畜牧群的 70%（权力下放与规划部，2015）。干旱对这些地区的影响包括粮食不安全、营养不良相关疾病、人口死亡、生计破坏等（发展倡议，2017 年）。而其他地区，包括维多利亚湖周围的西部低地、印度洋沿岸低地和其他地表排水条件不佳的地区，更容易高发生洪水和水源性人畜疾病，包括霍乱和裂谷热等（发展倡议，2017）。

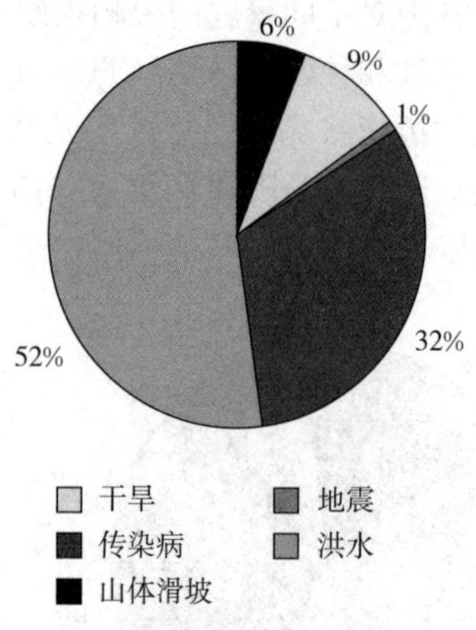

图 6　肯尼亚 2000—2014 年不同类型灾害发生率

来源：作者根据 2017 年 EM - DAT 数据的计算。

2000—2014 年间，洪水（52%）是肯尼亚最常见的灾害，其次是传染病（32%），如霍乱、脑膜炎球菌病等细菌性疾病和麻疹等病毒性疾病、干旱（9%）和山体滑坡（6%）（见图 6）。在此期间，受自然灾害影响的人数大约将近 2 000 万人，1 700 多人死亡，造成经济损失 2 亿多美元（EM - DAT，2017）。其中，受干旱影响人数最多，约 1 800 万人；而洪水造成的死亡人数最多，为 850 人，经济损失超过 1 亿美元（表 3）。

表 3　2000—2014 年肯尼亚不同类型灾害导致的死亡人数、受灾人数和经济损失

灾害类型	受灾人数（万人）	死亡人数	经济损失（万美元）
干旱	18 000	111	<100
地震	<100	1	100 000
传染病	<100	685	<100
洪水	200	851	100 540
滑坡	<100	56	<100
总计	2 000	1 704	200 540

注：数据已四舍五入。

资料来源；作者基于 EM - DAT 数据计算，2017 年。

2010—2014 年间遭受自然灾害总人口占 2000—2014 年间遭受自然灾害总人口的一半，超过 1 000 万人。2010—2014 年，干旱频率、程度和范围加剧，加上蝗灾爆发、牧民流动限制等因素，走投无路的牧民开始破坏树木和草地来喂养牲畜，引发了环境危机。危机又导致粮食不安全和自然资源冲突等，破坏生计、威胁生命（Masih 等，2014；Wanyama，2014；Cherono 等，2017；Omolo，2010）。

在这 4 年中，自然灾害导致至少 500 人死亡，占 2000—2014 年间总死亡人数的 1/3；造成损失 1.36 亿美元，几乎占 2000—2014 年间总损失的 70%。但是需要强调，这些数据仍然有可能被低估，部分原因是由于干旱数据记录的复杂性。

2. 旨在构建弹性的政策：肯尼亚气候和灾害风险的治理

肯尼亚政府直到最近才颁布了许多旨在应对干旱紧急事件和构建弹性的政策及相关部门。肯尼亚国家干旱管理局（NDMA）成立于 2011 年，该国直到近几年才开始采取更具前瞻性、全面性的气候和灾害风险应对措施，2010 年制定了《国家气候变化应对策略》，2013 年制定了《干旱风险管理和应对干旱紧急事件部门规划》和《国家气候变化行动计划》，2016 年制定了《国家气候适应计划》。

这些政策和项目都写入《肯尼亚 2030 愿景》中（肯尼亚共和国政府，2007 年），该愿景承诺到 2022 年消除干旱紧急事件。肯尼亚国家干旱管理局的任务是建立“一种机制，确保干旱不会导致紧急事件，并充分缓解气候变化影响”（NDMA，2017）。然而，正如肯尼亚《干旱风险管理和应对干旱紧急事件部门规划（2013—2017）》所述，“肯尼亚的干旱管理仍然是被动反应式的，而非前瞻性、预防性的风险管理路径”，从而导致对紧急粮食援助的过度依赖（肯尼亚共和国政府，2013）。此外，由于中央政府没有灾害风险管理相关法律或部门设置，全国的防灾备灾工作支离破碎，除了应对干旱之外，几乎没有协调行动、资源分配、政策或备灾准备（发展倡议，2017）。

3. 肯尼亚西部邦戈玛、卡卡梅加和图尔卡纳三县

整体来看，肯尼亚遭受洪水和传染病的风险很高，但国家内部也存在差异。这里我们主要关注肯尼亚西部的邦戈玛、卡卡梅加和图尔卡纳三县。这种选择是出于数据考虑。特别是最近一次儿童福祉数据覆盖了这三个县。然而需要强调它们之间的显著区别，图尔卡纳县域面积较大，位于干旱半干旱地区，而邦戈玛和卡卡梅加气候比较湿润，面积也要小得多。

因此，它们遭受的自然灾害也截然不同：图尔卡纳属于干旱和洪水高发的干旱地区（ASF，2015），而邦戈玛和卡卡梅加会经历干旱时期，也易受洪水侵袭（表 4）。只关注三县，显然不能够代表整个肯尼亚。而我们的目标是控制影响贫困的其他因素，来分析灾害的影响。

表 4　肯尼亚各县遭受水灾和旱灾的情况

区域	洪水暴露性（0～10）	干旱暴露性（0～10）	自然灾害暴露性（0～10）
邦戈玛	8.9	1.0	6.4
卡卡梅加	9.0	1.5	6.6
图尔卡纳	6.9	7.4	7.1

数据来源：INFORM，2015。

虽然三县的灾害类型和程度有所不同，但在社会经济方面却有着惊人的相似性，都拥有大量农村人口，生计主要以农业为基础。畜牧业、农业和石油开采是图尔卡纳的主要经济活动（《经济学人》，2015；Opiyo 等，2015），其中畜牧业和农业对干旱、气候波动和变化特别敏感（Parry 等，2012）。邦戈玛和卡卡梅加的经济以农业为主，降水类型和森林、湿地等环境有利于虫媒疾病的传播。虽然缺乏有关邦戈玛和卡卡梅加疟疾流行情况的准确信息，但可以参考相邻的南迪县低地、森林和湿地地区雨季之后疟疾爆发的高风险情况（Ernst 等，2006）。邦戈玛和卡卡梅加与南迪县有相似的土地类型，长时间降雨之后可能面临同样的疟疾风险。这三县的生计受气候影响显著，各种气候灾害对儿童福祉、营养和获得安全用水的影响也各有不同。因此，干预措施和政策建议也应有所区别。

4. 肯尼亚不同人群的贫困状况

与印度相比，肯尼亚并没有经历经济的强劲增长。2005—2016 年间，肯尼亚 GDP 平均增长率仅为 1.3%，其中农业贡献了近 1/3（世界银行，2017）。根据 1.90 美元国际贫困线计算，肯尼亚贫困人口比例从 2005 年的约 30.4% 降至 2013 年的 25.1%（世界银行，2017）。这种缓慢的减贫进展表明，该国减贫政策薄弱，贫困监测不力（Shepherd 等，2018），脆弱性和灾害风险较高。2015 年，该国极端贫困人口总数在撒哈拉以南非洲国家中排名第 6（Karanja，2015）。这一时期的减贫成就要归功于低速却积极的经济增长（尤其是首都内罗毕）、从农业向服务业的结构性转变，以及安全网的改善和农村向城市的移民（IMF，2014；Nyamboga 等，2014）。

除了顽固贫困，肯尼亚还面临艾滋病问题。2012 年，有 160 万人感染艾滋病，其中儿童 20 万人（UNICEF，2013）。截至 2012 年，约有 100 万肯尼亚儿童因艾滋病成为孤儿，导致全国童工比率升高、教育水平下降（UNICEF，2013）。一项针对肯尼亚、印度、柬埔寨、埃塞俄比亚和坦桑尼亚的研究发现，1/7 的孤儿和被遗弃的儿童会成为童工（Whetten 等，2011）。而童工的代价是牺牲教育

(IRIN，2002)。普遍早婚也导致接受中等和高等教育的比例较低，23%的女孩在18岁之前就会结婚（UNICEF，2014)。

5. 图尔卡纳、邦戈玛和卡卡梅加不同人群的贫困状况

我们的灾害测量结果显示，相较于邦戈玛和卡卡梅加，图尔卡纳更易遭受干旱和流行病困扰，如表4所示。2009年人口普查表明，图尔卡纳的贫困率最高（图7)，其中农村人口的贫困率为55%，远高于该县其他地区6%。

图尔卡纳、邦戈玛和卡卡梅加灾害高发地区贫困人口的家庭结构各不相同。图尔卡纳超过一半的贫困家庭为女性户主家庭（图8)，该比例高于其他两个县。在牧区，女性户主家庭的贫困脆弱性更高。妇女对土地的传统权利缺失；没有足够的水井和牲畜；受父权文化影响，在没有男性家庭成员的情况下难以饲养家畜；丈夫去世后来自其家族的支持会减少甚至消失；在遭受牛群突袭时由于必须照顾孩子而无法逃脱（Omolo，2010)。此外，这些家庭的平均成员数量也高于灾害低发地区。

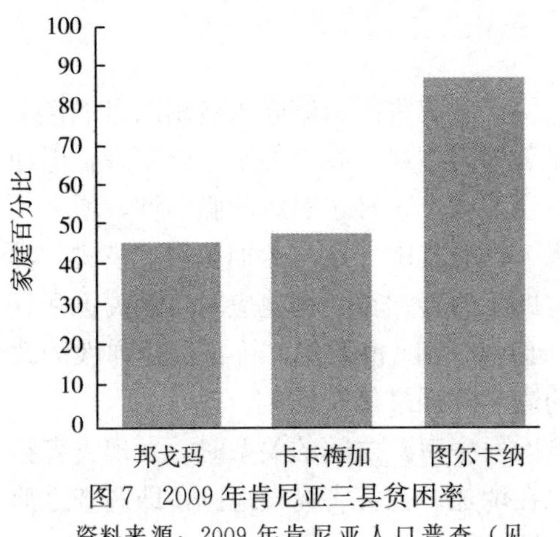

图7　2009年肯尼亚三县贫困率

资料来源：2009年肯尼亚人口普查（见《国家日报》，2014年)。

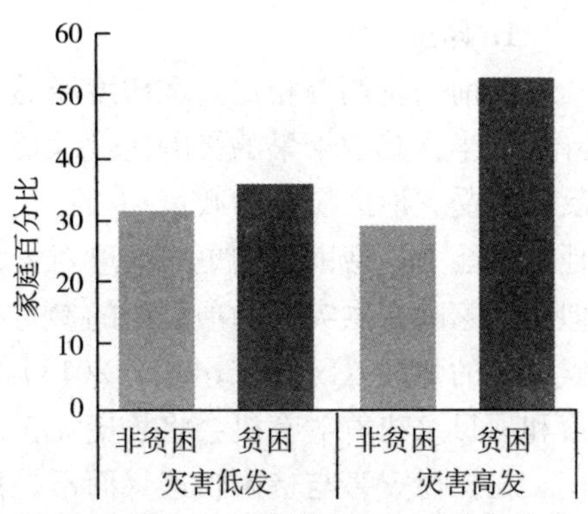

图8　2013—2014年肯尼亚三县女性户主家庭按贫困和灾害流行程度划分图

资料来源：作者基于MICS数据的计算。

四、灾害与儿童生命周期

在考察印度和肯尼亚灾害高发地区儿童的生命历程中的福祉状况之前，本节将探索灾害和贫困发生率和贫困轨迹之间的关系。在下文的分析中，必须认识到与较低发展水平相关联的因素，包括缺少医疗服务等，也正是影响脆弱性，以及防灾、抗灾和从灾害中恢复的能力的因素。公共服务缺失、治理不善等导致较低发展水平的因素，也会使家庭和儿童面临更高气候和灾害风险。因此，探索灾害与发展成果之间的因果关系需要跨部门视角。

（一）灾害与家庭贫困的关系

本节关注印度和肯尼亚的灾害和贫困之间的关系。

主要发现：

• 在调查之前的 3 年中，灾害频次升高，但贫困发生率降低，原因可能是近年来旨在构建弹性的相关政策。

• 然而，灾害的频次与家庭陷于长期贫困或遭受剥夺的风险正相关；而灾害持续时间则呈负相关。后者可能是因为灾害应对和回复项目持续时间更长，从而有时间触及更边缘的群体。

• 在肯尼亚，灾害频次越高，贫困发生率就越高。一定程度上反映了该国在构建弹性的相关政策和项目方面的不足。肯尼亚农村地区，干旱是导致家庭收入降低的原因之一。

1. 印度

与前一轮调查相比，在印度经历一次以上灾害的家庭陷入贫困的可能性下降了一半。其中干旱的影响比洪水要显著得多。这一发现似乎不合常理，但却反映了受灾地区实施的政策和项目在一定程度上减轻了家庭的脆弱性，增强了他们的能力，帮助他们更好地应对灾害、摆脱贫困。这与孟加拉国“模式”类似，即家庭在洪灾援助项目中的参与有助于改善福祉，构建应对自然灾害和气候变化的弹性（Shepherd 等，2013）。印度的情况也类似，旨在构建弹性的政策和项目意味着“有机会将长期灾害的影响降到最低”（同上）。

在探讨灾害与贫困轨迹（而不是贫困发生率）之间的关系时，发现灾害频次增加时，家庭陷入长期贫困的风险也在增加。在灾害高发地区，即调查之前的 3 年中遭受灾害的频次高于均值的地区，陷入长期贫困的概率是摆脱贫困的两倍，遭受剥脱的概率则是三倍。有趣的是，随着灾害持续时间，长期贫困和遭受剥夺的风险又略有降低。这可能是由于应对灾害和恢复项目持续实施的时间越长，就有时间更多触及短期人道主义救援无法覆盖的群体。短期人道主义救援可能会动员大量资源，但无法充分瞄准和惠及最贫困的贫困人口，或无法持续足够长的时间。无论如何，经历灾害事件更长、同时又遭受失业或死亡等冲击的家庭，陷入长期贫困的概率是其他家庭的 1.5 倍。这就表明，虽然旨在构建弹性的政策和项目能够帮助灾害高发地区的人口脱离贫困，但仍不足以帮助他们脱离长期贫困或免受剥夺。

我们还分析了灾害高发地区与其他地区住房条件的差异。在印度灾害高发地区，只有 3/5 的长期贫困家庭能够获得用电，而其他地区这一比例为 4/5（图 9）。其原因可能是许多灾害高发地区位置偏远，阻碍电力和其他基础设施服务的建设和使用（弹性风险研究团队，2009）；也可能是自然灾害损坏了发电、输电和供电系统（Urban 和 Mitchel，2011）或公路和铁路等其他重要基础设施，一些以农业为生的家庭也依靠这些基础设施进入市场、获得产品和信贷支持（弹性风险研究团队，2009；Desakota 研究小组，2008）。这表明脆弱性的成因（例如获得基础设施与服务的渠道不平等，特别是对于贫困人口而言更是如此）与服务的脆弱性之间的联系。服务的脆弱性是指人们有渠道来破坏服务的提供，以及灾害过后政府优先事项冲突导致的服务恢复缓慢。灾害高发地区的致贫因素，也恰恰会导致这些家庭在灾害期间和灾害过后更加脆弱。缺少互联互通，基础设施落后，也会限制谋生机会，并导致雇佣劳动力的迁移。事实上，灾害高发地区长期贫困家庭至少有一名家庭成员进行季节性或短期迁移的比例为 16%，略高于其他地区的 12%。根据 IHDS 的数据，长期贫困人口更倾向于迁移到本邦的另一个城市或者另一个邦，迁至国外的比例低于 3%。在干旱高发地区或其他自然资源稀缺的受灾地区，当地劳动力有限的就业机会可能会对包括教育在内的儿童福祉产生负面影响，许多儿童可能会因为气候变化或游牧生活的实际而被迫迁移（Doshi，2016）。

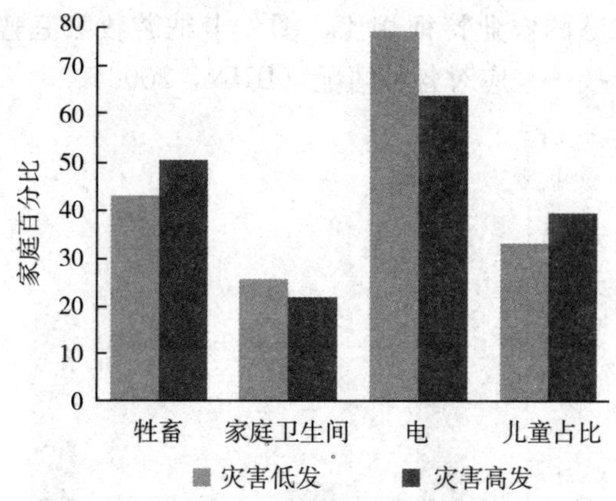

图 9　2011 年印度长期贫困家庭的住房和人口统计

资料来源：作者基于 IHDS 和 MICS 调查数据的计算。

生活在灾害高发地区的长期贫困家庭会比生活在其他地区的长期贫困家庭多养育一个孩子，前者孩子占家庭成员的比例为 37%，后者为 33%（图 9）。

子女数量的增加可以看作一种应对措施，一方面能够有更多的家庭成员成为农业劳动力，另一方面来抵消由于环境冲击和压力而升高的发病率和死亡率。高发灾害地区儿童人数较多，还可以归因于计划生育和医疗服务有限或不足，而这种不足还会增加包括传染病在内的健康风险（Mason 等，2005；哈里斯，2012）。如果没有地方发展规划，人口规模增加会导致更多的家庭遭受自然灾害，因为他们被迫生活在边缘地区、从事不可持续的生计，例如开垦湿地会增加遭受洪水的风险（弹性非洲网络，2016）。

2. 肯尼亚

分析肯尼亚三县的灾害情况时，发现陷入贫困的概率有所增加，表明旨在增强弹性的政策和项目尚未在减贫方面有所成就。有关肯尼亚农村 2000—2007 年间的纵向数据研究表明，长雨季和短雨季的降雨量减少而又缺乏规律，最终引发干旱灾害，导致农村家庭收入减少（Muyanga 和 Musyoka，2014）。传统的被动式应对灾害的政策和项目，风险管理与社会经济规划和社会文化实践的脱节，都会影响贫困家庭贫困动态和儿童福祉。与干旱相关的紧急事件的复杂性，对贫困的投入和政治支持减少，特别是对牧民等边缘群体的支持减少，为减贫带来了巨大的挑战，例如 2009 年以来肯尼亚频繁发生严重干旱。

就灾害高发地区的家庭人口而言，三县贫困家庭依旧倾向于养育更多的子女，儿童占家庭总人口的比例为 45%，高于其他地区的 43%（图 10）。与邦戈玛和卡卡梅加家庭的农业特征相比，图尔卡纳游牧家庭普遍实行一夫多妻制，倾向于多养育孩子来应对各种情况（IRIN，2006）。

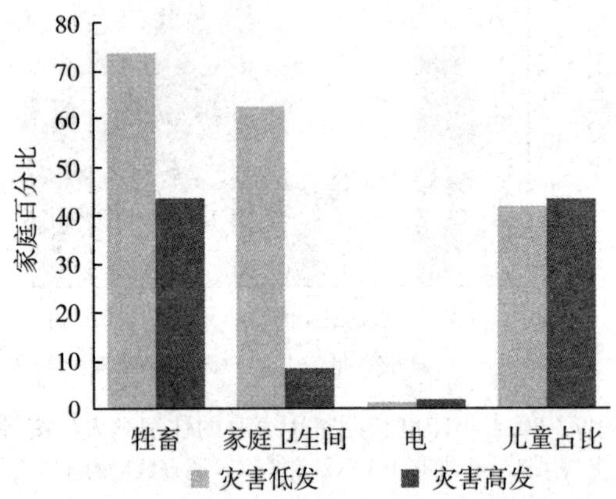

图 10　2014 年肯尼亚各县住房和人口统计

资料来源：作者基于 IHDS 和 MICS 调查数据的计算。

在旱灾期间关停学校已成为普遍的应对手段，这进一步限制了女童入学。干旱还增加了游牧人口的流动性，使儿童与家庭分离的风险升高（Macharia，2017）。

这三县灾害高发地区的家庭住房条件非常差，他们不太可能拥有自己的卫生间、没有充足的烹饪燃料和电力。在灾害低发地区，65%的家庭拥有自己的卫生间，而灾害高发地区这一比例仅为8%。当然，考虑到图尔卡纳居民大多为牧民，而流动是应对干旱风险的最重要方式，家里没有厕所或没有用电也是可以理解的。

这些地区的家庭拥有的牲畜也比较少。长期以来，畜牧业一直是确保贫困家庭粮食安全和经济稳定的一个重要因素（粮食安全门户，2012）。旱灾和洪灾频发，导致大量牲畜遭到死亡、袭击或被迫出售（Mude 等，2010；Huho 等，2011）。虽然家庭会试图通过购买饲料、水和其他资源的方式，尽可能地在灾害期间和灾害过后保住自己的牲畜，但家庭资本和储蓄的不足使他们在灾后难以继续饲养牲畜（Ouma 等，2012）。

肯尼亚政府认识到牧区的脆弱性问题，于 2014 年制定了《终结干旱紧急事件：干旱风险管理共同规划框架（2014—2018）》。该框架重点针对干旱和半干旱地区，由三个主要部分组成：减轻干旱风险和脆弱性、干旱早期预警和应对、应对干旱和气候弹性的制度能力（肯尼亚共和国政府，2014）。如果借助该框架，干旱半干旱地区的干旱管理能够贡献于改善风险的预测和防御方式，并特别支持瞄准贫困儿童和其他弱势群体的项目，就能够显著提高该地区牧民的生活水平。肯尼亚《国家气候适应计划（2016）》明确提及儿童权利，以及改善儿童和青年以及其他弱势群体（如妇女、孤儿、老人和残疾人）获得粮食、教育、生计多样化和社会保护的必要性；这些瞄准措施将有助于提高应对环境冲击和压力的能力。

（二）灾害高发地区的儿童

虽然灾后家庭的贫困轨迹和住房条件会影响儿童福祉，但还需要考虑其他重要指标。后面将通过儿童生命历程的各个阶段来考察他们的福祉状况。

1. 胎儿时期

主要发现：

- 与其他地区相比，印度和肯尼亚灾害高发地区的长期贫困的妇女获得正规分娩护理的可能性更小。
- 在印度灾害高发地区的长期贫困妇女不太可能完成建议的 4 次产前检

查。与其他地区相比，她们与政府生殖服务中心的距离要远得多。而肯尼亚的结果正好相反，反映了近年来瞄准性发展举措的成效。

儿童的健康和福祉轨迹始于出生之前，由母亲孕期的健康状况，以及影响孕期获得医疗、营养和其他服务的社会经济环境决定。我们乐观地发现，与印度其他地区相比，该国灾害高发地区的政府医疗服务机构位于长期贫困家庭 0.5 千米范围内的概率更高，这要归功于政府在特定灾害高发地区，特别是干旱高发地区长期实施的发展计划（Mehta 和 Shah，2001）。即便如此，印度灾害高发地区的长期贫困妇女获得正规分娩服务的可能性仍然很低（36%，而其他地区这一比例则为 42%），也很难做到建议的 4 次产检（图 11）。与其他地区相比，灾害高发地区的怀孕母亲距离政府生殖服务机构更远（平均为 2 千米）。此外，灾害高发地区的出生登记率也低得多（69%，而其他地区这一比例则为 84%）。出生登记能够成为发展的“加速器”，是有利于穷人的发展干预和其他发展干预的基础。儿童拥有身份，就能获得医疗保健、学校教育和正规就业等各种权利。出生登记也是国家规划和监测发展目标进展的重要工具。

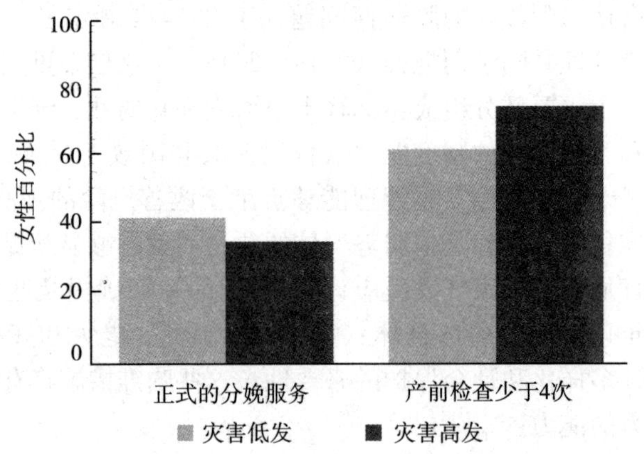

图 11　2011 年印度孕妇保健服务

资料来源：作者基于 IHDS 和 MICS 数据的计算。

与印度一样，肯尼亚灾害高发地区的出生登记率也很低，只有出生人口的 20%，而其他地区这一比例则几乎要翻倍。在图尔卡纳，出生登记中心距离遥远、牧民居住偏远、常年流动等因素都会影响出生登记。与印度一样，肯尼亚灾害高发地区的贫困妇女获得正规分娩护理的比例很低（27%，而其他地区为 43%）（图 12）。同样，其原因包括到医疗机构的距离、受教育水平、文化偏好、有限的社会流动、对医疗服务质量低但收费高的固有看法等。虽然政府于

2013年决定取消公共医疗机构的生育费用，但还需要改变文化观念，鼓励怀孕妇女到公共医疗机构生产，政策变化才能真正达到预期效果（Eijk van 等，2006；USAID，2013）。有趣的是，与灾害低发地区的妇女相比，肯尼亚灾害高发地区的妇女接受建议的4次产前检查的比例更高。其原因可能是近年来为图尔卡纳边远地区提供移动医疗服务的举措收到了实效，使游牧人口能够获得“产前护理、计划生育、营养、儿童生长监测和健康教育”（EEAS，2013）。

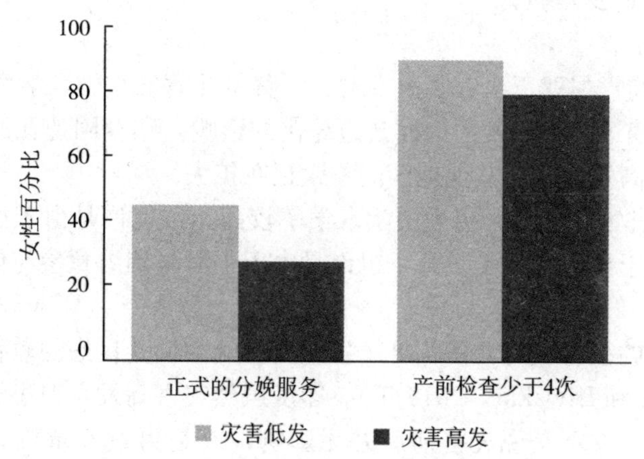

图12 2014年肯尼亚孕妇保健服务

资料来源：作者基于IHDS和MICS数据的计算。

2. 5岁以下儿童

主要发现：

• 印度和肯尼亚5岁以下的长期贫困儿童更容易患腹泻，反映出灾害高发地区落后的饮用水和卫生设施供应。

自出生起，儿童的健康和贫困轨迹就会受到各种疾病和环境条件的影响。在印度和肯尼亚，营养不良问题长期存在。例如，在图尔卡纳，水果和蔬菜摄入不足导致维生素摄入量低。2012—2013年全国农村卫生行动报告发现，比哈尔地区5岁以下儿童中，80%处于营养不良状态。而自然灾害的发生或蔓延又会反过来影响环境条件和相关疾病。灾害高发地区的贫困儿童更容易患腹泻。2005年，印度灾害高发地区0～5岁长期贫困儿童患腹泻的可能性几乎是其他儿童的两倍。该国每年有200万儿童死于腹泻、疟疾和营养不良等可预防疾病，其中由腹泻引起的死亡占5岁以下儿童死亡率的1/5（Bhowmick，2010）。腹泻死亡率增加在一定程度上反映了受灾地区缺乏饮用水和相关卫生设施。印度灾害高发地区的长期贫困家庭只有4%能获得室内自来水，而这一比例在其他地区则为13%。在卫生设施方面，灾害高发地区的长期贫困受访者有55%使用泥灰洗手，而在其他地区这一比例为43%。

肯尼亚灾害高发地区的家庭也很难获得优质的饮用水源。只有17%的贫困家庭在家中有肥皂或洗手液，而其他地区则为65%。各县的腹泻率也有不同。

3. 儿童和青少年教育

主要发现：

• 在印度和肯尼亚三个灾害高发地区，贫困儿童的小学入学率较低。

• 受位置偏远和根深蒂固的社会边缘化的影响，印度阿迪瓦西青少年入学率较低。灾害高发地区与其他地区的差距正在扩大。

• 肯尼亚灾害高发地区男生中学入学率较高。这也许是由于社会规范和家庭责任更倾向于让男童接受教育，也许是由于干旱时期男童参与创收活动的机会受限。

童年时期的教育会对儿童福祉产生重要影响，接受良好的教育有利于稳定地脱困（Scott 和 Diwakar，2016 年）。印度虽然灾害高发，但小学教育普及程度较好。当然这并不是说灾害前后并无影响，或是男童女童机会均等。2004年印度洋海啸之后，由于临时住所距离学校很远，许多社区的辍学率都有所提高（乐施会，2008）。在灾害高发地区，教育质量也会受到影响。对于灾害高发地区的长期贫困儿童来说，他们的教师经常缺勤的概率是6%，略高于其他地区的4%；他们被教师体罚或训斥的几率分别为44%和48%，远高于生活在其他地区的长期贫困儿童（后者分别为27%和39%）。

我们观察到，在研究期间，印度灾害高发地区持续贫困儿童的入学率比其他地区要低5%（图13）。其中，阿迪瓦西青少年无论是在灾害高发地区还是其他地区，入学率都较低。同时，灾害高发地区阿迪瓦西青少年的入学率与其他群体入学率的差距正在扩大。2011年，印度灾害低发地区有47%的阿迪瓦西持续贫困儿童和53%的其他持续贫困儿童能够接受教育，而在灾害高发地区这两个数字分别为24%和44%。此外，印度长期贫困的原住民青年被剥夺了教育机会，辍学率也一直高于其他社会群体（Joshi，2010）。由于我们研究表明印度的教育与更高的脱贫概率相关，上述问题就显得尤其突出（Diwakar 等）。

灾害高发地区女童接受中等教育的比例为40%，远低于男童的47%。但令人惊讶的是，女童接受教育的时间要比男童多将近半年。男童更容易获得收入机会，更可能辍学或被迫退学，去补充家庭收入。灾害之后，由于收入通常会减少，这一现象会加剧。但目前没有充分证据来准确描述这种受家庭内部社会文化动态影像的复杂现象。

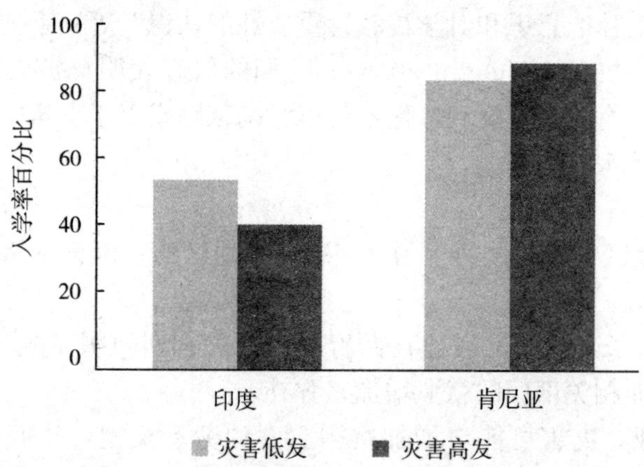

图 13　2011 年印度和 2014 年肯尼亚中学入学率

注：印度入学率的计算基于 IHDS 中“个体目前是否就学”这一问题。肯尼亚的数据来源于 MICS 数据中询问个体在本学年是否曾经上过学，因此可能夸大了入学人数。

资料来源：作者根据 IHDS 和 MICS 数据的计算。

肯尼亚灾害高发地区儿童的受教育情况与印度相似。灾害高发地区的贫困学龄儿童受教育年限比其他地区要少一年，女孩接受中等教育的比例也低于男孩。与印度相比，肯尼亚灾害多发地区男童的中学入学率更高（94%，高于其他地区的 81%）。这是由于旱灾和其他气候灾害来袭时，收入机会受到限制，以农业为主的地区更是如此。男性入学率更高表明该国越来越在政策上认识到气候灾害对儿童教育的影响。肯尼亚《2015—2030 年国家适应计划》指出，“干旱……可能导致儿童失学。同样，气候影响也可能导致家庭挪用教育支出来购买粮食”（肯尼亚共和国政府，2016）。《干旱风险管理和终结干旱紧急事件部门计划（2013—2017）》也重申，需要“确保干旱地区……和牧区的所有儿童，包括弱势儿童和脆弱儿童……都享有公平的教育机会”（肯尼亚共和国政府，2013）。在这种情况下，政府制定了短期和长期行动计划，将气候变化纳入学校课程，并通过移动学校等方式，提高图尔卡纳等干旱和半干旱地区儿童的受教育机会。

然而，教育部门在这些地区的瞄准性举措并没有显著改善女童的受教育情况。干旱到来时，学校停课仍是很普遍的现象，意味着孩子们不得不走更远的路去上学。由于女童自由行动会受到更多限制，对女童的影响远远大于男童。即使有流动学校，文化价值和传统也会影响女孩的受教育机会

（Rotich、Koros，2015）。

2013 年，图尔卡纳共有 61 所流动学校，但都面临“教师数量不足、教师动力不足、缺乏社区意识和对学校教育重要性的认识”等一系列挑战（图尔卡纳教育办公室，2013；Ngugi，2016）。我们的研究表明，扩大教育机会为灾害高发地区的男童带来了红利，但不足以激励家庭投资于女童的教育。

4. 青少年劳动力

主要发现：

• 与其他地区相比，这两个国家灾害高发地区的贫困青少年在参与经济活动的可能性更低。

• 在印度，长期贫困的阿迪瓦西青少年在灾害期间明显减少了农业劳动。但会通过在工业相关部门的就业增加来弥补。

• 在肯尼亚，灾害可能会增加贫困少女的劳动负担，他们可能会被迫退学，来从事家务劳动、饲养牲畜、从事农业和无偿劳动等，以补充家庭福利。

随着孩子长大，灾害带来的不安全和不确定对收入决策的影响愈发显著。印度灾害高发地区的青少年就业率较低（10%，其他地区则为 16%）；而男童和女童的就业率则分别低 7%左右。以农业部门为例，我们注意到灾害高发地区的长期贫困青少年（除阿迪瓦西青少年之外）从事农业劳动的可能性更大。长期贫困的青少年（除阿迪瓦西青少年之外）中，女性农业劳动参与率不受灾害影响（均为 38%），而男性参与率却明显更高（在灾害高发地区长期贫困青少年这一比例为 43%，其他地区则为 35%）。

对阿迪瓦西民族而言，情况恰恰相反：相比其他群体，灾害低发地区长期贫困的阿迪瓦西青少年更有可能参与家庭的农业劳动（55%，而其他群体为 36%）；但在灾害高发地区的参与率则明显降低（31%，远低于其他群体的 40%）。这种参与率下降能够通过工业劳动来抵消，反映了灾后对低技能修理或重建工作的需求。这种生计多样性可以改善未来的福祉，虽然有限的就业机会可能限制了收入多样化（国际技能支援团印度办公室，2014），但灾害可能会提供摆脱贫困的就业机会。

肯尼亚和印度一样，灾害高发地区贫困人口中青少年劳动参与较少。但在某些领域，特别是家族企业和服装行业，青少年劳动力参与更为广泛（分别为 18%和 11%，其他地区则为 8%和 6%）。这些家族企业主要是非正规的微型企业。例如图尔卡纳的小微企业是主要的经济活动和生计模式（Ochieng，2015）。在家族企业和服装行业中，青少年劳动力大多为女性。儿童，特别是女童，主要负责取水等家务劳动。在图尔卡纳等干旱和半干旱地区，家庭距离饮用水源的距离常常非常遥远，取水也就是个大问题。灾害会破坏道路，甚至破坏水源数量和质量，导致取水有效距离和实际距离增加，给青少年女性造成额外负担。

专题 2　聚焦：印度的儿童福祉和洪水

主要发现

● 印度洪灾高发地区的整体情况与灾害高发地区相似。但在儿童福祉的某些领域，特别是孕妇和婴儿的健康状况方面，洪灾高发地区的状况要好。

● 与旱灾高发地区相比，洪灾高发地区儿童的健康福祉表现要好，但受教育情况却要糟。相对于灾害低发地区，旱灾和洪灾高发地区的教育总体都较差。

此外，考虑到洪灾是我们调查期间印度最普遍的灾害类型，还对印度洪灾高发地区的儿童健康状况进行调查。将洪灾高发地区与其他地区进行比较，发现灾害与福祉的总体关系表现类似。洪灾高发地区的长期贫困家庭饲养的牲畜较少，2011 年这些家庭只有 42%拥有的牲畜数量高于平均值，而其他地区这一比例为 47%。洪灾高发地区的牲畜拥有量远远低于灾害高发地区的平均水平。

洪灾高发地区的贫困母亲获得正规分娩服务的概率更高，表明人口密度较高的地区卫生服务设施的距离更近。这些地区的儿童更容易患腹泻，其中部分原因是灾害造成水源污染，导致疾病传播，而更重要的原因是卫生设施不足、土地利用规划不当（Nandan，2012）。我们也观察了洪灾高发地区学龄儿童的入学率，发现贫困儿童的小学和中学入学率都在下降，可能是由于退学率在升高。在中学阶段表现得尤为明显，贫困儿童的入学率是 44%，而其他地区这一比例为 53%。考虑到该国中等教育学位增加，教师缺勤率下降，这一现象就显得尤其严重。

总的来说，与灾害低发地区相比，洪灾和旱灾高发地区的情况都不尽如人意。但洪灾高发地区表现出一定的独特性。洪灾高发地区的教育表现甚至比旱灾高发地区还要差，虽然在健康方面表现略好一些。这种差异在一定程度上反映了不同灾害的时效性差异，洪水可能会冲走学习设备和基础设施，并把校舍挪用为救灾营。这也反映了不同类型灾害的救援效果，洪灾高发地区会得到大量的卫生援助，来防止疾病的传播（救济网，2006；Varma，2017）。相比之下，旱灾高发地区往往得到更多的经济救助、灌溉（世界银行，2011）和教育等方面的投资，而较少关注水源数量和质量等短期问题。

图尔卡纳儿童参与家务劳动的概率是其他地区的2倍，照顾家中老弱病残的概率比其他地区高5%。性别差异在灾害时期家庭照顾方面表现得十分明显：灾害低发地区只有8%的贫困男孩和女孩从事照顾工作，而灾害高发地区则有6%的男孩和18%的女孩从事同样的工作。这直接反映了灾后的家庭需要，也在一定程度上反映了性别差异。这种现象会限制女童上学和就业机会，而由于她们要在灾害中照顾需要协助的老人和病人，也不利于她们逃离灾害。

比较印度和肯尼亚灾害高发地区和其他地区儿童的生存情况，是理解不确定情境下儿童需求的基础。但这些需求必然因省一级的具体情况不同而各有不同。下文将就此展开讨论。

五、儿童贫困和灾害：聚焦比哈尔邦和图尔卡纳

本部分考察比哈尔邦和图尔卡纳儿童福利和灾害之间的关系。由于肯尼亚MICS数据中没有标注地理区位，本研究无法分析县域内部的灾害变化。因此，本研究选取在三县中平均灾害发生率最高的图尔卡纳，将其作为一个整体来进行气候趋势、灾害和儿童福祉的案例研究。而选择比哈尔邦则是基于几个方面的考虑，如下文所述。

（一）印度比哈尔邦

主要发现：

• 洪水在比哈尔邦北部十分常见，地震在中部地带占主导地位，干旱在南部地区更为普遍。

• 比哈尔邦灾害多发地区儿童福祉状况较好，一定程度上反映了过去10年间的政策变化。

• 北部洪水高发地区人类发展水平较低，突出说明了此地区需要更广泛、更具包容性的政策干预。

1. 社会经济概况

比哈尔邦是印度第三大邦，根据 2011 年人口普查，比哈尔邦有 1.04 亿人，其中 46%是儿童（比哈尔邦政府，2016），也是印度人口最密集的邦，同时也是印度最穷的州之一。几乎 1/5 的人口属于表列种姓和部落（比哈尔邦政府，2016a）。近 90%的农村人口直接或间接从事与农业和畜牧业相关工作（比哈尔邦政府，2016a；Salam 等，2013）。2012 年，比哈尔邦大部分农村（34.1%）和城市（31.2%）家庭处于贫困状态（比哈尔邦政府，2016a）。2000 年，比哈尔邦的大部分矿产资源划入新成立的恰尔肯德邦，削弱了邦政府资助减贫、发展和救灾的能力（Kumari，2014）。近期，政府着力通过基础设施建设和改善社会服务体系来带动经济增长。

2. 灾害概况

比哈尔邦面临地震、暴雨和山火的威胁；洪水高发地区面积超过 70%，干旱高发地区面积超过 30%（比哈尔邦政府，2014）。2000—2014 年间，该邦共经历 23 次洪水（占总灾害的 50%），11 次极端温度（占 24%）和 7 次暴雨（占 15%）（图 14）。2015 年尼泊尔地震造成 59 人死亡，使比哈尔邦北部农村地区大面积遭到破坏。

比哈尔邦的天气以及气候灾害受季节变化的影响显著。寒流导致大量死亡（EM - DAT），而夏季和季风季节的热浪也会导致高发病率和死亡率（EM - DAT）。在每年 4—5 月，强雷暴（飓风）带来强风、强降雨、闪电和冰雹，使大部分地区会遭受重大的农业、基础设施损失（比哈尔邦政府，2015）。此外，森林火灾也是个威胁。

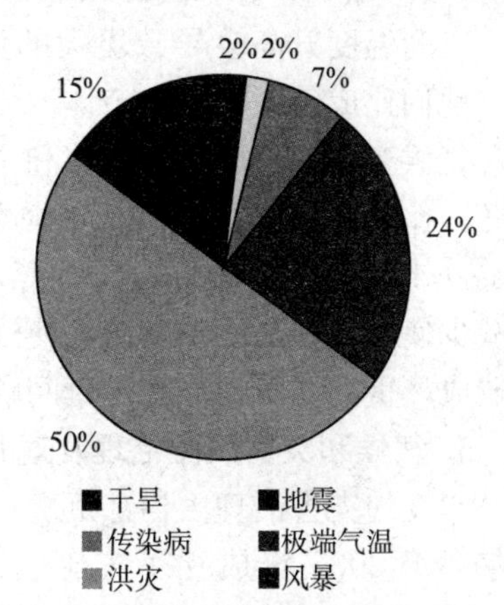

图 14 比哈尔邦 2000—2014 年间不同类型灾害的发生率

资料来源：作者基于 2017 年 EM - DAT 数据的计算。

洪涝灾害和瘟疫多发生在比哈尔邦的雨季（约 6 月下旬到 9 月下旬或 10 月上旬）。比哈尔邦的 38 个区中，28 个是洪水高发区；在本报告分析期间，2004 年、2007 年、2008 年和 2011 年都曾发生过特大洪水。2002 年一次洪水来得太早，导致 1 650 万人流离失所，摧毁了近 40 万间房屋，造成了 400 多人死亡（Relief Web，2002）。2008 年的科西洪水所带来的灾害波及近 430 万人，其中 8 个淹没地区 200 多万人被疏散（印度政府，2008b）。500 多人失去生命，19 000 头牲畜死亡，223 000 间房屋受损（NDMA，2008）。

季风变化也日趋频繁。比哈尔邦在同一年中经历了洪灾和干旱。有时比哈尔邦的同一地区会同时遭受洪灾和旱灾。比哈尔邦和邻近的北方邦平均每 5 年遭受一次干旱（Chand 和 Raju，2009）。这些危害造成了大面积的农作物损失和贫困（Bansil，2011；弹性风险研究团队，2009）。

比哈尔邦的气候在变化，降水模式和温度也在变化。我们采用 1970—2015 年间气候历史数据进行趋势分析表明，在全国 38 个地区中，34 个地区的夏季季风性降水显著下降。下半年中，大部分地区的最低（夜间）和最高（日间）温度也在上升。由于时间限制，还很难预测未来（例如 21 世纪 40—60 年代）可能的气候变化趋势和灾害类型转变，但本报告作者之一在北印度的尼泊尔特拉伊地区的早前研究表明，气温可能会继续升高，降水变化会持续加剧，可能引发更多的洪灾和旱灾（弹性风险研究团队，2009）。这种趋势将持续到未来，并可能因气候变化而加剧。

夜间温度升高会导致更大的生理压力，特别是季风热浪期间。对儿童来说，他们比成年人更难调节体温。由于气温长期处于虫媒繁殖和生存的理想温度，气候变暖还可能使登革热和疟疾等流行病的周期比过去更长，甚至延长到初冬。比哈尔邦和北方邦每年暴发的脑炎和登革热造成大量儿童死亡或发病（Bagacchi，2014；Shrivastava 等，2015；Rajshekhar，2017）。气温升高和降水减少使水质问题更加突出，使浅层地下水内污染物聚集。受砷和氟污染的水会造成严重的儿童畸形和健康问题（Ghosh，2010；Nandan，2012）。

3. 气候和灾害风险治理及对儿童福祉的影响

印度的灾害治理由各邦负责。随着 2005 年出台《国家灾害管理法案》，比哈尔邦于 2007 年成立了灾害管理局（SDMA）（比哈尔邦政府，2014）。SDMA 由两个部分构成：灾害风险管理和灾害危机管理（比哈尔邦政府，2014）。虽然仍然更强调灾后应对和救济（Bahadur 等，2016），但在社会经济发展规划中关注儿童福祉、采取综合灾害风险管理，取得了一定的进展。比哈尔邦政府的 44 个部门中有 26 个参与灾害管理（比哈尔邦政府，2014）。比哈尔邦成立了邦减灾基金（Bahadur 等，2016），制定了年度发展计划，其中包括“灾害管理的专门章节”；比哈尔邦还试图让灾害风险管理成为“各职能办公室业务的核心”（Bahadur 等，2016）。灾害风险管理规划（SDMP）强调综合儿童发展服务（ICDS）对于幼儿和孕妇/哺乳期妇女的重要性，即“在长时期内改善儿童保育、健康和营养、水和环境卫生设施”（比哈尔邦政府，2014）。这些政策的实施和实践进展有时并不明显。

在本研究期间，比哈尔邦采取了仙台框架，制定了《减少灾害风险路线图(2015—2030)》，并通过了《巴特那宣言》。在气候领域，《比哈尔邦气候变化行动计划（2015）》认识到5岁以下儿童营养不良和儿童体重不足的问题，也指出气候变化对贫困人口、妇女和儿童的影响尤甚，那些依赖气候条件展开生计的贫困人口、妇女和儿童就更是如此。

4. 面临灾害和气候变化时儿童的贫困和福祉

气候危害以及由其他自然危害导致的灾害的出现和蔓延影响着比哈尔邦的儿童贫困。比哈尔邦发展极其不平等，北部地区农业生产率极低，灌溉设施落后，洪灾频发。与灾害低发地区相比，比哈尔邦灾害高发地区2011年的牲畜数量要少，原因通常是因遭受洪灾导致的牲畜死亡（比哈尔邦政府和世界银行，2010；Mubayiwa等，2008）。长期贫困通常伴随着灾害频发，导致失去土地、工资微薄、农业依赖和系统性的社会歧视，如契约劳工等（Shepherd等，2013）。这些因素都会直接影响家庭中的儿童贫困问题，也会通过减少医疗、教育等儿童发展支出产生间接影响。

在比哈尔邦地区，灾害类型也会影响儿童福祉成果。

- 北部地区常发洪灾和地震。该地区在人类发展其他方面的表现也很糟糕。例如，马德普拉和Arariali的儿童体重不足率居全国之首。这一地区中学入学率低于平均水平，而基商甘杰区的识字率全国最低（比哈尔邦政府，2016）。我们的分析还发现在洪灾高发地区，小学入学率更低，处于学龄期的长期贫困儿童受教育年限更少。在东查姆帕兰和撒哈尔萨地区5岁以下长期贫困儿童的腹泻患病率在样本中是最高的。长期贫困家庭的平均子女数量更高。牲畜所有权相对其他地区较低。最后，这些地区贫困加剧的程度各异，最严峻的是东查姆帕兰区（主要是在册种姓人口的贫困程度加剧，尤其是达利人），最低的是苏保尔。

- 中部地区虽然人类发展指数有所改善，但一些地区仍然低于平均水平。帕特纳是最大的城市和州首府，各项指数表现相对良好，但依旧是个高风险、人口密集的城市地区（比哈尔邦政府，2016）。平均而言，在2011年（最新一次印度人类发展调查）之前，帕特纳平均每年至少遭受4次灾害。根据IHDS最新调查分析，虽然《全国农村就业担保法案》（MGNREGA）在洪灾高发的北部地区覆盖率最高，如东查姆帕兰和撒哈尔萨，但在板卡和那烂陀这两个中心地区的长期贫困人口覆盖率最高。长期贫困家庭有机会得到MGNREGA工作机会，能够增强他们的生计弹性，提高儿童福祉水平。

- 在南方干旱高发地区，许多地区的发展指标都高于平均水平，包括体重不足儿童比率和中学入学率等（比哈尔邦政府，2016）。这一地区普遍从事糊口农业，而连年干旱对贫困人口的生计造成了不利影响（UNICEF，2016）。

比哈尔邦有长期的暴力和武装冲突历史（Borooah，2008），随着 2005 年左翼人民党联合政府（JDU）上台，情况开始有所改善。尽管腐败和糟糕的治理并没有完全根除，但 JDU 党联合各个阶层、妇女和不同种族宗教背景的政治家组成联盟，开始惩治官僚，打击腐败，法律、秩序和治理得到改善（Bhagat，2011）。国家应对气候和灾害风险的能力也得到加强。1997—2004 年，比哈尔邦共发生 21 起自然灾害，每年有 372 人死于自然灾害。在 2005—2012 年的 8 年中，有记录的灾害数量增加到 26 起，死亡人数则下降到每年 254 人（比哈尔邦政府）。同时，气候和灾害风险导致的社会经济损失减半（Shepherd 等，2013）。

（二）肯尼亚图尔卡纳

主要发现：

• 图尔卡纳面临广泛的、频繁的干旱，有时局部会暴发洪灾，二者对该县内的牧民社区造成重大挑战。

• 长期干旱是普遍营养不良和极端贫困的原因之一。最贫困的儿童与富裕人口相比，福祉水平更低。

1. 社会经济概况

图尔卡纳县位于肯尼亚东非大裂谷，居民主要是牧民构成，有高达 90% 的就业在畜牧业部门（Opiyo 等，2015）。大多数农村居民以务农与游牧为生。由于自然灾害、季节及温度变化会严重影响土地、农业、作物生长、作物品质、家畜健康、疾病、害虫传播等，这些群体受气候变化、洪灾和干旱的影响往往十分严重。严重的水资源短缺、快速的人口增长、粮食不安全加剧、牧地缺乏等因素，共同导致了冲突的发生（人权观察，2015）。

2. 灾害概况

INFORM 的非洲之角模式（INFORM，2015）将图尔卡纳归于非常高风险类别，其整体风险值达 7.2（危害暴露性 7.8、脆弱性 7.2、应对能力不足 6.7）（图 15）。干旱期间水质下降，导致了经常性的霍乱暴发（Njeri，2010）。营养不良的儿童受到的影响尤甚（Mbogoril 和 Murimi，2017）。

图尔卡纳县有三个气候区：炎热、干旱而干燥的夏季，赤道草原和赤道干燥冬季（Kottek 等，2006）。卡纳县被划分为 5 个区域进行气候趋势分析：南部、中东部、中西部、东北和西北（图 16、图 17）。趋势分析表明，1971—2015 年间各月份的最低和最高气温都有所上升，上升幅度在 0.9～1.6℃之间。

降雨在长雨季（大约 4—7 月）和短雨季（大约 10—11 月/12 月）都非常不稳定。在 1981—2015 年，短雨季的降雨量在统计上显著增加。受到比哈尔邦气候分析的时间限制，无法对未来气候变化进行预测。然而与 20 世纪后期的平均气温相比，到 21 世纪 80 年代，非洲大部分地区的年平均气温可能会升高 2～6℃，干旱地区受到的影响尤其严重。最低（夜间）温度和最高（日间）温度都会上升，而前者上升的速度会更快。整个肯尼亚到 21 世纪末降水模式的变化趋势还不太清晰（Niang 等，2014）。

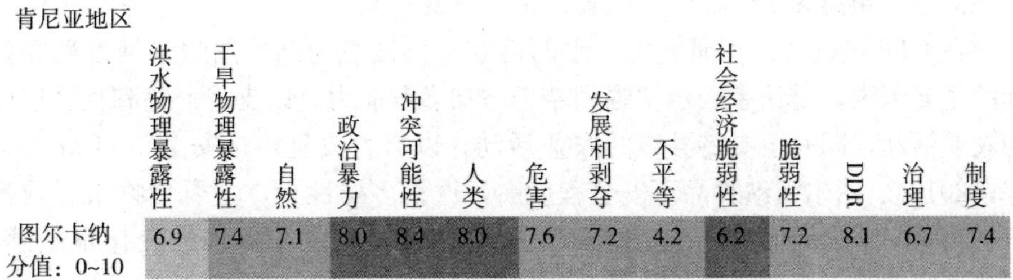

图 15　肯尼亚图尔卡纳 2016 年 INFORM 结果

资料来源：INFORM，2015。

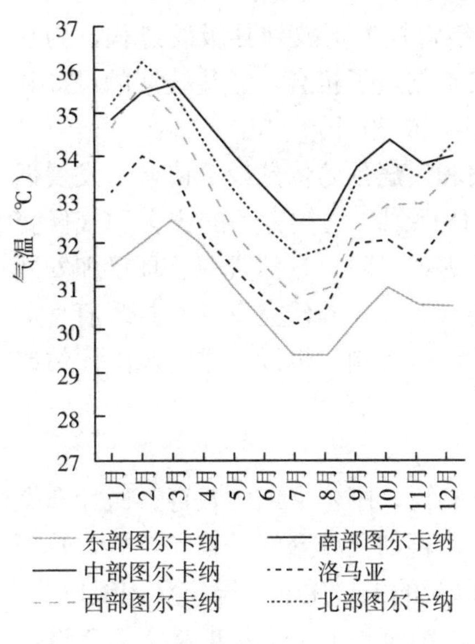

图 16　图尔卡纳 1971—2015 年月平均最高气温

资料来源：作者基于 CRU TS4.9 和 CHIRPS 数据的计算。

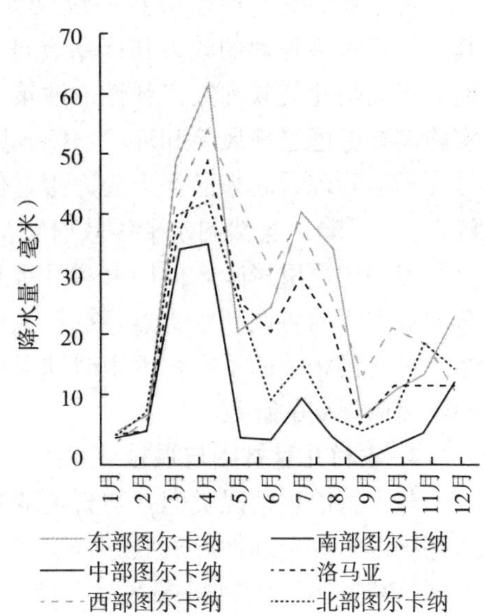

图 17　图尔卡纳 1971—2015 年月平均降水量

资料来源：作者基于 CRU TS4.9 和 CHIRPS 数据的计算。

温度的变化和降水波动加剧将对图尔卡纳气候敏感的生计产生一系列影响，从而影响到儿童的健康。在短雨季开始前或开始时降雨的增加（如果这种趋势能持续到未来）可能对一些农作物、植物和牲畜的水供应有利，但任何可能的降水增加都会被温度升高带来的更大的蒸散作用所抵消。温度升高还会使污染物集中在水源中而影响水质。

图尔卡纳只有一半居民能够获得干净的用水（图尔卡纳县政府，2017），“在 5 个最大的干旱县（图尔卡纳、马萨贝特、瓦吉尔、加里萨和曼德拉），到水源的平均距离是 23 千米”（Carabine 等，2015）。

在 ODI 最近的一项研究中，水的可获得性被视为制约图尔卡纳发展和弹性的主要因素，受访者表示“强烈希望增加灌溉能力，以支持家庭和社区层面的农业活动，同时也支持县级的农业活动，以努力改善粮食安全”（Carabine 等，2015）。图尔卡纳食品不安全程度高，饮食多样性少，主要食物来源依赖于谷物（Mbogori、Murimi，2017）。这些谷物对温度和降水的变化很敏感，意味着当前和未来的气候趋势对儿童贫困和福祉来说不是好兆头。

3. 图尔卡纳气候和灾害风险的治理及其对儿童健康的影响

肯尼亚的灾害治理由县一级负责。地方机构起草《县级综合发展规划》，其中包括灾害管理的政策和计划。自 2013 年将权力下放到县级的过程，为在地方层面构建气候和灾害弹性的政策及其实施创造了机会，这些政策的设计和实施需要考虑当地风险和环境（Carabine 等，2015）。

干旱管理看起来已经十分完善，但洪灾和疾病预防依然缺乏协调（发展倡议，2017 年）。虽然图尔卡纳政府官员已经认识到与气候有关的灾害和气候变化所带来的严重风险，但国家和县级之间在灾害风险、自然资源、环境和发展管理等方面的协调问题仍然存在。人权观察（2015）的研究发现，县政府官员在应对气候相关的不安全因素时缺乏统一的协调机制，也没有进行风险评估或制定适应规划的计划。

4. 农村儿童贫困与福祉

与灾害治理情况类似，与肯尼亚其他县相比，图尔卡纳的教育、医疗和交通基础设施等全国性政府服务普遍较不发达。再加上频繁的干旱和热浪，营养不良（超过 30%）和极端贫困（该县 75%以上的人口生活在国家贫困线以下。见 UNDAF，2015）非常普遍。此外，图尔卡纳有近 6 000 名儿童感染艾滋病毒，许多人流离失所，住在卡库马难民营（UNICEF，2016）。

鉴于该县贫困的蔓延，图尔卡纳近年来收到了大量与终结干旱紧急事件(EDE) 有关的援助经费。2011 年以来，该地区的投资项目已超过 2.2 亿美元。图尔卡纳县2014—2015年的预算“根据EDE的承诺，将最大份额分配到医疗和教育”（Carabine等，2015）。这些承诺行动以及该地区教育规模的持续扩大，都有助于改善政府的服务提供，使图尔卡纳男性的中学入学率高于本戈马和卡卡梅加。

然而，重大挑战依然存在。2013—2014年，全县用于畜牧业经济的预算不到2%，而绝大多数人口都以畜牧业为生（Carabine等，2015）。尽管医疗部门的总体预算不断增加，疟疾和霍乱仍然是常见的儿童疾病。这两种疾病的发病率和死亡率都受到儿童营养不良、家庭贫困和水质不佳等比例居高不下的严重影响（Mbogori和Murimi，2017；Kariuki等，2012；Njeri，2010）。图尔卡纳部分地区5岁以下儿童1/3以上有营养不良的危险，高于五年平均值21%的水平（Jones，2014）。

干旱期间学校停课是普遍现象，入学受到限制，特别是女孩。干旱还导致游牧民族人口流动加剧，增加了儿童与家庭分离的风险（Macharia，2017）。随着财富的增加，家庭孩子数量减少，年轻人参与创收活动的比例降低。青少年参与劳动的比例远高于年幼的儿童（图18），表明他们能够更有效地参与工作，并提供更有效的帮助来补充家庭收入。

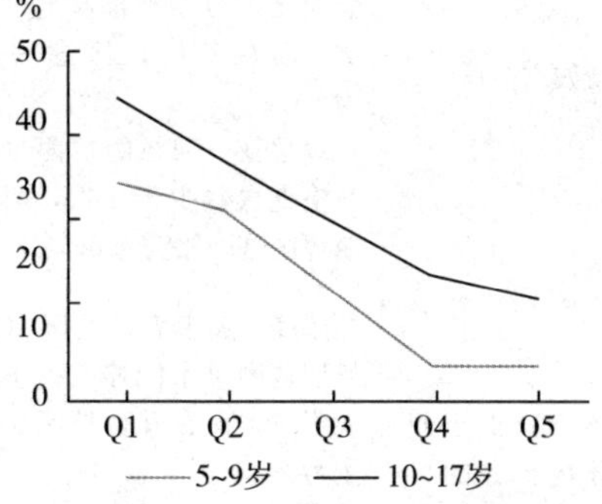

图18 图尔卡纳2014年农场的青少年和童工

资料来源：作者基于MICS数据的计算。

对比哈尔邦和图尔卡纳的案例研究进一步说明国家分析中的细微差别。比哈尔邦在保护灾害高发地区贫困儿童福祉方面表现较好，部分原因是其通过了有利于贫困人口的政治解决方案和旨在构建弹性的、更强有力的政策。而干旱高发的图尔卡纳暴发了大量与水有关的疾病，这些疾病在当前的政策或规划中没有得到足够重视。这两个案例研究表明，有必要建立以儿童为中心的气候和灾害风险应对机制，并以灾害类型分类。

六、对政策和项目编制影响和建议

在国家和省级层面，需要更好地、更切实地认识各种类型的危害，包括气候变化和波动带来的影响，在什么情况下、怎么影响贫困儿童，这将有助于支持落实和监测《2030议程》和《儿童权利公约》，并有助于在气候变化、灾害和可持续发展方面更加以儿童为中心。政府和国家统计部门在实施和收集数据来监测不同的国际政策议程进展时，深刻认识到儿童贫困、灾害和气候变化之间联系尤其重要。

下表所示为本研究发现围绕改善灾害高发地区长期贫困儿童和青少年生活状况方面的主要政策启示（表 5）。样本包括印度各州的长期贫困人口，以及卡卡梅加、邦戈玛和图尔卡纳的贫困人口。

表 5　印度和肯尼亚生命历程不同阶段的主要发现和相应政策启示

生命历程	印度和肯尼亚主要研究发现	政策启示：国家和地方政府应该……
在子宫内和出生时		
孕妇产前检查（%）	印度：灾害高发地区 90%的长期贫困母亲产前检查少于 4 次，而在其他地区这一比例为 85%。 肯尼亚：74%的贫困母亲产前检查次数少于 4 次，而在其他地区这一比例为 85%。	●改进政策和项目，以满足不同人群和环境的需要。在肯尼亚，需要完善数据来评估家庭获得卫生服务的情况，以及了解谁被落下。 ●提高卫生保健的可及性，因地制宜地开展母婴保健，确保服务有效、可行。例如图尔卡纳为有需要的人口提供流动医疗服务（70%的人口是游牧民）。在偏远地区可以使用摩托救护车（Oyaro，2016）。还应包括一揽子日常医疗服务，包括孕产妇健康（产前检查和分娩护理）、免疫接种、治疗设施以及应对灾害和气候变化的应急措施。 ●确保紧急干预中的公共卫生服务是风险导向的，加强社区卫生系统。
孕妇获得正规分娩服务的机会（%）	印度：灾害高发地区 20%的长期贫困母亲能够获得正规分娩服务，而在其他地区这一比例为 22%。 肯尼亚：27%的贫困母亲获得正式分娩服务，而其他地区这一比例为 43%。	
出生登记（%）	印度：灾害高发地区的长期贫困家庭中，有 67%的婴儿进行了出生登记，而在其他地区这一比例为 77%。 肯尼亚：20%的贫困婴儿登记在册，而其他地区的 5 岁以下儿童登记在册的比例为 39%。	●系统地加强出生登记制度，尤其是对印度的阿迪瓦西等边缘群体，为他们提供社会服务和其他服务。这就需要解决限制了为灾害高发地区或边缘地区/群体进行出生登记的各种各样的瓶颈（包括行政、渠道、需求和意识等）。
5 岁以下儿童		
腹泻（%）	印度：灾害高发地区，11%的长期贫困儿童在调查前两周出现过腹泻，而在其他地区这一比例为 6%。2012－2013 年的一份报告发现，比哈尔邦 5 岁以下儿童中约 80%营养不良。	●确保政策和项目的风险导向，以减少对支持安全用水、卫生和保健系统（WASH）的干扰，减少腹泻和其他虫媒传播疾病和疾病的风险。 ●考虑到营养不良的儿童更有可能死于腹泻，需要扩大卫生和营养规划。

（续）

生命历程	印度和肯尼亚主要研究发现	政策启示：国家和地方政府应该……
5岁以下儿童		
腹泻（%）	肯尼亚：16%的贫困儿童患有腹泻，而其他地区只有15%。在图尔卡纳，由于水果和蔬菜的摄入量少，维生素摄入不足，营养不良是个长期的问题。	● 学习成功的WASH项目，认识和复制成功因素，特别是提高最贫困、最边缘群体的服务获得性。例如，位于村庄和居民点的安哥瓦迪中心是ICDS方案的支柱，建立起一个致力于改善儿童福利成果的网络（Andrew等，2015）。肯尼亚的社区营养方案也与支持性部门行动一道开展（LINKAGES，2002年）。认识健康不良是剥夺的主要来源。预防贫困的相关措施包括普惠式健康保险或最边缘化人群的健康保险。 ● 帮助促进有关医疗风险、预防和治疗的教育，使贫困人口了解他们面临的健康风险，并采取措施改善卫生条件，减少腹泻和营养不良的风险。
幼儿		
入学率（%），6～14岁	印度灾害高发地区84%的长期贫困儿童接受教育，而其他地区的这一比例为88%。 肯尼亚：96%的贫困儿童入学，而其他地区这一比例为98%。	促进整体的学校安全，包括保护儿童和教师免受灾害影响的安全的学习设施，提高对环境冲击和压力的认识，建立应急方案和备灾计划，包括确保灾后教育的连续性。 消除儿童和青少年在年龄、性别和其他社会经济因素方面受教育的差异，并对全年的入学率进行监测，以帮助更好地了解谁、何时、为何不上学。 如果因农业或畜牧业生计方式而呈现季节性变化，可调整学年和天数以提高出勤率：寻求许可来调整开课/停课的日期和时间；牧民迁徙时可以通过流动的教育方式，甚至提供社区驻扎的教师来开展流动教育。 为教师提供额外补贴和住房，帮助他们的子女上学，鼓励他们到灾害高发地区工作，从而减轻他们的压力，提供更好的教学质量。
教育年限，6～14岁年龄组	印度：长期贫困儿童平均受教育时间为2.5年，而其他地区为2.4年。 肯尼亚：贫困儿童平均受教育时间为1.5年，而其他地区为2.6年。	确保学校在灾害过后尽快开学。如果疏散中心设在学校，则需要将其视为纯粹的短期措施，并迅速寻找其他设施。与此同时，教师可以帮助家庭提供临时的家庭教育。 肯尼亚提供流动的小学教育，以确保来自游牧家庭的儿童和青少年，特别是女童，能够接受教育。 促进学校营养计划以降低营养不良率，并向家庭提供部分经济援助。

（续）

生命历程	印度和肯尼亚主要研究发现	政策启示：国家和地方政府应该……
青少年		
入学率（%），15～18岁	**印度：灾害高发地区43%的长期贫困青少年能够入学，而其他地区的这一比例为51%。** **肯尼亚：89%的贫困青少年在学年的任一时间入学，而其他地区这一比例为84%。**	确保灾害过后的学校安全，包括安全学习设施、学校DRM和DRR以及弹性教育。 消除儿童和青少年教育方面的差距，监测按年龄、性别和其他社会、文化和经济因素分列的入学率，以帮助更好地了解哪些人没有上学，什么时候没有上学以及为什么没有上学，例如是否有任何季节性变化。调整系统以适应季节性生计模式。 限制将学校作为疏散或救济中心。
受教育年限，15～18岁年龄组	印度：长期贫困的青少年平均受教育年限为2.7年，而其他地区为2.9年。 肯尼亚：数据质量不足以得出结论。	印度扩大奖学金和其他教育项目以支付校服和课本，特别是低收入和社会弱势群体的学费。向儿童特别是女童提供自行车可以鼓励儿童继续接受中等教育。 通过以下方式，将已失学的儿童和青少年进行分类，注意性别、年龄和其他社会经济指标：地方教育系统清查被学校退学的儿童，并制定和提供有关重返校园的措施：学校供餐、现金转移支付和移民支持项目，都以儿童为关注点。这些项目的持续时间长短取决于撤出的方式，以及能够获得的定期发展资金或紧急支持。
劳动力（%），10～19岁	**印度：39%的长期贫困青少年从事某种形式的劳动，而其他地区只有44%。** **肯尼亚：在灾害高发地区，31%的贫困青少年从事某种形式的劳动，而在其他地区这一比例为65%。**	减少童工。这些保障措施可能包括扩大和优化社会保障，以确保生计安全，并提供与出勤率、营养计划和灾害期间学校的额外营养膳食相关的现金转移支付。 帮助支持更多的劳动力培训和技术工人，通过多样化手段和改善市场机会，实现替代生计。

注：加粗文本表示差异有统计学意义。

（一）建议：基于更广泛的背景

本研究回顾了自然灾害（包括气候变化导致的自然灾害）相关的议题，考虑了实践中数据的可获得性，提出了一些更广泛的建议。

1. 气候和灾害风险管理应当更加聚焦社会经济发展政策

我们的研究发现，灾害既影响家庭直接的贫困状态，也影响长期的发展路径。要在各种环境冲击和压力中依然实现长期的发展成果，需要认识灾害和发展成果之间的因果关系，还需要对儿童福祉和长期发展而言十分重要的服务和体系的充分供应。这将有助于构建适应、预测和应对气候和自然灾害的能力（Bahadur 等，2015），并降低在灾害来临时遭受剥夺的风险。

发展机构、政府和部门规划中需要切实包括风险导向的发展，使它们的工作能够贡献于消除气候和灾害风险，确保灾后能够持续提供服务和体系，支持家庭和部门/服务“更好地重建”，在灾后能够更具弹性。研究表明，一些特定的政策和项目领域应当通力合作，包括教育、医疗、计划生育和 WASH 等。在部门政策和项目以及旨在构建弹性、提高灾前灾后和灾害时期福祉水平的政策和项目中，应该更多关注公平与包容。

虽然印度和肯尼亚两个国家都在国家和省两级出台了政策和规划来降低气候灾害风险，但构建应对环境冲击和压力的弹性需要其他部门和相关部委有动力、有责任、有能力、有资金来检验风险导向的政策、项目和服务。挑战依然存在。在发展、减贫和气候灾害风险之间的制度和政策分割，对这些制度和计划分别想要实现的目标无益。虽然印度规划委员会开展了一些工作，有些邦也成立了千年发展目标机构，但两个国家在“整合各部门干预措施来提高治理水平、改进构建弹性的制度安排”方面仍有相当大的空间（Carabine 等，2015）。2030 议程为各国在各部门和各部委间全面整合 DRR 和风险导向的项目提供了机会，包括通过可持续发展目标和仙台监测报告框架分别追踪弹性构建的影响和成果等。

2. 应当延长灾害应对和恢复项目持续时间

在构建政策和项目时，应该将灾害视为一种结构性特征。正如对于灾害高发地区的人们而言，灾害就是一种结构性特征。我们对印度的研究发现表明，灾害持续的时间越长，减贫成果就越好。这可能是由于灾害应对项目持续时间较长，有时间触及更加边缘的群体。研究表明，在许多情况下，灾害应对项目都应在通常的终止时间以后延长一段时间，使最贫困、最边缘的群体，包括儿童，能够获得支持，从灾害中恢复并重建生活。这也能增强他们适应、预测和应对未来气候灾害风险的能力，确保能够持续地获得对儿童福祉和长期发展成果至关重要的、稳定的服务和体系。

在这些项目何时终止、后续的恢复和重建阶段何时启动之间，也缺乏区分（UNISDR，2016）。这些不同阶段通常由不同的机构负责，因此无法协作。但应当解决这一需求。灾后更好地、更安全地重建需要整合恢复、修复、重建和持续的发展规划，从而形成更安全、更具弹性的基础设施，帮助家庭和部门消除未来的灾害风险，防止在面对环境冲击和压力时缺少关键的基本服务。

我们的研究发现也表明，干旱导致的剥夺要少于洪灾，也就是说长期的响应机制能够支持上述体系和服务，这些体系和服务又反过来贡献于长期的福祉成果。有必要在这一领域就如何应对特定危害导致的剥夺和恢复过程进行更多的探索和反思。

3. 应当调整和加强灾害高发地区针对儿童和基础设施的关键服务，以惠及最边缘群体

研究发现，灾害高发地区与其他地区在获得服务（医疗、教育）和基础设施（WASH、电网和道路）方面差异巨大。这些差异对灾害高发地区的长期贫困儿童和边缘群体的影响尤为显著，表明旨在构建弹性、推动长期福祉的政策和项目应该更多关注公平和包容。项目和服务的提供应当因不同的生计体系、社会经济和文化条件而异，例如在大多数人口是牧民的图尔卡纳提供手机服务。

我们的研究还发现，印度灾害高发地区获得医疗和教育服务的机会较少。在医疗方面，印度灾害高发地区获得服务的地理条件更好，但服务的真正使用、服务的质量则不然。政策挑战在于如何平衡医疗服务的质量，帮助儿童、青少年和家庭克服阻碍获取当地医疗服务。这就意味着要在灾害高发地区的特定部门增加投入，例如肯尼亚接生服务，或激励社会工作者到灾害高发地区去工作和居住。能够显著影响家庭应对灾害方式另一个特定公共政策领域是计划生育。研究发现，印度长期贫困家庭和肯尼亚三县贫困家庭的家庭规模更大，表明应当特别关注计划生育的获得性和覆盖面，并加以调整来扩大覆盖面、降低成本、传播相关知识和信息。

印度灾害高发地区的阿迪瓦西人尤其缺乏教育服务。同时性别差异也很显著。WASH 基础设施缺乏对长期贫困人口的影响尤为严重。从公平的角度来看，应当缩小并消除这种差异。然而，如果实现公平需要追加公共支出，在政治上就会是个更大的挑战。经济政策制定者可能会说额外的支出只会带来低回报，不如用在其他地方，或者会直接或隐晦地建议贫困人口应当迁移到其他经济生产力更高的地区。然而，出于灾害的经济成本和避免冲突的考虑，迁徙的建议并不可行，而经济成本可以通过提高服务和基础设施水平来抵消。国际货币基金组织在小范围的灾害高发地区的尝试已经证明了这一点（Allum 等，2016）。而在国家层面，还需要更多的证据。

最后，在还没有普惠式社会福利网络的情况下，灾害期结束意味着有机会施行全国性的社会转移支付政治承诺，从而避免剥夺，缩小部分服务差距。社会转移支付通过直接提高贫困家庭的消费能力，间接地增加了人力资本，能够帮助处于灾害等生计震荡中的家庭消除贫困的影响，甚至预防他们陷入贫困。同时还需要其他如投资人力成本和经济发展等支持性干预手段，来解决长期贫困，应对灾害带来的剥夺。

4. 在政策与规划中应当更多关注各个维度的不平等

旨在构建弹性的政策和项目应当更多关注平等和包容，包括社会边缘群体如何应对自然灾害，他们在这些政策和项目的决策过程中的参与程度如何。相关文献很多，例如海外发展研究署 Lovell 和 Le Masson（2014）认为，旨在构建应对气候变化和灾害的弹性的政策和项目必须“推动和监测基于对所有群体不同需求、脆弱性、期待和当前能力的、因地制宜的比较分析的活动和成果。”

5. 填补数据空白

本报告强烈建议通过分解不同来源的数据，来更好地认识灾害、气候变化和儿童贫困之间的关系。这将有助于推动儿童长期福祉和适应能力的政策和项目实施，帮助他们构建面对环境冲击和压力时的弹性。数据分解应当采取以下方式：

根据儿童福利和其他身份指标进行分解。确保根据性别、年龄、残疾、民族、种姓、社会经济和贫困状态来分解数据，以识别不同情境下的不同需求、脆弱性、期待和能力（Lovell、Le Masson，2015）。这种方式也会突显儿童并非同质群体，许多最脆弱的儿童都面临各种各样的不平等，限制了他们可持续地脱离贫困的能力。

在家庭调查中，已经进行了一定程度的数据分解。但特定的边缘群体，包括无家可归儿童仍然是个盲区，即便在家庭调查中也是如此。这些群体通常十分脆弱，也缺乏有关他们所处位置特征和灾害对他们产生的直接或间接影响的数据，因此他们的需求也就容易被忽视。在国家层面的灾害数据中，例如EM-DAT，数据分解仍然是个空白。于是，也就很难确知受灾害影响的人及他们身在何处。对于政策、实践和资源分配而言，这样的信息至关重要。灾害数据应当提供受灾人口的更多社会经济特征，如贫困状态和年龄等。生计类型数据也需要确保干预的瞄准性，例如图尔卡纳的移动服务需求，还应当是实时的、公开的。

6. 根据直接和间接影响分解

儿童和青少年受灾害的直接、短期和中期影响可能是直接或间接的，受提高儿童福祉的政策和体系的影响也可能是直接或间接的。数据应当考虑国家和省级的社会、文化、政治和环境因素。例如，数据应当覆盖社区层面的因素，如获得服务的渠道和质量，并与灾害数据相结合，来评估儿童所生活的环境。

当定量数据与现有证据冲突时，例如下文早婚的案例，就需要进一步研究，引入综合方法来考察因果关系。与在灾害高发地区开展短期人道主义救援相比，这些证据能够贡献于完善长期的发展方案。

7. 根据灾害类型和不同危害暴露性分解

收集暴露在自然危害中的人口数量基线数据，根据年龄和社会经济状态进行分解，能帮助政府在多种灾害同时发生时监测受灾对象。基线数据应当包括“基础设施弹性水平数据，监测基础设施损失的风险变化，评估一种自然危害成为灾害的可能性”（Lovell、Le Masson，2015）。有必要提高技术能力，加大识别和测量渐进式灾害的投资，为受干旱和季节波动等危害影响的人口提供充分的帮助。不同类型的危害会对人们的健康、生计和贫困预测产生不同的影响，因此这一点十分重要。同时，也能够贡献于应对当地风险、推动减贫的政策和规划。例如，我们的研究证明，印度的旱灾高发地区相对于洪灾高发地区而言，贫困动态变化更为显著。

8. 整个生命历程

我们的结果强调了随时间推移分解结果的重要性。儿童在遭遇灾害时的福祉水平跟他们所处的生命阶段相关。因此，应当开展专门的历时研究，来考察灾害对儿童福祉和长期发展成果的影响。本研究分析了印度现有的纵向数据（肯尼亚缺少最近的面板数据）。因此，我们无法确切地评估灾害对贫困轨迹和长期成果的影响，对肯尼亚的政策启示也有限。还应当加强家庭调查，关注被忽视的议题，例如灾害对儿童和青少年的心理影响。

9. 根据数据类型分解

定期开展的定性研究，加上开放的面板数据，能够更好地支撑分析观察所得背后的成因。政府数据也很重要，通过建立先进的系统来实现可持续发展目标承诺和仙台数据报告要求，通过政府努力来改善网络基础设施，提高联通性，改进灾害影响跟踪和风险评估。这些证据有助于更好地理解测量儿童生计弹性、长期福祉和发展成果的指标。例如，我们对印度数据的分析揭示的早婚率很低（在 10～17 岁儿童中为 2%），但其他证据表明印度的儿童生育率为世界最高，47%的女孩在 18 岁之前结婚（UNICEF，2014）。

10. 跨部门数据

在部门规划中加入气候和灾害数据，能够帮助国家部委管理气候和灾害风险，从而使其对服务和体系的影响降到最低。包括印度和肯尼亚在内，许多国家在国家和省级层面都有旨在解决儿童贫困和福祉问题的项目和政策。与教育、医疗和社会保障部门共享数据，能够推动建立跨部门的发展规划。与国家统计办公室共同整合这些数据，对于实现“跨部门、多维度、动态性”地理解生计弹性及其直接和间接影响来说，是关键的第一步（Bahadur 等，2015）。

对于旨在构建弹性的政策和项目而言，应当建立覆盖所有危害的跨空间（包括国家、县/州、区和地方）、跨时间（直接、短期、长期）的测量。对儿童福祉和长期发展至关重要的服务和体系中（包括医疗、营养、WASH、教育、儿童保护和社会保障）应当纳入风险导向的干预。

七、结论与展望

本报告呈现了气候与自然危害相关灾害对印度和肯尼亚三县儿童和青少年的不同影响，包括突发和渐进危害。报告既关注灾害对贫困发生率和贫困轨迹的直接影响，又关注对与儿童福祉和长期发展至关重要的服务和体系的间接影响。研究发现，灾害与肯尼亚的贫困和印度的长期贫困显著相关，会对儿童和青少年的福祉产生不利后果。肯尼亚图尔卡纳县和印度 Bihar 邦的案例表明分析不同危害类型（例如旱灾和洪灾）及其对儿童和青少年长期发展成果的不同影响的重要性。

我们的研究结果也表明，特定的边缘群体，例如印度的阿迪瓦西人和图尔卡纳的游牧民族，在面对灾害时表现得尤为脆弱，这也加深了我们对导致其脆弱性的因素的认识。这些群体面临的种种不平等是个不容忽视的脆弱性问题，意味着应当通过瞄准性干预措施来消除处于特定风险中的群体长期贫困和极端贫困。

本报告为制定针对受自然灾害，包括因气候变化而加剧的自然灾害影响的贫困儿童和青少年的合理政策提供了初步的证据。未来的历时和分解研究应当关注省级层面自然灾害和气候变化对儿童福祉和长期发展成果的特殊影响，并综合考虑不同的社会经济、文化、政治和环境等导致危害成为灾害的因素。虽然本研究整合了灾害数据、气候和家庭面板数据，但测量渐进灾害的影响仍然是个挑战。因此，需要进一步说明干旱的类型（气象的，水文的，还是农业的）和干旱数据来源，并结合“低于正常水平的降雨、生产、粮食获取和更广泛的环境因素”进行更细致的干旱和饥荒预测（Shepherd 等，2013）。测量风险和影响时明确界定角色和责任，应对风险和影响的财务和治理机制，对于缓减风险、支持长期发展成果至关重要。

肯尼亚政府，包括图尔卡纳政府，应对了 2017 年的旱灾（UNICEF 肯尼亚办公室），而印度政府则战胜了比哈尔的严重洪灾（PGVS 等，2017）。同时，两个国家也都就其他各种气候和灾害震荡和压力进行准备和应对。在这两个国家，贫困家庭及生活在其中的脆弱儿童每天都在受到影响，其中许多陷入贫困，还有一些受制于长期贫困。因此，理解这样的条件下灾害和气候变化对儿童和青少年贫困的影响就十分必要。通盘考虑这些错综复杂的因素，能够更好地认识政策制定者、地方和国家政府、实践者能够怎样更有效、更公平地增强未来世代儿童和青少年整个生命历程中的生计弹性。

资料来源：Overseas Development Institute（ODI），Child poverty，disasters and climate change：investigating relationships and implications over the life course of children. http：//www. odi. org/publications/11281 - child - poverty - disasters - and - climate - change - investigating - relationships - and - implications - over - life.

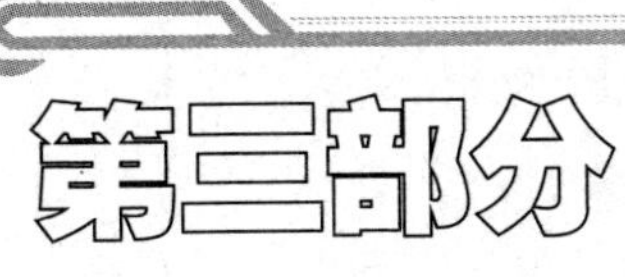

减贫实践

为什么二线城镇可能具有重要减贫意义*

——一种流动人口的角度

Bert Ingelaere　Luc Christiaensen
Joachim De Weerdt　Ravi Kanbur

摘要：本文开发了"行动空间"的概念，即移民可以在特定时间点实际移动到的可能目的地范围，以及与之密切相关的，在目的地可能的谋生形式。本文展示了这一空间如何通过"累积的因果关系"随时间扩张或收缩。这种动态框架能够让我们认识到二线城镇在城乡人口流动和减贫中发挥的作用。二线城镇在半自给农业和资本化的城市之间占据着一种特殊的中间地带，它的两边分别是人们接近和熟悉的生活，以及遥远而未知的另一种生活。通过拓宽（较贫穷的）农村人口的视野，并促进非农经济的发展，二线城镇使更广泛的贫困人口在物理上、经济上和社会意义上变得更具流动性。二线城镇从而具备了一种巨大的潜力：在城镇化的发展中国家中成为包容性增长和减贫的引擎。上述见解，来自对精心选择的75名从坦桑尼亚卡盖拉农村地区流向城市的迁移者人生经历的深入调研。

关键词：迁移；城市化；贫困；工作；二线城镇；坦桑尼亚；人生经历

一、引　　言

城市化和发展是齐头并进的（世界银行，2009）。然而，关于城市化与发展的争论通常集中于经济增长而非减贫，并且对城市空间未作区分。来自非洲（Dorosh 和 Thurlow，2013、2014；Christiaensen 和 Todo，2014）和南亚（Gibson 等，2017；Emran 和 Shilpi，2017）的初步证据显示，二线城镇对减贫的作用可能甚于对城市发展的意义。

* 原文为世界银行公开发布的2018年工作论文。

鉴于贫困人口集中于农村地区——世界 80%的极端贫困人口居住于农村地区（世界银行，2016）——上一段的提法并不令人感到惊讶。二线城镇提供了就近的非农就业机会，从而促进了农村谋生形式的多样化，而后者长久以来已被证明对减贫具有重要意义（Ellis，1998）。然而，城市具有更大的集群经济潜力，从而有望促成更快的经济增长和创造更多的非农岗位（World Bank，2009）[①]。

从经济的角度看，Christiaensen 和 Kanbur（2017）的论文提供了关于二线城镇发展[②]为何相比城市发展更具减贫效应的初期理论与实证文献的初步回顾。然而，许多令人疑惑的事实仍然存在，而它们背后的机制仍未被我们所了解。卡盖拉健康与发展调查（KHDS）的发现对上述问题进行了良好的阐释。该调查是一个较为独特的长期面板调查，其 1991 年的初次调查访问了坦桑尼亚卡盖拉农村地区的 915 户具有代表性样本的家庭。所有家庭成员，包括那些搬迁并定居在别处（其他农村地区、二线小镇或城市）的成员，在 2010 年又一次接受了后续调查[③]。

根据 Beegle、Dercon 和 De Weerdt（2011）调查，那些离开基准位置的人比没有迁移的同类人群过得更好。Christiaensen、De Weerdt 和 Kanbur（2015）进一步发现，向城市迁移（在他们的研究中考察的是达累斯萨拉姆和姆万扎，坦桑尼亚最大的两个城市），比向二线城镇迁移更为有利可图。然而，尽管向城市迁移有更大的收益，向小城镇迁移的人口数量却为前者的两倍之多。这一现象的结果是朝向二线城镇的人口流动对本文所研究的时期中卡盖拉的总体收入增长与减贫幅度的贡献（分别为 43%和 38%），高于朝向大城市的人口迁移的贡献（28%和 21%），或者说，至少在会计意义上是如此[④]。

这引出了一系列问题：到底有多少流动人口最终定居于二线城镇，他们在明知大城市有更高收入的情况下为什么还要这么做？鉴于大多数贫困人口集中于农村地区，对上述问题的探究也同样能够帮助我们理解为什么二线城镇的发展相比城市发展，具有更大的减贫潜力。那么，在一般意义上是什么因素引发

---

① Henderson 和 Becker（2000）则认为，在大城市体系中占主导地位的私密性也常常被政治性的动机所驱动，而非经济力量，由此产生的阻碍则可能影响其和周边地区的发展。

② 小城镇促进增长和减贫的渠道主要包括城乡（循环）的迁移、谋生方式的多样化、各种服务的提供、当地化的市场发展，以及邻近农村人口的农业生产增长。（Baker，1990；Lanjouw et al.，2001；Sattherwaite & Tacoli，2003；Owusu，2008；Taccoli & Mabala，2010；Bryceson，2011）。

③ De Weerdt et al.（2012）对数据收集过程作了详细描述。

④ 这一结果提取自城市与城镇之间的反馈效应。

了城乡人口流动，又是什么因素导致人口流向二线城镇，而非大城市？是因为不同的城市环境吸引不同类型的移民吗（Young，2013）？还是它们通过类似的特征，以不同的原因、通过不同的过程吸引移民？

为解决这些问题，我们在本文中使用的是一种定性的生活史研究方法。该方法能够帮助我们获得关于塑造迁移与落户决策影响因素的一种更为情境化、更为路径依赖的理解方式①。特别地，在2015年，本研究重新访问了75个从初始的KHDS样本中特意抽样的年轻成年流动人员，并记录了他们的生活史，着重关注了他们的迁移轨迹以及促成迁移的动机因素。虽然所有的移民都来自同一个区域，有着相似的农村社会经济背景，但是他们却实实在在地走上了不同的人生道路：有些人只迁移过一次，而有些人则迁移过多达九次；有些人迁移至二线城镇，有些人则落户于达累斯萨拉姆这样的大城市，而另一些人则最终回到了他们的村落。这些丰富的经历为我们揭秘流动人口的迁移模式和影响因素提供了良好的条件。

通过对移民叙事的分析，我们获得了两个重要的概念：一是移民行动空间的概念，二是累积因果关系的概念。第一个概念指移民每一次能够达到的合理目的地与谋生方式的集合。它同时与物理流动性和社会经济流动性有关。第二个概念，累积因果关系，指具有路径依赖的、顺序的迁移特征，以及在这一过程中能够促进或减弱流动性的因素——例如金融资源、社会网络、意愿和规范——在每一次迁移过程中逐渐被重塑，并进一步改变流动人口的行动空间。迁移是一种积累的过程，每一次迁移决策（每一个迁移的目的地）都会成为影响下一步决策（下一个目的地）的基础。这一概念与经济建模、政策制定过程中更为常见的关于人口流动的一次性概念形成了鲜明对比。

二线城镇同时还对促进人口流动具有重要意义。尽管普遍认为首都能够提供最多的机会，但它仅仅处于少数人的行动空间之内。因此，流动的第一步就显得非常重要。这其中的关注点在于摆脱农业和村庄的束缚（移民通常认为农村和农业为他们提供的前景非常渺茫），以争取获得更开阔的视野和生活途径，这其中就包括在后续迁移中获得更为理想的结果。因此，第一次迁移往往会指向一个二线城镇，因为其接近性，更有可能位于初始的行动空间之中。对于很多人来说，二线城镇也

① 一直以来都有许多定量和定性研究考察迁移过程。然而大多数文献都关注国际迁移，而对国内迁移的研究，则往往将城镇地区的概念视为单一和同质的。定量文献传统中较为例外的研究来自Fafchamps and Shilpi（2012），他们在经济学理论的基础上，使用计量方法研究尼泊尔移民的迁移决定。

会成为他们最终落脚的地方，因为随着家庭在一个地方开始生活，人们在各自的工作岗位中安顿下来后，进一步迁移的机会窗口也会变窄。

总而言之，大多数从农村和农业中迁移出来的人口最终落脚于二线城镇，主要原因是他们有能力这样做，而他们之所以留在二线城镇或是回到二线城镇，则主要因为他们必须这么做，这其中主要的约束来自于生活的本质、对谋生方式的选择和生活事件。尽管迁移和落户决定是迁移者在最大程度上权衡机会和成本所作出的决策并非一个新颖的观点（Lall、Selod、Shalizi，2006），其动态、迭代特性，以及二线城镇在这一过程中扮演的有力角色——生活方式多样化与减贫的重要切入点，并未得到完全的认识。

在移民自身的城市空间概念中思考，能够帮助我们更好地理解二线城镇在促进迁移方面的作用。通过与移民的对话，最先揭示的城市特征是“mzunguko wa pesa”。这一斯瓦希里短语的字面意思是“货币流通”，但其往往指代更为广泛的关于货币、商品、人员、思想流动的活力概念。受访者普遍认为城市地区在这一特征上与农村地区差异巨大，他们认为更大的城市（例如达尔、姆万扎）因更多活力而更具吸引力，而二线城镇则处于城乡之间的中间地带。城市地区的第二个显著特征是交互的货币特性，这与农村地区相对更具互惠特征的生活形成鲜明对比，从而常常对农村移民构成挑战，尤其是在他们初次迁移至城市地区时。最后，城市地区的一大特点是匿名性，这为移民逃离更为束缚的农村地区提供了机会。然而，缺乏紧密的社会联系也被认为是一种障碍，因为移民需要学习如何在有限的安全网下适应这种匿名性。总体而言，大城市在移民的话语中更多是设想，而他们提及二线城镇时则认为其“足够远，但也不太远”。二线城镇在村庄的互惠生活和大城市的资本主义经济之间占据了一个更容易把握的位置。

本文余下部分作如下安排。第二节简要讨论生活史研究方法，并对数据收集的关键特点进行综述。第三节是对雷蒙德（一位参与研究的对象）的生活史叙述，以生动地展现迁移的深刻动态性和复杂性。第四节提出了行动空间和累积因果关系的概念。第五节展现了移民如何考虑城市—农村图谱上的不同位置。第六节对塑造移民行动空间的各项因素进行了深入讨论。第七节回顾了本文的核心研究问题：为什么卡盖拉的较多移民最终落户于二线城镇，而不是前往更加有利可图的大城市？第八节总结全文。

二、实践中的生活史研究方法

作为跨期连接多个地点的动态过程和重要的人生“转折点”（Bakewell 和

Bonfiglio，2013），对迁移的考察最适合通过生命历程方法。生活史访谈是定性采用此种方法的一种常用技术（Massey，1990；Halfacree 和 Boyle，1993）[①]。生活史既有回顾性，也有前瞻性。在讲述生活史的过程中，伴随着持续的对变化的思考（Thompson，1982）。此外，“没有任何其他方法能够像生活史那样揭示主观的领域。”（Plummer，2001）。他们提供了一个细致的自下而上的观察世界的视角。因此，生活史方法能够使我们识别并获得细致的迁移轨迹、旅程中的经历以及“当前的潜力与其对未来的映射”（Bjarnesen，2009），而所有这一切都来自移民的视角。

特别地，我们对卡盖拉健康与发展调查（KHDS）中的 75 名精心挑选的移民开展了生活史访谈。KHDS 的基线调查在 1991—1994 年间开展了数轮，包含了坦桑尼亚西北卡盖拉农村地区 52 个村庄 915 户家庭 6 353 名个人的数据。在初次采访之后，这些家庭在 2004 年和 2010 年又重新接受了调查。该项调查的一大特点是记录了所有离开其初始位置并迁移到其他农村地区、小型二线城镇或大城市的个人信息。这样一个长期面板数据的可得性使本文所研究样本的迁移经历的多样性得到了最大化，同时也最小化了初始特征的多样性。

为此，我们使用 2010 年的调查数据来刻画所有 52 个村庄的迁移模式。此外，我们特别选择了 6 个生活体系和社会经济特征类似，但有着不同迁移程度和目的地的村庄。所有的 6 个村庄是成对的，并且在地理位置上也较为接近。在 2015 年 8 月，我们重新访问了这些村庄，来获取所有来自这些村庄的初始受访者的最新情况。在更新的名单中，我们识别了所有在 1991—1994 年 KHDS 基线调查中年龄约在 15～25 岁之间，并且分别迁移至如下地区的受访者：①达累斯萨拉姆，一个拥有 450 万人口的大城市，距离印度洋 1 650 千米；②姆万扎，坦桑尼亚第二大城市，有 70 万人口，位于维多利亚湖南岸约 450 千米处；③布科巴，卡盖拉的区域都会城市，有 10 万人口，距离卡盖拉农村地区最为接近；④卡盖拉地区的一批规模小得多的农村乡镇[②]；⑤有些人

① 社会科学研究中最老、最为人所熟知的生活史研究文献细致地考察了迁移的话题——一个男人如何从波兰的农村迁移至美国城市芝加哥（Thomas 和 Znanieki，1918、1958）。

② 它们分别是木图库拉、布纳兹和卡托罗。木图库拉是一个官方认定的边疆小镇，在这里，许多跨境交通运输工具会停下来清散乘客和迁移者。布纳兹在上一轮普查中有 5 000 人居住，在它最近被指定为区域首府并引发增长之前仅仅是一个村子。根据 2012 年的普查，卡托罗有 2 500 人居住，是一个具有活力的贸易城镇，有着众多的商店和交易者。Bryceson（2011）曾经详细考察过卡托罗的早期起源和城镇发展动态。而 Jonathan Baker（1995）则对卡盖拉地区另一个小镇比哈拉姆罗进行过一项类似的研究。

在本文 23 年的研究期限中曾经搬迁至乡镇或城镇，但在 2015 年时已回到了故乡（返乡移民）[①]。这五类共包含 87 人，其中有 75 人接受了我们的访谈。剩余的 12 人中，有些人失去了联络，有些人退出了研究[②]。

村庄 A 和 B、C 和 D、E 和 F 都在地理上各自接近，并且在 1991—1994 年基线调查开展时，在生活体系与社会经济特征上都较为相似。表 1 的结果表明，在较为相似的起始条件下，迁移模式可能在某种程度上产生差异。其中，A 村的数名年轻人迁移至了大城市，而相邻的 B 村则几乎没有人迁出。相似地，尽管 E 村和 F 村的迁出程度差不多（分别有 18 和 14 名受访者迁出了村庄），E 村的迁移者更多落户于大型城市（城市和布科巴），而 F 村的迁移者则更多选择了较近的目的地（相邻的乡镇和布科巴）。

我们在初始村庄中开展了针对细节的组别讨论，每次都是男女分别访谈，一般每组有 8 名参与者。同时，我们还开展了 12 次针对潜在迁移者的访谈，通过村庄中其他人对其迁移考虑的描述对其进行识别。

我们使用了半结构化的访谈指引和广泛的开放式问题来收集受访者的人口学信息和过去 25 年中所有迁移与职业行动的详细信息。此外，受访者还被要求根据所生活的地方和所采取的生计来评估他们的生活。我们的访谈还询问了关于他们与原生地的联系随时间的变化、他们对所在地的见解和他们对未来的愿景，上述问题在询问时同时收集了一般意义上的答案，以及在迁移和谋生方式意义上的答案。重要的一点是，采访过程还系统地考察了那些影响受访者已知或正在考虑的迁移选择和行动选项，但却使其未能实施的相关因素。在实施这一点的过程中，我们遵循了一系列方法，旨在使迁移者能够给出在变化环境下有关迁移意向和决策的刻意反应（Findlay 和 Li，1997）。

所有访谈的内容都以当地语言记录，并翻译为英语。对访谈内容的检查采用叙述分析法和一种因果编码方法[③]。在分析中，我们系统地考虑了如下因素：①真实的迁移模式；②自我报告的目的地选择理由；③其他迁移位置得到考虑但未被选择的原因；④迁移者考虑的备选目的地，以及未选择的原因；⑤对于假定迁移至其他地区（城市或二线城镇）的生活质量估计、作出如此估计的原因，以及如果估计的生活质量能够提高，为什么不将迁移付诸行动；

① Hirvonen 和 Bie - Lilleor（2015）详细研究了 KHDS 样本中的返乡迁移。

② 这是很高的追踪成功率，其原因是审慎的努力和 KHDS 团队在此前调查轮次中追踪迁移者的丰富经验。追踪迁移者的方式包括地址、手机号码，以及如何在目的地联系他们的详细说明。如果这些信息无法在基准农村中获得，团队就会在其他地方搜寻，例如通过接触已知联系方式的迁移者亲属。

③ 在这一环节中我们使用的是 Nvivo，一种定量数据分析软件。

⑥与原生地随时间变化的关系；⑦一般意义上对未来的愿景。

三、一位迁移者的故事

为了更好地理解迁移过程的动态本质和复杂性，以及通过追踪完整迁移轨迹而理解迁移和位置选择的重要性，我们首先要叙述雷蒙德的生活史，因为这与我们的研究有关①。同时，赋予迁移以生命力也为佐证本文的研究观点提供了帮助，因为通过我们的生活史叙述，读者能够获得回归自然的感受，并且获取丰富的信息和洞见。

雷蒙德的父亲去世时他只有 15 岁。在遗嘱中，父亲将房子和一半的家庭农场留给了雷蒙德，他将在成年后接管这些资产。但是，如同许多当地男孩一样，雷蒙德深受故乡村庄以外生活的吸引。达累斯萨拉姆，坦桑尼亚的商业都市，有着 450 万人口，距离雷蒙德的村庄 1 650 千米，对于他来说是一个向往之地："人们说阿鲁沙是一座城市，但达尔（达累斯萨拉姆）是另一个级别的存在。我们的村子里曾经放过所有著名足球运动员的视频，例如鲁尼亚米拉，他们好像都住在达尔。我们当时很天真，觉得如果我们去达尔的话，就能见到所有这些名人。"

雷蒙德当时并不确定他的街头智慧足以能够在达尔生存。他此前一直在家乡农村生活，主要说的是哈雅土语，他对自己的国语（斯瓦希里语）水平、受教育程度和短浅的见识都十分担心。他也无法承担前往达尔的费用，单程 50 美元。在农村地区，赚取现金的方式非常有限，对于青少年尤其如此。此外，也没有人能够在达尔为他提供临时的寄宿。

因此，达尔超出了雷蒙德的能力范围，而其他城市选项包括姆万扎（70 万人口，435 千米远，单程费用为 12 美元）或布科巴（10 万人口，50 千米远，单程费用 2 美元）。布科巴不仅在地理上更为接近，同时对雷蒙德来说也更为熟悉。即使布科巴也汇聚了来自整个坦桑尼亚的不同人群，但他们中的许多人的背景能让雷蒙德更容易与之相熟。而且尽管斯瓦希里语是官方用语，但布科巴的街头到处能听到人们讲哈雅土语。

到雷蒙德 19 岁的时候，他已经通过种植土豆、在小湖泊中捕鱼攒下了 10 美元。这些钱已经足以使他支付前往布科巴的费用，同时他也认识了一位能在布科巴接纳他住一阵子的友人。雷蒙德有一个目标，他非常喜欢汽车，并听说

① 该采访发生于卡新加，农村，2015 年 9 月 29 日。出于保密原因，我们使用了化名。

有一家“湖区驾校”能够教授年轻人驾驶技术。因此，他出发前往布科巴，并希望在那里成为一名司机。

但是上驾校需要学费，因此他到达后的第一要务是找一份工作。他跑到商店里询问是否有工作机会，有一个店主给他提供了一个感兴趣的机会，在一个公交车站看店。他会贷款收进很多糖、香皂、大米、甜食、口香糖和其他商品，然后将它们以较小的量在商店外零售，赚取小额差价。他的许多客户都是那些往返于邻近村庄的当地人。他和店主的约定是，当他卖完这些商品后，他需要向店主支付全价，能够保留除此之外的利润。他花了一个月时间站稳脚跟，一年后他攒够了上驾校的学费。

从驾校学成后不久，当地政府开始打击二道贩子和街头交易。被认定为游民的村民将被强制遣送返乡。由于自己显而易见的农村人身份，雷蒙德不再认为自己的生活和收入在布科巴受到足够保障，因为其生活来源现在受到政府的打压，变得不再稳定。他想要快点离开布科巴然后回家，“在家里总能吃到免费的香蕉”，这是他当时的最优选择。在一个月后他又回到布科巴时，他希望能重操旧业，但是发现有其他人也进入了这个行业，而他此前所能盈利的价格已经被拥有更多资本的大规模竞争对手削减了。

他当时 20 岁，但对他来说在过去的一年半中已经历了很多变化。他所从事的工作用比喻的修辞来看，使他成为了农村客户和城市商品之间的桥梁。雷蒙德在布科巴有着熟悉的生活环境，但他同时也与来自整个坦桑尼亚的人们打了许多交道，现在的他已经能够自信地说斯瓦希里语了。而另一方面，家乡农村的免费香蕉也只是在 50 千米以外的地方，他只要花 2 美元就可以坐公交回家。对于一个像雷蒙德这样的年轻人来说，如果他真的穷困潦倒，这段路程甚至也可以步行走完。他同时也与一些进一步开拓进取的人取得了联系，这些人去过坎帕拉（邻国乌干达的首都）、姆万扎和达累斯萨拉姆。

这些人中的一个告诉他在维多利亚湖畔的一家出口渔货的工厂有一个装卸卡车和轮船的工作机会。雷蒙德决定接受邀请，部分原因是他的朋友说能够让他寄住一段时间。他把自己在布科巴的财物以 35 美元的价格卖掉，并以 12 美元的价格买了一张单程船票前往姆万扎。

雷蒙德在姆万扎继续自己的生活故事。在他的个人陈述中，这一段故事的录音长达 3 小时 15 分钟，并被我们转记为了 75 页的文本。在 1997—2015 年间，他总共迁移了 8 次，每一次迁移都使他的个人财务、社会网络、城市认知和专业技能发生变化；而随之发生变化的还有未来他可能把握的机遇。总结而言，在每一次迁移中，雷蒙德都使自己的行动空间得到了拓展，换言之，他所能到达的可能目的地范围、所能采用的谋生手段，都得到了拓宽。布科巴这样的二线城镇在这一过程中发挥了关键的作用。在城市的环境下，他的愿望和资源得到了构建和调整。

尽管他从未成为一名司机，但他完成了去达尔的梦想。他并没有找到能在那儿收留自己的人，但他积攒了足够（刚好足够费用）的钱，并自信地前往那里去试试自己的运气。他在达尔有 8 年时间，从事的工作包括整理废旧金属、为一家餐厅用三轮车拉货、在工地监工、在动物园做狮子和老虎的饲养员，最后找了一份在学校做安保和监考的工作。

我们是 2015 年时在他的家乡村庄见到他的，现在他在那里务农、出租渔具。在 2014 年，他回了家，并且继承了父亲留下的遗产。在雷蒙德离开的时间里，他的母亲把这些财产分配给了雷蒙德的异父弟弟，这个孩子是她在雷蒙德父亲去世后和另一个男人生下的。由于离开了很久，雷蒙德着实费了一番周折才拿回了属于自己的财产，好在一切已经尘埃落定。他有两个小孩，但他们并不和他一起居住。或许由于缺乏亲情的羁绊，他告诉我们如果有让他感兴趣的机遇出现，他完全可以再一次离开。

四、行动空间和累积因果关系

雷蒙德的故事说明了行动空间的概念，以及它如何随时间、通过累积因果关系的过程发生变化。行动空间和累积因果关系的概念在我们对受访者生活史和迁移轨迹的信息收集过程中也引发了诸多共鸣。它们在帮助解读、整理从迁移者叙述故事中获取的洞见过程中，被证明是极为有力的概念工具。在任何一个时点，每一个迁移者都被认为用一个特定的行动空间[①]。它定义了迁移者的操作空间，很大程度上由个人的愿望、可用资源以及主流社会规范所塑造（在第六节中将对此进行详细解释）。行动空间定义了一名迁移者能够实际达到的可能目的地范围，以及与之相关联的，在目的地的可能谋生方式。

但是，个人的行动空间并非一成不变的，而且特定的迁移行为本身会改变行动空间（有时候，个人作出迁移行为本身就是为了刻意改变行动空间），这引发了一系列的累积因果关系。累积因果性在理解迁移中的重要性并不是一个新颖的提法。早在 1957 年 Myrdal 就提出了这一观点，在其之后 Massey (1990) 对其进行了发展。

---

① 我们发展了专有的“行动空间”概念，最初来自 Wolpert (1965)。

“不仅个人的决策取决于环境因素，在某一时刻所作出的决定也会对此后的决定产生深远影响。迁移者根据他们的个人特点、偏好和即时社会经济环境约束来作出选择；而随着时间的推移，这些决定将会反馈至环境中的结构（例如社会网络）、使其改变为鼓励迁移的环境，从而引发其他人进行迁移，而他们的离开，再一次影响结构条件，导致一种复杂的、名为‘循环和积累因果关系’的过程的产生……”

在累积因果关系、对环境（例如迁移网络发展、变化的社会习俗和习惯）的反馈循环影响迁移之外，还存在另一种迁移的累积效应。随着迁移者流动，他们的愿望、资源、人际网络都在发生变化，因此他们的行动空间也在不断变化。

行动空间概念、不同形式的累积因果关系概念以及它们的互相作用在理解迁移过程中的重要性，在我们对移民叙述的深度分析中会作进一步解释。同时，它们对于理解二线城镇的重要作用也至关重要。为了说明，我们首先从迁移者的视角探索城市与农村的概念。

五、迁移者视角中的城市

尽管专家通常使用规模、人口密度、官方行政区划来定义城市地区（Christiaensen、Kanbur，2017），从迁移者的视角来看城市将使我们获取许多洞见——例如从雷蒙德的视角，我们可以了解迁移者眼中的城市是什么、哪些特征使城市地区与其他地方不同。

第一个独特的元素——活力，通常在斯瓦希里语中表述为“mzunguko wa pesa”，字面意思是货币的流转以及买卖双方之间丰富的交易。在宽泛的意义上，该短语指代一个地方在商品、人员和思想流动上的活力。移民在起初往往会被潜在目的地较高的“mzunguko wa pesa”所吸引，而不太会是因为某一些具体的工作或价差信息。当我们询问赛迪基，一位生活在卡盖拉的一个小城市中心的移民，为什么他的生活在姆万扎将会过得更好时，他告诉我们：“实话说，姆万扎是一个好地方，因为你在电视里可以清楚地看到那里的所有人都在繁忙地工作。”[①] 一个地方所能观察到的迁移、流转、能量和密度越高，那么移民就会在并未获得切实信息和联系的情况下对在当地成功谋生抱有更高的期望。

---

① 访谈于布纳兹，二线城镇，2015 年 10 月 9 日。

第二个独特要素是交易的货币性质。金钱能够调和绝大部分交易，与农村生活相比，几乎没什么东西可以免费、或者通过以物易物的方式得到。当城镇生活不顺利时，雷蒙德回到了他的村庄，因为在那里他能够“吃到免费的香蕉”。另一个例子是塔迪斯，他曾经搬迁居住过四个不同的地方：一个小城镇、两座大城市（穆索马和姆万扎），最后落脚于首都达尔。他如此回顾自己搬入城市环境的经历：“那是很艰难的生活。我已经习惯了农村免费的薯类和水果，但是城市里所有的东西都是要花钱买的。一开始这种生活非常艰难，但是现在我已经习以为常。”①

像其他许多受访者一样，塔迪斯和雷蒙德的叙述触及了城市生活一个非常重要的元素：移民需要学习如何在一个更为货币化的环境下行事。能力不足、害怕在货币经济中迷失，是迁移的一大障碍。这也解释了在目的地有亲戚的重要性。二线城镇在这一过程中起到了促进性的作用，尤其是在首次迁移的过程中。这不仅仅是因为一般农村人在二线城市有亲戚居住的可能性更大，二线城市同时也位于互惠的农村经济和货币化的城市生活的中间地带，对现金的要求相对较低。

城市生活的第三个要素是匿名性。或许有些令人惊讶的是，匿名性通常在访谈中被视为一件好事。例如我们对赫克托的采访：

采访者：所以说，你可以在达累斯萨拉姆谋生并过得很好，是吗？

受访者：在达累斯萨拉姆，所有的生意都能做得很兴旺。

采访者：为什么生意在达累斯萨拉姆就能成功，而在布科巴这里就不行？

受访者：就比如说在大街上卖饮用水吧。在布科巴你能卖给谁呢？但是在达累斯萨拉姆，人们做这种生意是不需要感到羞愧的。他们来这里就是要做这些事。

采访者：所以说，在家附近做这类营生让你觉得羞愧？

受访者：是的，而且即使你想要在这里卖，也没有人会买，因为我们这儿有的是免费的水。

采访者：所以说你在达累斯萨拉姆做任何事情都不会觉得羞愧，因为那里离家乡很远？

受访者：是的。

采访者：这意味着你可以做任何事来谋生？

① 访谈于布科巴，二线城镇，2015年10月6日。

受访者：是的[①]。

农村环境下匿名性的缺失是一把“双刃剑”。一方面，由于更为紧密的人际关系，农村对于那些在迁移中并不走运的人来说总是能够提供一张安全网和一个避难所。另一方面，这种环境有时也会令人窒息。比亚特的生活史提供了这方面的例子[②]。在 2000 年，她从农村迁移至布科巴，并于 2007 年在那里结婚。她和丈夫靠经营一个小报亭为生。三年后她的丈夫病倒，他们不得不卖掉这家小报亭。由于失去生活来源，又没有任何资产，他们步行回到了村庄。其后的五年中，他们在那里经营家庭农场。到 2015 年时，她丈夫的健康状况好转，一家人又返回了布科巴——他们已经很熟悉那里了。她提到，促使她回到城镇的很大原因之一是与她婆家亲戚之间紧张的关系。她的婆家亲戚几乎拖垮了比亚特，用她自己的话说：

“任何时候只要我离开村子，我的公公就会收割我农场里的香蕉。他还总是反咬我一口，跟村子里的所有人说我从来不给他任何东西。他对自己的另一个儿子说，我从他们家偷走豆子卖钱。在我的眼里，农村的生活非常卑微。而在城镇里，你可以过自己想要的生活，自己过自己的生活。生活可以过得很美好。你当然也可以在农村里做自己想做的事，但是在那里即使有人给你钱让你做生意，也基本不可能成功。人们不会买任何东西，村子里的人非常虚伪。而在城镇里，每一个人都各顾各的，没有人关心其他人的生活。”

目前为止，坦桑尼亚最有活力、最货币化、最具匿名性的大城市达累斯萨拉姆有着 450 万人口，使拥有 70 万人口的第二大城市姆万扎相形见绌。达累斯萨拉姆同时也是一个品牌，像雷蒙德那样的年轻男孩将其与足球、电影明星的光鲜生活联系在一起。但是，在受访者当中，几乎没有人对如何触及其明亮的城市光芒有清晰的计划。

六、迁移者行动空间的组成部分

我们采访的 75 名迁移者在过去的 20 年中总共进行了 208 次迁移，其中只有 36% 的人最终安顿于他们第一次迁移的目的地，将近半数的人在 1991—2015 年间在至少三个地方停留过。显然，对于许多人来说，迁移不是一次性行为，而是一种动态的、积累的过程。

---

① 访谈于布科巴，二线城镇，2015 年 10 月 10 日。

② De Weerdt 和 Hirvonen（2015）的定量分析结果指向了同一方向。

为了帮助归纳移民叙述中提及的在跨期过程中塑造行动空间的诸因素，我们借鉴了人类能动性（human agency）的概念（Emirbayer、Mische，1998）。人类能动性的不同组成部分尽管在经验上紧密相联，但仍能够划分为预期部分、实践—评估部分和递推部分。在这一视角之下，迁移行为就包含了向前看的意愿部分（设想），意愿则能够通过实践—评估部分（个人判断）来付诸实施，后者又进一步由习惯和社会规范影响，使人们遵循一种既定的陈规（递推）。这样的归纳与生活史研究中观察到的模式之间存在广泛的共鸣。

（一）预期部分：愿望

人类能动性的一个主要组成部分就是预期部分，它的组成来自“行动者关于未来行动可能轨迹的设想，并在其中收获想法与行动的结构，这一结构可能随行动者对未来的希望、恐惧、渴望而重新进行创造性的配置。”（Emirbayer、Mische，1998）。人类能动性的这一层面与 Appadurai（2004）称为“渴望的能力”的概念紧密相联。渴望使人们会走上那些只考虑现有资源时通常情况下不会选择的道路。

愿望在理解迁移和地点决定中的重要性是暗含于不同生活史之下的重要共通点，如同我们在赫克托和索菲的生活史中发现的那样①。这两个人都来自同一个村庄，有着相似的社会经济背景。两个人都在距离农村较近的小市镇经历了城市生活，并且历练得足以适应当地的城市环境。他们二人都有办法、有社会关系，足以搬迁至达累斯萨拉姆——1 000 千米外的国家经济首都。但是，索菲去了达累斯萨拉姆，赫克托却在布科巴定居了下来。为什么呢？

当被问及未来的梦想时，赫克托回答道：“什么梦想？”索菲则有着非常现实的梦想，希望能开拓自己的生意，自己做老板，并为自己的小孩提供良好的教育。当被问及她是否能够最终实现这些梦想时，索菲的回答是坚定的“是”。当被问道如何实现梦想时，她说：“我的计划是在两到三年内有自己的生意。我坚信如果我在自己的生意上努力奋斗，就一定能达成我的梦想。重要的是坚持不懈，努力奋斗。”另一方面，赫克托对于通过自己的努力塑造未来则抱有一种听天由命的态度。

在描述未来计划时，上帝经常被受访者提到。但是提及的方式各有不同，有时候是听天由命、随波逐流的“如果上帝希望那样的话”，有时候则是强调

① 赫克托：访谈于布科巴，二线城镇，2015 年 10 月 10 日；索菲：访谈于达尔，首都，2015 年 10 月 31 日。

如何通过努力能够实现目标的“通过上帝的恩典”。人类能动性的预期部分推动着迁移，并引发了克服约束、挑战或规避社会规范所需要的决心。关于为什么有的人远离城市，有的人从未试图离开一个较近的城市环境，这提供了第一个解释。

（二）实践—评估部分：收集资源并适应货币经济

在人类能动性的预期部分之外，Emirbayer 和 Mische（1998）进一步区分出了实践—评估部分，也就是“行动者根据需求、困境、模糊的现状，作出实践和规范判断的能力”。这一维度需要实际的决策过程来达到更为广泛的迁移目标①。在整个迁移历史中，这一方面的重点主要集中于完成迁移所需要的资源和能力类型，因此，这一维度也与特定的地点、相邻的城镇或较远的城市有关。

总结而言，迁移费用需要金钱、在目的地安顿需要社会网络、在货币经济中生存需要相应的能力、在目的地找到有意义的工作需要专业技能，这些是最常被迁移者所提及的要素。它们能够影响承担迁移费用的经济能力、在目的地安全安顿的能力、成功找到工作和维持生计的可能性。

是否有足够的钱支付旅费、在目的地是否有人能够帮助安顿，是两个最常被提及的资源，它们决定了迁移者是否能够进入城市环境，以及能够进入何种城市环境。以艾瑞克为例，他解释了为什么达累斯萨拉姆是他唯一的选择，因为“我有亲戚在达累斯萨拉姆，所以如果我有麻烦的话就能得到帮助。”② 克里斯多夫说：“不，我不会考虑前往其他地方，我只会去我知道有亲戚在的地方，因为只有这样我才不会受苦。”相似地，蕾拉当前也在达累斯萨拉姆，并不考虑前往姆万扎，但是却不排除去卡盖拉地区小一些的城镇，她说：“在姆万扎，我对城市是完全陌生的，甚至都不知道怎么开始新的生活。我在那里没有朋友和亲戚。就算能获得就业和做生意的机遇，我也没有能够指引我、支持我的人。我有许多朋友和亲戚在布科巴，以及卡盖拉地区的其他一些小城镇，他们能够帮助我找到一份工作，或是开始做一门生意。”③

事先存在的迁移社会网络在决定迁移行动、目的地方面的重要性在此处得

① 在一些例子中，这种主动性是对称的、最优化的，但是却并不非得如此，尤其是对第一次迁移来说，选择往往具有知足的特征（Simon，1952）。这些选择还往往取决于个人的先决位置，例如他对风险和创业的态度。

② 访谈于达尔，首都，2015 年 10 月 21 日。

③ 访谈于达尔，首都，2015 年 11 月 1 日。

到建立和确证，对于国际迁移者来说尤为如此（Boyd，1989；Gurak、Caces，1992；McKenzie、Rapoport，2007）。而在我们的生活史研究中同样显著，但是并没有受到同样重视的，是现金流动性约束的重要性，尤其是在支付迁移成本方面的作用（也就是支付路费）。人们一次又一次地谈论他们如何“仍在筹钱”，以及“我怎么可能在没钱的情况下去达累斯萨拉姆?”① 一项在孟加拉国最近开展的随机试验表明，提供 8.5 美元的激励（能够覆盖往返旅费），就能够使一季度中迁移至邻近城镇从事非农工作的人数显著增加。在前述背景下，这一结论就不令人惊讶了（Bryan、Chowdhury、Mobarak，2014）。

大多数迁移者在迁移的同时决定培养他们的技能，而培养专业技能是在目的地立足的第一步。物理和社会经济意义上的流动性是紧密相联的。有些时候，这种联系通过正式的学习来建立，但大多数时候则是通过做一份工作过程中的学习。例如，学习砌砖的第一步是在建筑工地上搬砖，并且抓住机会学习其他建房技术。我们再一次以雷蒙德为例，作为一个年轻人，他曾经在家乡农村附近的湖泊中捕鱼。当他从布科巴前往姆万扎闯荡时，他在一家鱼厂找到了一份工作。在那里，他进一步发展了在渔业部门的知识和社会网络，从而进一步塑造了自己未来的职业轨迹：①在一艘运输渔货的船上工作；②成为一名在渔民和小型鱼厂之间的中间人；③在一艘往返于维多利亚湖各个渔岛运送乘客的船上工作。

许多生活史都有这样的规律，迁移者的专业技能（以及他/她所在部门的特殊社会网络），以及他们的行动空间，都是通过迁移和累积因果关系得以形成和扩展②。但是如上文所解释的那样，在一个匿名、货币驱动的城市环境中找到生活的方向并非坦途。这也使得迁移者在资源受限、对外部世界的知识和熟悉程度都不确定的情况下作出第一次迁移及其目的地的决策变得十分特殊。走出去本身变得极为重要。它提供了拓展个人行动空间的机遇。它能够拨开迷雾，打破始终不能得到迁移和雇佣所需资源、社会网络、技能的恶性循环。迁移本身就能促进上述要素的获取，即便只是一次迁移。

数种原因致使二线城镇在开启此类初次迁移的过程中发挥重要作用。由于它们距离较近，迁移的现金集资要求就更低（以及在失败情况下返程的费用）。

① 访谈于布科巴，二线城镇，2015 年 10 月 7 日。

② 移民不常寻求那些需要他们某项技能的机会。一个例子是安迪，我们于 2015 年 10 月 6 日在布科巴对他进行了采访。他曾在学校学习焊接，但他所在地区并没有对焊工的需求。他后来搬到该国中部地区的一个二线城镇塔波拉，在那里他在一家建筑公司工作了四年。

这也增加了其他村民遵循前人旧路的可能性，并且加强了既有的社会网络，进一步降低了第一次迁移的成功门槛。由于二线城镇在自给自足的农村农业与大城市匿名、货币性社会关系之间占据了中间地带，在二线城镇的生活也让人更易于适应。

（三）递推部分：规范、习惯和路径依赖

人类能动性的递推部分指代“行动者根据过去的思想和行动开展选择性的二次行动，也即在实践活动上有路径的相符性，这也使得社会环境有了稳定性和秩序，并且有助于维持跨期的一致性、互动性和规章制度”（Emirbayer & Mische，1998）。人类能动性的这一维度与习俗、习惯、既有思想、规范和社会认可的行为方式也有着联系。

年龄和性别在此处也很重要。离开农村以“寻找生活”（斯瓦希里语为“Kutafuta maisha”），对于许多适龄年轻男性来说似乎已经成为社会认可的行为。但是我们的历史也表明，随着家庭组建、年龄增长、习惯形成，对于冒险的兴趣和迁移的倾向通常会减少，这也定义了迁移的机遇窗口期，后者与生命周期紧密相联。当前关于坦桑尼亚国内迁移的研究也表明迁移者主要是年轻人（Msigwa、Mbongo，2013）。

在性别方面，我们发现卡盖拉地区的妇女迁移程度要高于男性[①]，尽管她们常常以和男性不同的方式、由于不同的原因进行迁移。首先，她们更多因为婚姻而迁移，这种情况在迁移至农村地区的例子中尤为常见。通常婚姻是女方嫁入男方家庭，因此女性会迁移至丈夫的村子，或是其他地方。男方生活在女方村子里的情况是闻所未闻的。当他们因为经济原因而迁移时（这并不罕见），对目的地的特定性和对当地环境的了解也都更为准确。（年轻的）男性往往会基于对特定地点存在机遇的一般印象而作出离开农村的选择，但（年轻的）女性则会对他们的迁移路径和目的地的环境有着更为准确的认识。例如，南姆维兹在她 2003 年初次从农村迁移至姆万扎，以及后续在 2009 年迁移至达累斯萨拉姆的决策过程中，更多是得到了家庭成员的引导。早在离开农村之前，她就已经知道自己会接受缝纫课程，并且与她的姑妈住在一起。她后续迁往达尔的举动，受到了她姑父的促使和指引[②]。通过性别规范，男性和女性的行动空间的塑造存在差异。

① 根据 KHDS，到 2010 年，59%的受访男性被发现仍在同一个村庄居住，而女性则为 46%。

② 采访于达尔，首都，2015 年 10 月 22 日。

个人成长的特定环境也非常重要。尽管我们研究的村庄都较为相似和接近，但各个村子之间微观文化的差异也产生了不同的影响。他们在流动性价值、所经历的流动轨迹等方面，对移民的思想产生影响。例如，A村有许多移民迁入城市地区，而邻近的B村移民则倾向于迁往其他农业地区或渔业村庄。一个来自A村的男孩长大成人后，很可能被城市生活方式所吸引，而一个类似的来自B村的男孩则可能对农村生活有更多的展望，即便两个村庄在社会经济特点上非常相似，在地理上也非常接近。

我们在A村和B村移民的特定小组讨论中探求这种地缘路径依赖的成因，讨论的参与者指出，先驱移民具有深远的影响。殖民时期，在传教士的帮助下，A村的一些村民受到了较高的教育，并且在城市地区以农业之外的职业成功谋生。这在村子里引起了一系列的回馈循环，使流动性在该村庄的结构条件发生了变化。先驱迁移者是联结A村和大城市达累斯萨拉姆之间网络的开端。与此同时，他们影响了人们对什么是美好生活、如何达到美好生活、哪些人的生活应该作为典范被人作为比较标准等一系列问题的认知。这一动态效应也存在于B村庄，但是有着不同的流动性模式，使村民并不向往城市环境。

七、为什么越来越多的移民最终落脚于二线城镇?

上述关于城市空间和迁移驱动因素概念的丰富文本洞见，在二线城市推动迁移和减贫的重要作用方面告诉了我们什么（至少在会计意义上）？一方面，城市显然有着最大的吸引力。从农村角度看，那是最具活力、提供最多机遇的地方。那里是金钱真正流转的地方。这些在我们的案例研究中得到佐证，并且与在世界其他地方所观察到的现象相一致。这也与我们观察到的自城市、城镇到村庄的收入梯度逐级下降相一致，也就是说，达累斯萨拉姆与卡盖拉两地的收入差距大于前者与二线城镇之间的差距。

然而，对于卡盖拉的农村人口来说，大城市也被事实证明更难到达，尤其是在缺乏既有迁移网络的情况下，因为迁移网络能够为新迁移者提供车费、安居费用和工作搜寻方面的帮助。二线城镇则由于许多原因，在起初更可能进入迁移者的行动空间，并且在其后随着迁移轨迹的展开，二线城镇仍具有其优势。生活史显示，先驱迁移者迁出农村地区的行为最初是由在农业之外“寻求生活”的渴望所驱动的。然而，很少有人真的有办法从一个盘根错节的紧密传统农村社区，直接进入一个匿名的、基于金钱的城市。

二线城镇成为了最具可行性的城市目的地，因为它们具有物理和文化意义上的可及性。它们在农村基于家庭产出和互惠的生活方式，与基于金钱交换的资本主义城市经济之间占据了一种特殊的空间。到达二线城镇的花费也更低，因而也更容易建立移民网络，进一步降低迁移和安居的成本。这种接近性也易于就业机会的信息传播。例如，根据 KHDS，每三个小镇移民中，就有一人在迁移之前就了解关于工作的信息，而相比之下，大城市移民的这一数字只有六分之一。小镇移民的相关信息往往来自于移民中的亲戚和朋友①。缺乏就业机会信息和对目的地的熟悉，对接近温饱家庭构成了更大阻碍，对他们来说尝试新活动具有更大的风险（Bryan、Chowhury、Mobarak，2014；De Weerdt、Hirvinen，2015)②。

通过促成第一次迁移，二线城镇能够进一步拓展移民的行动空间，并且引发一系列累积因果关系以及关于迁移和生计多样化的良性循环。迁移行为本身改变了那些此前起到极大约束作用的许多条件。移民的财务状况变化了，他们习得了更多技能，创造了新的联系，经历了农村之外的世界，改变了对美好生活的理解，而其中的一些人，则建立了进一步迁移的信心。简而言之，二线城镇扩大了农村居民的视野，对于那些仅仅将其作为中转站，和那些最终生活在那里的人来说都是如此。如 Haas（2010）所强调的，在更长的时期中，它们也改变了这些迁移者所来自的村庄的社会经济结构。逐渐地，这些农村地区与城市地区之间的联系会强化，使各个村子不再孤立。而未来的移民不仅仅受到当地榜样的鼓励，而且也拥有了进行迁移实践的必需网络。

可以肯定的是，如历史所表明的那样，并非所有的迁移都能立刻（或最终）获得成功。这一论断对于朝向小城镇的迁移也同样适用。许多迁移者进行了数次搬迁，在每一次迁移中，迁移者的未来机遇集合——他或她的行动空间——发生了变化，或扩张，或不变，有时候则缩小。因此，我们区分了单向迁移（前往城市或城镇）、阶梯迁移（从农村到城镇再到城市），“来回搅拌”（持续地在不同的目的地之间碰运气），以及返乡迁移③。如前文强调的那样，迁移过程并非永远持续。在迁移者生命周期的某个机遇窗口，迁移和目的地决

① 从 KDHS 数据来看，二线城镇迁移者的信息显示，他们的工作多来自于雇主个人（34%）、亲友（27%），以及口口相传（15%）。大城市迁移者则更依赖雇主（44%）和口口相传（20%），仅有12%的人从亲友处获得工作机会。

② 因此，我们发现在目的地不太可能具有预先存在的社会网络的家庭对季节性迁移激励（免费返乡公交车票）的响应更快（Bryan、Chowdury 和 Mobarak，2014）。他们还在随后的迁移选择中展示了对迁移机会和目的地的更多了解。

③ 从头详细分析迁移轨迹预期的决定因素超出了本文的范围。

策会集中发生。

所有受访者被要求根据生活美好程度对不同的目的地进行排序（该次序以一种生活质量阶梯的形式表达）。如果某一个目的地的排名高于他们现在所处的地方，我们就会询问他们为什么没有前往那里。哈那尼当前生活在达累斯萨拉姆，他相信自己在姆万扎将会过得更好，当被问及为什么没有搬过去时，他回答说："那不可能，因为我现在生活在达累斯萨拉姆。如果去姆万扎，那意味着我就从零开始了。"[①] 贾米森生活在卡盖拉地区的一座二线城镇，他相信自己将会在达累斯萨拉姆过上更好的生活。我们问他是什么阻止了他前往那里，他如此回答：

受访者：我现在有一个大家庭。我不能忽视他们；生活和从前不一样了。

访问者：当你尚未成家的时候，为什么不去那儿呢？

受访者：我当时没有想到这件事。

访问者：从来没有想过吗？

受访者：好吧。或者可以这样说：我没有去那里的路费。[②]

随着迁移者越来越投入到工作中，成家立业并建立社会纽带，他们最终会安顿下来。对于许多人来说，这一切在第一次迁移后就会发生，而对于其他人则会发生在较晚一些时候。在接近性解释了二线城镇位于许多农村居民早期行动空间之内的同时，是迁移者生命周期中逐渐增加的惯性解释了为什么许多人选择在小城镇定居，因为他们在那里找到了自己。

八、结　语

本文分析并记录了75位从坦桑尼亚西北部偏远地带卡盖拉农村地区样本中精心挑选的移民的生活史，使我们更好地理解了为什么尽管落户于大城市能够在客观上获得更大的福利收益，更多迁移者最后仍选择落脚于二线城镇。我们获得的主要结论如下：

第一，迁移作为一种高度动态的过程，通过使用不断变化的行动空间概念能使我们对其形成更好的理解，行动空间在每一次迁移过程中能够决定迁移的目的地范围和谋生的机遇，另一方面，累积因果关系的概念，也就是迁移过程本身在时间中随着迁移者从一地迁往另一地不断改变着行动空间，也能够帮助

① 访谈于达尔，首都，2015年10月19日。

② 访谈于木图库拉，2015年10月8日。

我们理解迁移。这与经济模型和政策制定中更为普遍地将迁移看成一种一次性事件的静态观点不同。我们需要更为动态和路径依赖的方法，更为纵向的数据收集努力和分析来研究迁移和相关的政策设计。我们需要迁移过程的视频，而非截图。

第二，第一次迁移也具有特殊的差异性。它最初是由离开农村和农业生活的渴望所驱动的，当地人称之为“寻找生活”（kutafuta maisha），这一短语在迁移者谈及第一次迁移时总是被提到。它能使生活产生新的转机，改变那些看起来牢不可破的客观环境，并且创造前所未有的开放和机遇。寻找“美好生活”的信念持续为迁移过程注入活力，即使在后续迁移的例子中也是如此，而届时在首次迁移过程中获得的经验和学习也将使迁移者受益。

第三，距离的接近性始终具有显著且被低估的重要性。早在 1962 年和 1973 年，有关迁移的研究就已经强调了这一点（Sjaastadt，1962；Schwartz，1973），但是其后对于距离在形成迁移决策和目的地选择过程中的重要性却逐渐被人所忽视。二线城镇更容易到达（金钱上也是如此）且更易于适应，而且使得迁移者不必在迁移的第一步就达到所有愿望，这些城镇在打开和拓展潜在迁移者的行动空间的过程中发挥了作用，对那些在城市地区缺少既有社会网络联系的人来说尤其如此。这对于许多人来说就是现实，而原因正是因为大城市对于早期移民来说很难到达、生存，这又使得二线城镇开放非农就业空间和收入多样性的重要作用更为凸显。

第四，正如移民和村民口中所说的“城市”概念，二线城镇的一大现实吸引力源自它所处的中心地带——位于村民熟悉的互惠农村经济和更为资本主义化的、货币化的，随处需要花钱的城市生活之间。这使得二线城镇更容易让人适应，并且能够在提供一定程度的匿名性以让人前进的同时，还保持着与家乡的近距离，在事情不顺时留下退路。尽管大城市无疑才是移民最向往的地方，二线城镇却因为这一点成为了更多人的选择。

第五，移民的迁移行动被限制在一个与年龄相关的机遇窗口之中。随着他们的生命周期不断推进、成家立业，惯性的力量开始发挥作用，他们会逐渐安顿下来。从绝对数量来看，这一现象大多发生在二线城镇，在那里，很多人都发现自己的迁移机遇窗口开始关闭。

上述发现共同帮助我们将新获得的定量证据呈现出来，并且使二线城镇对减贫的作用强于大城市的观点增加了可信度。全世界有超过半数的极端贫困人口生活在次撒哈拉非洲地区（SSA）（世界银行，2016），非洲贫困人口中有 82%生活在农村地区（Beegle et al.，2016），因此本文的研究也和非洲城市化和减贫议程息息相关。尽管本文研究的卡盖拉地区的人口居住地远离经济都市，但距离二线城镇比大城市更为接近是SSA农村地区人口的普遍特征（联合国粮农组织，2017）[①]。考虑到距离可以通过降低交通成本、增加（就业）信息流来缩短，大城市便可以因此变得更为可及，但生活史研究也告诉我们，迁往大城市并成功立足的挑战，尤其是在第一次迁移、没有较强社会网络支持的情况下，绝不仅仅限于交通费用。

SSA地区的城市化率仅为38%，仍然处于相对较低的水平。这一数字仍留有较大的增长空间，联合国预测在未来的20年中，城市化率将会以每年1%～1.3%的速度增长[②]。通过投资的空间分配（跨城镇和城市）以及政策设计，政府将有机会引导新的迁移潮，并因此可能促进减贫速率。通过为更广泛的人群提供在经济和社会意义上的更强流动性和更多的新收入机会，二线城镇发展可能成为包容性增长和减贫的有力政策工具。此外，这一领域仍需要开展进一步的研究，一方面是在认识到二线城镇减贫作用的基础上深入发掘理论和实证证据，另一方面则是检验在将二线城镇打造为极具活力与吸引力的高“mzunguko wa pesa”（“货币流通”）中心的过程中，各项政策和投资的有效性。

① 据计算，22%的人口居住在距离城镇1～3小时的地方，相比之下，距离城市1～3个小时车程的人口只有9%。大约三分之一的农村人口居住在农村腹地，距市中心有3个小时以上车程。

② UN World Urbanization Prospects，2014，revision. Consulted 5 July 2017（https：//esa. un. org/unpd/wup/DataQuery/）.

发展中国家的减贫速度是否随初始贫困率下降而增加

——动态面板分析

Yusi Ouyang　Abebe Shimeles　Erik Thorbecke

摘要：现有关于贫困收敛的文献较为稀少，所给出的实证证据主要依赖于截面数据。在这些实证结果中，起始状态更为贫困的欠发达国家（LDCs），与那些起始状态更为富裕的国家相比，在过去的30年中并未享受到更为快速的后续减贫速度。这一现象的原因在于起始的贫困拖慢了经济增长，并降低了减贫效率。本文对四组面板数据应用了动态面板分析方法。在这四组数据中，有两组数据涵盖了1977—2014年90个LDC国家，另两组则分别涵盖了1995—2010年间埃塞俄比亚的42个地区，以及2000—2010年卢旺达的33个地区。本文的研究结果发现，伴随初始贫困发生率下降，LDC国家、埃塞俄比亚、卢旺达地区的后续减贫速度确实提升了。此外，我们的分析也发现，初始贫困率对LDC国家经济增长的直接影响很小，唯一的例外是SSA地区国家——在这些国家，更高的初始贫困率与更快的经济增长相联系。

一、引　言

到2014年，全世界23%的人口，即16亿人口仍然生活在每天2美元（2005年购买力平价）的贫困线标准以下（de Janvry and Sadoulet 2016）。鉴于经济增长是获得减贫成果最为重要的方式，理解经济增长和减贫之间的关系对我们来说就尤为重要。

在这一领域有一项非常重要但却尚缺乏研究的课题：减贫速度与初始贫

作者简介：Yusi Ouyang供职于美国塔尔萨大学；Abebe Shimeles供职于非洲发展银行集团；Erik Thorbecke供职于美国康奈尔大学。

困水平之间有什么关系？这一问题也可以表述为贫困的收敛性问题。有人可能会倾向于认为存在贫困收敛现象：那些初始状态更为贫困的国家相比那些初始状态富裕一些的国家，普遍有着更快的平均增长速度（Barro，1991、1996；Mankiew et al.，1992；de Janvry、Sadoulet，2016）。而且，研究也发现经济增长对于贫困人口来说是有好处的（Dollar、Kraay，2002；Dollar、Kleinberg、Kray，2016）。

然而，现有的实证证据，却给出了相反的结论。Ravallion（2012）使用1977—2007年约90个欠发达国家的跨国数据，发现有更高初始贫困发生率的LDC国家在平均意义上并未享有更快的减贫速度——尽管它们的平均经济增长速度确实更快。我们近期使用了同一数据来源、更长跨期（1981—2014年）的截面数据，很大程度上确证了上述结论。但如果将研究范围局限于撒哈拉以南地区（SSA），我们确实能找到跨国贫困收敛的证据①。

截面分析允许在跨国层面上开展跨期平均减贫率的对比，从而使我们能够考察初始状态更为贫困的国家是否享受了更快的减贫速度。但是截面分析也遗漏了时间序列维度上的信息，这意味着其无法令人满意地从单个发展中国家的角度回答一个相当重要的问题：随着各国贫困发生率不断下降，它们自身是否享受到了更快的后续减贫速度？

本文尝试从这一角度理解贫困收敛——下文中称之为国内贫困收敛，区别于此前文献中研究的跨国贫困收敛——并希望能够帮助我们理解发展中世界中经济增长与减贫之间的关系，并且为政策制定者设计、实施利贫政策提供额外的激励。

本文中使用的实证模型来自Ravallion（2012），其中包含了一组Barro增长回归中的标准等式，这些回归式共同作用，使得我们能够估计贫困收敛率，并将其分解为三类效应：①平均收敛效应，即给定初始贫困程度，更低的初始平均收入或消费支出水平能够加快平均经济增长速度；②直接贫困效应，即在给定初始均值的情况下，更高的初始贫困水平直接阻碍后续的平均增长速度；③间接贫困效应，即高的初始贫困水平会削弱增长的减贫效果。

我们在本文的分析中共使用了四组面板数据，包括：①两组来自世界银行

① 我们使用Ravallion（2012）的实证模型，以及2016年8月版本的世界发展指标（WDI）数据库构建横截面数据集，发现最不发达国家在1981—2014年仍然没有发生贫困收敛。尽管这一情形可以主要通过另一个方向相反的效应来解释，即"初始贫困抵消了减贫有效性"。Ravallion（2012）也认为这一因素是阻碍1977—2007年跨国贫困收敛现象未能发生的主要原因。对于该因素的详细讨论，可以见Ouyang et al.（2018）。

的数据，覆盖了 1977—2007 年间 5 次、1981—2014 年间 9 次对数百个 LDC 国家进行调查的数据；②两组来自非洲发展银行的数据，分别包含 1995—2010 年埃塞俄比亚地区 42 个地区四轮调查和 2000—2010 年卢旺达 33 个地区三轮调查的数据。

我们遵循以下四步面板回归程序在实证模型中运算这些数据：①系统一般矩估计量（SYSGMM）；②具有前向正交偏差变换差值的 GMM 估计量（FODGMM）；③标准汇总普通最小二乘估计量（POLS）；④标准固定效应估计量（FE）。两个 GMM 估计量是动态面板估计量中的变量，这一估计方法由 Arellano & Bond（1991）、Arellano& Bover（1995）、Blundell & Bond（1998）提出。根据 Anderson & Hsiao（1981）、holtz - Eakin、Newey 和 Rosen（1988）的现有工作，Arellano - Bond 估计量在特殊的情形下能够提供一致、有效的估计：例如右手变量与过去和当前的误差项相关的固定效应模型——在这种情况下，标准的 FE 回归可能扩大 Nickell（1981）提出的动态面板偏误（Roodman，2009）。另一方面，POLS 和 FE 回归则能够在我们选择一致估计量的过程中提供参考价值。

我们的分析显示，在强烈的平均收敛效应的影响下，LDC 国家在 1977—2014 年间存在显著的贫困收敛效应，而间接贫困效应只能部分削弱前者的效应——尽管这一削弱效应在统计上非常显著，但其效应幅度却很小。在作为整体的 LDC 国家中，我们并未发现初始贫困程度与经济增长之间的联系；但在 SSA 国家中则发现了显著的正向关系。在跨区域的水平上，我们获得了类似的结果：初始状态更为贫困的埃塞俄比亚和卢旺达地区在 1995—2010 年、2000—2010 年两段时期内分别经历了更快的减贫进程，其中，强烈的平均收敛效应和显著的正向直接贫困效应，盖过了显著但幅度较小的间接贫困效应。

本文余下部分作如下安排：第二节描述实证模型和我们所选择的计量方法；第三节描述数据；第四节报告实证结果，并作出相关讨论；第五节总结全文。

二、实证模型与方法

（一）实证模型

尽管我们的研究有别于截面分析，但我们认为 Ravallion（2012）构建的实证模型很适合进行面板分析。该模型包含数个与 Barro 回归设定相一致的标准回归方程，驱动这一模型的基础是 Solow - Swan 模型，我们对其进行了修正，使得最初的分配能够对增长率产生影响[①]。该模型允许我们对贫困收敛效应进行识别和分解。

第一个式子的设置是为了识别平均收敛效应。

$$g_i(u_{it}) = \alpha_i^* + \beta_i^* \ln u_{it-\tau} + \varepsilon_{it}^* \tag{1}$$

其中，$u_{it-\tau}$ 和 u_{it} 分别是 i 国在 t 年的平均收入和消费水平；$g_i(u_{it}) \equiv (\ln u_{it} - \ln u_{it-\tau})/\tau$ 近似等于 i 国在两年间的年均增长率。如果这一估计量显著为负，那么我们就获得了无条件以速率 β 收敛的证据——这意味着如果 $\ln u_{it-\tau}$ 降低了一个百分点，平均经济增长速度将上升 β 个百分点。

接下来，我们假定贫困与平均收入或消费水平之间存在一种如（2）式的对数线性关系，并进一步获得（3）式，以检验贫困的收敛效应[②]。

$$\ln H_{it} = \delta_i + \eta_i \ln u_{it} + V_{it} \tag{2}$$

$$g_i H_{it} = \alpha_i + \beta_i \ln H_{it-\tau} + \varepsilon_{it} \tag{3}$$

在（1）式中，$H_{it-\tau}$ 和 H_{it} 分别是 i 国的在 $t-\tau$ 年和 t 年的贫困人口率；$g_i H_{it} = (\ln H_{it} - \ln H_{it-\tau})/\tau$ 则是在 $t-\tau$ 和 t 期之间的年平均减贫率。参数 β 是本研究关注的核心系数。如果回归发现 β 的估计量显著为负，那么我们就找到了贫困无条件以速率 β 收敛的证据——这意味着如果 $\ln H_{it-\tau}$ 降低一个百分点，年均减贫速率将会上升 β 个百分点。通过（2）式，（1）式和（3）式中的参数得以互相联系：$\alpha_i = \alpha_i^* \eta_i - \beta_i^* \delta_i$，$\varepsilon_{it} = \varepsilon_{it}^* \eta_i + V_{it} - (1+\beta_i^*) V_{it-1}$。在这里，$\beta_i = \beta_i^*$ 意味着没有其他因素在发挥作用，贫困收敛并不仅在均值水平上发生，理论上这一效应会以相同速率产生影响。

为了解释初始贫困程度以及其他潜在初始因素如何影响经济增长，Ravallion（2012）将（1）式修正为了（4）式的形式。

$$g_i(u_{it}) = \alpha + \alpha \ln u_{it-\tau} + \gamma \ln H_{it-\tau} + \varepsilon_{it} \tag{4}$$

（4）式被用于识别贫困收敛的两个贡献效应。β 的负显著估计量意味着存在强烈的均值收敛效应（基于初始贫困水平），也就是说较低的初始平均福利水平与更快的后续平均经济增长速度相联系。（4）式中 γ 的显著负估计量则意

---

① 尽管使用时间平均增长率研究随时间推移的收敛性，但 Barro 方程已在收敛性文献中得到了广泛使用，这确实引起了一些质疑。例如，Quah（1993）认为，Barro 回归中的初始条件系数为负并不一定意味着收敛，因为 Cauchy - Schwarz 不等式表明其值应始终为非正值。其他挑战这一传统计量经济学增长研究方法的文献包括 Durlauf & Quah（1999），Durlauf（2000），Temple（2000），Durlauf et al.（2005）。最近，Eberhardt & Teal（2013）提出，传统收敛回归中总量和技术同质性的假设是不恰当的，而该假设会引起"跨国总量实证分析中许多令人费解的要素"。

② 公式（2）被许多人认为是一个较强的假设，但其在文献中是标准假设。

味着存在强烈的直接贫困效应，也即较高的初始贫困水平直接减缓了后续的福利增长（控制初始均值的增长效应不变）。相似地，如果我们获得 γ 的显著负估计量，就能证明初始贫困水平对后续增长具有正向的直接效应——正如我们在 SSA 国家研究，以及埃塞俄比亚跨区研究中所获得的结果（报告于第四节）。

下面的（5）式用于识别间接贫困效应：

$$g_i H_{it} = \eta(1 - H_{it-\tau}) g_i u_{it} + V_{it} \tag{5}$$

（5）式中的参数 η 测算了在根据初始贫困水平 $H_{it-\tau}$ 调整后的经济增长的减贫效率。显著为负的 η 估计量意味着贫困收敛受到反向贫困间接效应的影响，换句话说，给定平均经济增长速度，如果初始贫困水平更高，该国经济增长的减贫效率将会降低。

以上等式帮助我们识别是否存在贫困收敛，以及该效应受到平均和初始贫困收敛影响的方向。但是，三种效应对贫困收敛存在或缺位的影响的相对幅度究竟如何？为了看清这一点，我们需要通过将（4）式代入（5）式中后对对数初始贫困水平 $\ln H_{it-\tau}$ 取偏导后获得的式（6）。

$$\frac{\partial g_i H_{it}}{\partial \ln H_{it-\tau}} = \eta\beta(1 - H_{it-\tau})\left(\frac{\partial \ln H_{it-\tau}}{\partial \ln u_{it-\tau}}\right)^{-1} + \eta\gamma(1 - H_{it-\tau}) + [-\eta g_i(u_{it}) H_{it-\tau}] \tag{6}$$

（6）式中的三项分别捕捉了均值收敛效应、直接贫困效应和贫困弹性效应。尽管（6）式是前面 5 个等式的精简总结，我们还是需要指出这并不是一个回归式，而是一个计算式，其关键参数（β，γ，η）来自回归式（4）和（5）。因此，我们使用式（6）来识别这三类效应的相对幅度，但是真正决定它们是否具有统计显著性的则是式（4）和式（5）的回归结果。此外，我们需要指出，上述三项的正负和幅度是实证决定的，在不同数据、参数估计量的检验下，并不一定总是能够完全解释贫困的实际变化。尽管我们期望效应的加和结果大体上与来自（1）式实证回归结果的贫困收敛率相符合——前提是我们的模型包含了所有与贫困收敛有关的主要因素。如果计算的速率与实证速率非常不同，这一结果可能表明贫困收敛的存在或缺位，可能由本模型设定变量以外的因素所驱动：例如政策导向。但是对这一假说进行检验超出了本文的范围。

如前所述，本文使用的实证模型的主要优势是提供了一个精简的框架，允许研究者识别贫困收敛效应，并将其分解至各个贡献因素。关于这个模型的一个不足是它似乎遗漏了不平等程度所引发的效应，后者如 Fosu（2015）所言，通过一种“分析上的特点”（Bourguignon 2003）与减贫、人均收入增长相联系，且这一论点得到了众多实证研究的支持（Datt、Ravallion，1992；Kakwani，1993；Bourguignon，2003；Fosu，2008、2009、2011）。Ravallion（2012）认为不平等程度的影响并不重要，因为只有当不平等程度改变时，贫困收敛才会受到影响，而在他的研究中，跨国平均基尼系数几乎没有变化（大约在 0.42）。这一观点使我们有理由不把不平等程度纳入模型，但同时我们也注意到，不同国家的基尼系数变化可能非常大，使得国家特定效应对贫困收敛产生极为不同的影响。

（二）计量方法

固定效应（FE）模型是标准的面板回归处理过程，其主要的优势在于能够通过差分转换移除固定效应——后者是单个组别特定的误差的一部分，很有可能与回归元相关，但与时期无关。

在包含滞后回归元的分析中，标准 FE 回归可能会引发所谓的动态面板偏误（Nickell，1981），因为差分过程减去了滞后回归元的均值，从而构建了误差项和差分回归元之间的相关关系。例如，我们希望去估计（3）式中的贫困收敛率 β: $gH_{it}=\alpha_i+\beta_i\ln H_{it-1}+\varepsilon_{it}$，其中我们将 ε_{it} 看作由两部分组成：一个固定部分 α_i，以及一个独立部分 v_{it}，一阶差分后得到式（7）。

$$gH_{i,t}-gH_{i,t-1}=\alpha_i+\beta_i(\ln H_{it-1}-\ln H_{it-2})+(v_{it}-v_{it-1})\quad(7)$$

我们很容易注意到在式（7）中，如果移除固定效应 α_i，回归元就会通过 v_{it-1} 与误差项相关。

幸运的是，我们能够使用名为 Arellano - Bond 估计量的动态面板处理过程来处理这一隐忧。该方法是由 Arellano & Bond（1991）遵循 Anderson & Hsiao（1981）、Holtz - Eakin、Newey & Rosen（1988）早期的工作所提出的。在获得 ABE 估计量的过程中，会使用差分转换方法来移除固定效应；随后，差分的回归元会以它的二期、三期，以及其他潜在滞后变量作为工具变量，这些滞后项可以选择滞后差分或者滞后水平变量。

具体而言，如果估计的对象是一阶差分等式，那么工具变量就会选择滞后水平变量，此时估计量通常会被称作差分 GMM 估计量，因为此时的 ABE 估计量一定是一个面板广义矩估计量（GMM）。一阶差分等式的劣势在于其放大了不平衡面板的间隙。这也使我们转向一种替代性的差分转换：由 Arellano 和 Bover（1995）提出的前向正交离差（FOD）转换。与在当前值中减去前值的一阶差分转换相比，FOD 转换是从当前值中减去所有未来可得观测值的均值，因而除了最后一期以外，在所有期都能获得一个可计算的值，即便在面板中存在间隔时也是如此。

Arellano & Bover（1995）和 Blundell & Bond（1998）提出了 ABE 估计量的另一个潜在弱点：滞后水平变量往往是差分变量的糟糕工具变量，在滞后回归元是随机游走变量时尤其如此（Roodman，2009；Baum，2003）。这使得我们考虑估计两个等式：使用滞后水平变量作为工具变量的差分等式，以及使用滞后差分变量为工具变量的水平等式。这一拓展的估计量被称为系统矩估计量，因为它估计的是一组等式。

在本文的分析中，我们同时估计了系统 GMM（SYSGMM）和具有 FOD 转换形式的 GMM（FODGMM），所使用的算法是 Roodman（2009）开发的 xtabond2 命令。由于这些 GMM 估计量由工具变量方法估计得到，我们也会同时报告过度识别检验的统计量，包括 Sargan（1958）检验和 Hansen（1982）*J* 检验统计量。我们会报告两个统计量的 *p* 值，因为二者各有优劣：Hansen *J* 检验统计量在异方差情况下也是稳健的，但可能会被大规模的工具变量所削弱；相比之下，Sargan 检验统计量在异方差存在时将不再稳健，但其面对大量工具变量时的表现更好。Roodmam（2009）引用了 Ruud（2000）的评论：并没有文献讨论过多少工具变量才会被认为是“过多”。他认为，一个“不那么武断的判断方式”是“工具变量不应该超过观测值的数量”。如我们在下文中所报告的，我们在分析中使用的工具变量数量都远低于对应的观测值数量；而我们在分析中获得的所有 Hansen/Sargan 检验统计量都有着较大的 *p* 值，使我们不能拒绝原假设：工具变量是联合外生的。

在运行动态 GMM 回归时另一项重要的诊断检验是残差自回归检验。遵循指令的默认设置，我们检验了残差的一阶、二阶自回归［*AR*（1）、*AR*（2）］；如果 *AR*（2）的检验统计量获得了较大的 *p* 值，我们就会使用三阶、四阶滞后项作为工具变量。

除了 SYSGMM 和 FODGMM 估计量，我们同时也会估计混合最小二乘法（*POLS*）和标准 *FE* 估计量，尽管这两个估计量可能是不一致的，但它们的值将会为我们提供有用的参考：因为滞后回归元在 *POLS* 中会与误差项正相关，在 *FE* 中则是负相关，因而一致的估计量会位于 *POLS* 和 *FE* 统计量之间①。

---

① Raullion（2012：517）引用了 Hauk & Wacziarg（2009）的模拟研究，表明有限元回归对于收敛分析而言并不理想，因为它倾向于“严重低估初始条件对随后平均增长速度的影响”，因此虽然“有助于发现真实的关系”，但却“很难让人认真对待”。但是，我们发现这一点对于我们选择是否采取有限元分析时并不重要。如我们在第四节中报告的那样，FE 模型会识别初始均值——在我们的例子中也就是初始贫困率，后者对增长会产生影响。

三、数据描述

如第一节所述，我们的四个面板数据集包含了两个国别水平的数据集和两个地区水平的数据集。我们将会在第三节中分别对它们进行描述。

（一）国别水平的面板数据

我们的第一个国别水平面板数据集“1981—2014 年面板”来自于“世界银行指数”的 2016 年 8 月版本（最后一次评估是 2017 年 2 月）。这一数据集包含 1 055 个观测值，代表了 114 个发展中国家，每个国家在 1981—2014 年都至少被调查过两遍，平均数则是 9 遍。在 1 055 个观测值中，其中 627 个观测值来自 94 个发展中国家，它们具有人均消费支出数据，每个国家至少被调查两遍，平均数则为 7 遍，它们构成了我们 1981—2014 年的分析样本，原因是消费支出通常被认为是比收入更好的福利测算方式。

我们的第二个国别层面数据集是“1977—2007 年面板”，来自 Fosu（2015）从世界银行 POVCALNET 数据库中提取的数据①。该数据集包含 97 个发展中国家的 517 个观测值，这些国家在 1977—2007 年都至少被调查过两遍，平均值为 5 遍。我们没有这个数据集所选择的每个国家福利测算指标的信息——既可能是人均消费也可能是收入。然而，我们并不认为这会使我们的结论发生很大偏误，因为在 1981—2014 年面板中，使用所有国家的回归和仅适用有平均消费增长数据的回归给出了较为相似的结果。

在数个备选的贫困测算指标中，我们的分析主要关注使用每天 2 美元（2005 年购买力平价，或 2011 年购买力平价下的 3.2 美元）的国际贫困线标准下的贫困人口率②。

由于本文对 SSA 地区有特别的关注，我们注意到 1977—2007 年的面板数据集中包含了来自 SSA 地区 28 个国家 94 个观测值，这些国家在 1980—2006 年平均被调查了 3.4 次，被调查的平均增长期为 5.3 年；在 1981—2014 年面板数据集中包含了来自 37 个 SSA 国家的 101 个观测值，这些国家在 1985—

① 我们感谢 Fosu（2015）愿意与我们分享他的数据。

② 在 2015 年 10 月，世界银行在 2011 年购买力平价的基础上更新了一组更为丰富的贫困线标准。对于 33 个最贫困国家，每人每天 1.9 美元是贫困线的中位数。对于 32 个下中等收入国家，贫困线标准的中位数则是每人每天 3.2 美元。该数字对 42 个上中等收入国家为 5.5 美元，对 29 个高收入国家则为 21.7 美元（Ferreira & Sanchez，2017）。

2014 年平均被调查了 3.7 次，被调查的平均增长期为 5.2 年。所有数据集中的 SSA 观测值都能够获得消费数据。

在分析和报告这些 SSA 子样本之前，我们需要解决两个有效问题：第一，SSA 子样本是否代表该地区？第二，它们内部是否有足够的样本差异来捕捉真实的关系？虽然理想的情况使能够获得规模更大的 SSA 样本，但我们认为目前的样本已经足以代表 SSA 地区的地理和经济多样性。SSA 地区有 47 个欠发达国家，而我们的 1977—2007 年数据集覆盖了其中 28 个国家，而 1981—2014 年数据集覆盖了其中 37 个国家①。我们认识到 SSA 子样本由于其缺乏足够的方差，或许在捕捉贫困收敛时并非理想的选择。然而，这是否转化为过大而无用的标准偏差，也取决于误差方差的大小和独立变量之间的相关性。事实上，我们通过多重面板回归过程获得的 SSA 估计量有着足够大的 t 统计量，这也使我们对来自 SSA 子样本的结论充满了信心。如果搁置技术立场，还有一些重要的因素使 SSA 子样本对贫困收敛研究极富价值。样本中涵盖的大多数 SSA 国家都尝试过政策改革——通常是从国家主导的经济体制转向市场主导的经济体制。此外，国际社会在这些国家对抗极端贫困战役中所付出的努力也可能增加了减贫政策导向的势头，尤其是在那些捐助国对公共政策产生更强影响的低收入国家。

表 1 报告了两个国别水平面板数据的主要变量统计信息。我们注意到所有欠发达国家在 1981—2014 年平均经济增长速度远快于 1977—2007 年。相比之下，SSA 地区的发展中国家的平均经济增长速度有轻微下降，减贫速率则有显著增加。这与 Pinkovskyi & Sala-i-Martin（2014）和 Fosu（2015）的记述相一致，且提示我们 SSA 地区的增长—减贫动态与作为整体的欠发达国家存在差异。另外值得一提的是，随着欠发达国家的初始贫困发生率在 1977—2007 年间从 44%下降到了 33%，他们的年平均减贫速率从 2%增长到近 10%。这一事实提示我们，初始贫困发生率与减贫速率之间可能存在负向的联系。

表 1　国家级面板数据统计概况

	1977—2007 年面板			1981—2014 年面板		
变量	观测值	均值	标准差	观测值	均值	标准差
欠发达国家						
年均减贫率	392	−0.017	0.202	523	−0.097	0.366

① 根据世界银行的国家分类，撒哈拉以南非洲地区有 48 个国家，其中 47 个是发展中国家（唯一的例外是塞舌尔）。

（续）

变量	1977—2007 年面板			1981—2014 年面板		
	观测值	均值	标准差	观测值	均值	标准差
初始贫困人口率	415	43.596	32.903	533	33.159	30.463
年均增长率	415	0.017	0.091	533	0.026	0.082
初始平均消费支出	415	172.95	122.45	533	232.72	154.84
SSA 国家						
年均减贫率	66	−0.002	0.040	101	−0.005	0.051
初始贫困人口率	66	81.139	15.530	101	70.532	19.949
年均增长率	66	0.016	0.087	101	0.012	0.046
初始平均消费支出	66	51.92	31.60	101	101.90	63.45

（二）埃塞俄比亚和卢旺达的面板数据

为了在微观层面检验贫困收敛，我们使用了来自埃塞俄比亚和卢旺达的两个基于入户单位调查的面板数据集。特别地，埃塞俄比亚的数据覆盖了1996—2011 年的四轮调查（各轮之间间隔为 5 年），包含了 79 099 户家庭的历史。如表 2 所示，埃塞俄比亚家庭的人均消费支出在最近的时期内经历了持续的增长。这使得在数据覆盖的 15 年中，该国贫困人口率以 2.3%的年均速度持续降低。在我们后续的回归分析中，我们会特别关注 15 年中该国 42 个地区内，人均消费增长和贫困年均变化的空间趋势，并将其视作初始状态的函数。数据具有地区代表性。

表 2　1996—2011 年埃塞俄比亚家庭预算调查数据统计概况

变量/年份	观测值	均值	标准误	最小值	最大值
1995/1996					
贫困人口率	12 342	0.46	0.50	0.00	1.00
平均消费	12 342	1 311	964	184	49 335
基尼系数	12 342	0.26	0.03	0.22	0.34
2000					
贫困人口率	17 332	0.44	0.50	0.00	1.00
平均消费	17 332	1 327	891	196	51 925
基尼系数	17 332	0.27	0.04	0.21	0.40

（续）

变量/年份	观测值	均值	标准误	最小值	最大值
2005					
贫困人口率	21 595	0.39	0.49	0.00	1.00
平均消费	21 595	1 541	2 266	161	155 948
基尼系数	21 595	0.27	0.05	0.22	0.57
2011					
贫困人口率	27 830	0.30	0.46	0.00	1.00
平均消费	27 830	1 825	1 532	202	133 286

表3中的卢旺达数据在2000—2010年也表现出了类似的趋势。该数据集包含27 626户样本家庭，代表了33个地区。从数据中可以看出，尽管不平等程度略有上升，但卢旺达也通过经济增长实现了减贫。这两个国家都实施了改革，并且对公共部门作出有力投资以促进经济增长和减贫。

表3 2000—2010年卢旺达家庭预算调查数据统计概况

变量/年份	观测值	均值	标准误	最小值	最大值
2000					
贫困人口率	6 420	0.56	0.5	0	1
平均消费	6 420	91 375	164 540	3 661	5 831 642
基尼系数	6 420	0.4	0.08	0.28	0.57
2005					
贫困人口率	6 900	0.53	0.5	0	1
平均消费	6 900	104 923	229 999	3 429	9 761 221
基尼系数	6 900	0.46	0.1	0.26	0.74
2010					
贫困人口率	14 306	0.45	0.5	0	1
平均消费	14 306	120 778	274 102	7 097	12 300 000
基尼系数	14 306	0.43	0.07	0.32	0.63

四、实证结果

随着初始贫困发生率的下降，欠发达国家在过去30年当中是否经历了更快的后续减贫进程？什么因素可以揭示一国内部贫困收敛效应的存在或缺位？如何解释撒哈拉以南非洲地区（SSA）减贫速度很快，但贫困—增长动态与其他发展中国家存在差异？在本节当中，我们将给出来自所有欠发达国家、SSA国家、埃塞俄比亚和卢旺达地区这三个不同子样本的实证结果。

（一）欠发达国家（LDCs）

如表4所示，当我们考虑来自时间序列维度的信息时，作为整体的LDC国家在两段时期内确实都经历了贫困收敛的过程，即更快的减贫速度显著与更高的初始贫困发生率相联系。这一发现在不同回归过程中的表现是稳健的；如我们所预期的，系统GMM估计量位于*POLS*估计量（由于被解释变量负值而向下偏误）与FE估计量（向上偏误）之间。

表4　欠发达国家的贫困收敛状况

	POLS	*FE*	*SysGMM*	*FODGMM*
LDCs，1981—2014				
初始贫困对数值	0.013 [0.999]	−0.158*** [−3.479]	−0.086* [−2.415]	−0.189*** [−3.636]
N	523	523		523
R^2	0.069	0.147 0		
X^2			223.23	581.78
AR（2）p值			0.151	0.181
Sargan p值			1.000	0.562
Hansen p值			1.000	0.000
工具变量数			210	194
LDCs，1977—2007				
初始贫困对数值	−0.051** [−3.259]	−0.259*** [−7.520]	−0.170*** [−4.314]	−0.299*** [−11.476]
N	392	392	392	392
R^2	0.179	0.544		
X^2			6.90E+04	214.44
AR（2）p值			0.514	0.406
Sargan p值			0.998	0.992
Hansen p值			1.000	1.000
工具变量数			78	100

注：本表报告了式（3）对贫困收敛的实证回归结果。*T*比率已根据异方差性做了修正，报告于括号中。显著性水平：* $p<0.05$，** $p<0.01$，*** $p<0.001$。

除了衡量模型总体合适程度的 χ^2 值，我们同时也报告了动态 GMM 回归的检验 p 值。二阶自回归（AR（2））的较大 p 值意味着拒绝没有序列相关的原假设，因而我们使用三期或更多期滞后的值作为工具变量。工具变量的数量远小于对应的观测值数量，这意味着我们不太需要担心 Sargan 和 Hansen 检验的统计量被过多的工具变量弱化。最后，Sargan 和 Hensen 检验的较大 p 值表明不能拒绝原假设，也即工具变量是联合外生的①。

为了观察如何解释 LDC 国家内强烈的贫困收敛效应，我们接下来估计了第二节中设定的（1）、（4）、（5）式，这些回归式考察了平均收敛效应，以及平均经济增速、减贫速度和它们初始水平之间的关系。我们将结果报告在表 5 和表 6 中。为了节省行文空间，除非另作说明，我们将不会在表格中报告 GMM 估计量的检验统计量。同时，我们将仅报告 FE 和 SYSGMM 估计量，所有未报告的结果都可以向作者索取。

表 5　根据数据集计算的欠发达国家平均收敛水平

	POLS	*FE*	*Sys GMM*	*FOD GMM*
LDCs，1981—2014				
初始贫困自然对数	0.013	−0.158***	−0.086*	−0.189***
	(0.999)	(−3.749)	(−2.415)	(−3.636)
观测值	523	523	523	523
R^2 或卡方	0.069	0.147 0	223.23	581.78
LDCs，1977—2007				
初始贫困自然对数	−0.051**	−0.259***	−0.170***	−0.299***
	(−3.259)	(−7.520)	(−4.314)	(−11.476)
观测值	392	392	392	392
R^2 或卡方	0.179	0.544	6.90E+04	214.44

表 5 显示 LDC 国家在所研究的期间内有显著而稳健的无条件收敛效应。表 6 则给出了三点发现。①给定初始贫困水平不变的情况下，初始消费水平较

① 一方面，Roodman（2009）建议人们应将小于 0.1 或大于 0.25 的 Hansen p 值视为“潜在的麻烦征兆”，但另一方面又表示“不应过于依赖 Sargan / Hansen 统计量”。我们的实践证实了这一点：0.1 到 0.25 之间的 Hansen p 值非常少，并且往往出现于那些远离 POLS 和 FE 估计量的偏离估计量。Roodman（2009）认为这种情况将会损失大量的有效性。

低的国家后续有更快的平均增长速度 $\hat{\beta}$。②控制初始平均消费水平不变，初始的贫困水平直接减缓后续平均经济增速 $\hat{\gamma}$。③根据初始贫困水平调整后的平均消费增速在初始贫困水平 $\hat{\eta}$ 更高的国家减贫效果更弱。这一结论在两个时期内都成立①。

表 6　欠发达国家的直接与间接贫困效应

数据集/效应	直接贫困效应		间接贫困效应	
	FE	*SysGMM*	*FE*	*SysGMM*
LDCs，1981—2014				
对数初始均值 β	−0.151***	−0.061*		
	[−4.513]	[−2.414]		
对数初始贫困 γ	0.002	−0.007		
	[0.198]	[−1.025]		
贫困调整增长率			−3.309***	−3.279***
			[−9.463]	[−5.434]
N	528	528	523	523
R^2 或卡方	0.219	431.185	0.311	316.534
LDCs，1977—2007				
对数初始均值 β	−0.257***	−0.236***		
	[−7.391]	[−3.888]		
对数初始贫困 γ	0.005	−0.021		
	[0.238]	[−1.590]		
贫困调整增长率			−2.823***	−2.807***
			[−9.261]	[−6.661]
N	396	396	392	392
R^2 或卡方	0.509	398.140	0.719	480.391

根据表 5 表 6 的估计结果、样本平均贫困水平、平均消费增速、减贫速率对平均增速的标准弹性，我们能够计算三类效应的幅度，从而了解到它们各自对贫困收敛的贡献。我们将这一作法称为贫困收敛分解，并将结果报告于表 7

① 我们还注意到，这些增长弹性估计量与使用面板数据集估计身份模型所获得的估计量非常相似（Fosu，2015；Thorbecke & Ouyang，2017）。

中。我们注意到，总体来看，三类效应与实际贫困收敛率较为吻合，这表明它们确实是 LDC 国家在被研究期间发生贫困收敛的重要贡献因素。

表 7　欠发达国家的贫困分解结果

数据集/模型	LDCs	1981—2014	LDCs	1977—2007
	FE	*SysGMM*	*FE*	*SysGMM*
均值收敛效应	−0.145*	−0.168*	−0.241***	−0.212***
直接贫困效应	−0.004	0.015	−0.007	0.032
间接贫困效应	0.029***	0.028***	0.021***	0.021***
上述三项之和	−0.120	−0.025	−0.228	−0.159***
实证贫困收敛率	−0.158***	−0.086*	−0.259***	−0.170***
	[−3.479]	[−2.415]	[−7.520]	[−4.314]
N	523	523	392	392
R^2 或卡方	0.147	223.23	0.512	6.90E+04

总结而言，在 1970 年代后期至 2010 年代早期之间，LDC 国家各自经历了较强的贫困收敛过程，即减贫速度随国家初始贫困发生率下降而增加。这种收敛主要通过较强的平均收敛效应来解释，这种收敛效应仅受到显著但幅度较小的反向间接贫困效应影响，而被部分抵消。直接贫困效应则并未被观察到。

（二）撒哈拉以南非洲国家（SSA）

尽管 SSA 国家在平均意义上经历了快速的减贫、不平等改善、总量增长（Pinkovskyi & Sala-i-Martin，2014；Fosu，2015；Thorbecke & Ouyang，2016），但它们仍是发展中国家当中最为贫困的国家。在 2013 年时，SSA 国家使用 1.9 美元和 3.2 美元（2011 年不变价）的平均贫困人口率分别为 66%和 41%（Povcal Net 地区加总）。这些 SSA 国家在过去的数十年中是否发生了贫困收敛？贫困收敛发生或缺位的原因是什么？

SSA 地区的发展中国家在被研究期间也经历了显著的贫困收敛（表 8 和表 9）。对此有所贡献的不仅是较强的、大于间接贫困效应的平均收敛效应，还有显著的正向直接贫困效应，其中高初始贫困水平与高平均经济增速有关（表 10）。如表 11 中所总结的，这一正向直接贫困效应解释了 1977—2077 年我们在 SSA 地区实证观察到的贫困收敛率的 15%。

表 8　SSA 国家的贫困收敛情况

数据集/模型	*POLS*	*FE*	*SysGMM*	*FOD GMM*
SSA，1981—2014				
对数初始贫困	−0.009	−0.146***	−0.114***	−0.114***
	[−0.926]	[−4.367]	[−4.662]	[−4.662]
N	101	101	101	101
R^2 或卡方	0.708	0.912	5.90E+04	5.90E+04
SSA，1977—2007				
对数初始贫困	−0.072*	−0.321***	−0.101***	−0.072
	[−2.098]	[−9.466]	[−3.654]	[−1.581]
N	66	66	66	66
R^2 或卡方	0.521	0.826	5.10E+05	1.70E+06

表 9　SSA 国家的均值收敛情况

数据集/模型	*POLS*	*FE*	*SysGMM*	*FOD GMM*
SSA，1981—2014				
对数初始贫困	−0.021*	−0.130***	−0.072***	−0.075**
	[−2.540]	[−6.192]	[−2.713]	[−2.697]
N	101	101	101	101
R^2 或卡方	0.529	0.734	2.90E+08	3.10E+08
SSA，1977—2007				
对数初始贫困	−0.091*	−0.355***	−0.069*	−0.074
	[−2.266]	[−12.455]	[−2.337]	[−1.625]
N	66	66	66	66
R^2 或卡方	0.370	0.878	7.00E+05	3.50E+06

表 10　SSA 国家的直接与间接贫困效应

数据集/模型	直接贫困效应		间接贫困效应	
SSA，1981—2014	*FE*	*SysGMM*	*FE*	*SysGMM*
对数初始均值 β	−0.109***	−0.108*		
	[−4.031]	[−3.237]		
对数初始贫困 γ	0.048	−0.011		
	[1.526]	[−0.390]		

（续）

数据集/模型	直接贫困效应		间接贫困效应	
贫困调整的增长			−1.365***	−1.164***
			[−17.625]	[−14.760]
N	101	101	101	101
R^2 或卡方	0.74	641.777	0.944	3.50E+03
SSA，1977—2007				
对数初始均值 β	−0.349***	−0.041***		
	[−7.101]	[−10.509]		
对数初始贫困 γ	0.018	0.042***		
	[0.158]	[7.604]		
贫困调整的增长			−1.349***	−1.929***
			[−9.906]	[−5.397]
N	66	66	66	66
R^2 或卡方	0.879	57.815	0.856	354.437

表 11　SSA 国家的贫困分解结果

回归模型/数据集	SSA	1981—2014	SSA	1977—2007
	FE	*SysGMM*	*FE*	*SysGMM*
均值收敛效应	−0.091***	−0.076*	−0.296***	−0.071***
直接贫困效应	−0.020	0.004	−0.005	−0.016***
间接贫困效应	0.011***	0.009***	0.017***	0.025***
上述三项之和	−0.100	−0.062	−0.284	−0.062
实证收敛率	−0.147***	−0.114*	−0.321***	−0.101***
	[−4.367]	[−4.662]	[−9.466]	[−3.654]
N	101	101	66	66
R^2 或卡方	0.922	5.40E+04	0.828	5.10E+05

（三）埃塞俄比亚和卢旺达地区

使用来自单个欠发达国家不同地区的微观数据检验上述发现会有什么结果？为了回答这一问题，我们以来自埃塞俄比亚和卢旺达的地区级代表性大数据集来开展实证研究。

如表 12 所示，埃塞俄比亚的地区在 1996—2011 年经历了显著的平均收敛（列 1），但这一结论在包含初始贫困（列 2）和其他控制变量时并不稳健。这些控制变量中，我们尤其注意到特定区域生活在城市地区的比例——该变量尤其重要，因为经济增长通常是偏向城市的（列 3）。另一方面，我们观察到至少在起始阶段（1996—2005 年），埃塞俄比亚的各地区享受了来自初始贫困的正向直接效应（列 4），这与我们在国别面板分析中的发现相一致（表 10）。在埃塞俄比亚，初始贫困与后续平均经济增速的正向联系很有可能与这段时期该国强有力的政策导向相关——这些政策将公共资源投向了所谓的“弱势”地区。

表 12　初始收入、贫困对收入平均增长率的回归结果，埃塞俄比亚（1996—2011 年）

模型/变量	(1)	(2)	(3)	(4)
初始均值	−0.052 8*	−0.022 1	−0.016 1	−0.046 3
	[−2.66]	[−0.73]	[−0.53]	[−1.69]
初始贫困		0.224	0.227	0.253**
		[1.26]	[1.28]	[3.7]
城镇居民比例			−0.137	
			[−1.06]	
截距项	0.906	0.890	0.890	0.751
	[6.91]	6.75	[6.71]	[4.3]
N	106	106	106	67
R^2	0.046	0.063	0.075	0.292

注：第（1）列和第（3）列使用了全样本数据。第（4）列使用了 1996—2005 年的数据。括号中报告的为 t 统计量。所使用的回归式为第 4 小节中列出的（4）式。使用的回归模型是固定效应模型。括号中的 t 值全部经过了异方差调整。** 表示在 1%程度下显著，* 表示 5%程度下显著。

如表 13 所示，这种正向的贫困效应对埃塞俄比亚高达−0.20 的贫困收敛率的贡献为 40%（t 比率为−1.81），这一贡献比例非常可观。这一结论与我们在 SSA 国家层面数据中发现的结果（表 11）相一致，并且效应幅度更大。

表 13　贫困收敛率的分解（埃塞俄比亚与卢旺达）

分解项	埃塞俄比亚	卢旺达
（1）均值收敛效应	−0.130	−0.008
（2）直接贫困效应	−0.080*	−0.001
（3）间接贫困效应	0.015	0.001

（续）

分解项	埃塞俄比亚	卢旺达
计算的贫困收敛（三项之和）	−0.196	−0.008
回归分析的贫困收敛率	−0.200*	−0.120*
	[−1.81]	[−1.80]

注：本表报告了正文中（6）式的三个分解项。三项之和给出了预测的贫困收敛率，这个预测值既可能符合也可能不符合由（1）式计算得到的实际值。

最后，表 13 显示卢旺达地区在 10%的置信度下也发生了显著的贫困收敛。然而，测算得到的收敛率（−0.12）远大于三类效应的总和（−0.008）。如第二节中所述，这很可能意味着卢旺达地区在 2000—2010 年的贫困收敛是由模型之外的因素所驱动的，例如指向贫困地区的政策导向；而检测这一猜测则超出了本文的范围。

五、结　　论

尽管贫困收敛是一个重要的研究课题，但对贫困收敛研究主要集中于均值收敛——这在某种程度上具有一定的讽刺意味：因为人类社会追逐经济增长的最重要原因之一，就是要使贫困人口脱离贫困陷阱。现有寥寥文献中对贫困收敛的研究主要依赖于截面数据，且并未找到太多关于发展中世界存在贫困收敛现象的证据，也即，在一段给定时期中，初始状态更为贫困的发展中国家并未享受到更快的减贫速度。其原因在于，在 1977—2007 年，增长的优势、均值收敛效应，都被间接贫困效应和强烈的反向直接贫困效应所削弱了。

为了更全面地刻画发展中国家的贫困收敛效应，我们实施了包含系统 GMM 方法、Arellano，Bond 等人提出的 FOD 变形差分 GMM 方法（1991，1995，1998）的动态面板分析，考察了四个面板数据集，分别包含了两段时期的 90 个发展中国家（1977—2007 年；1981—2014 年），1995—2010 年的 42 个埃塞俄比亚地区，以及 2000—2010 年间的 33 个卢旺达地区。

我们发现，当考虑到时间序列层面的信息之后，发展中国家——不论是整体还是仅考虑 SSA 国家——都随着初始贫困发生率的下降而享受到了更快的后续减贫速度；其原因是初始贫困率仅仅是部分地、间接地削弱了增长的优势和平均收敛效应，而直接贫困效应则非常微弱，或是显著为正（SSA 国家，1977—2007 年）。通过分析埃塞俄比亚和卢旺达的数据，我们获得了类似的结果：显著的正向直接效应——很有可能源自强有力的政府减贫政策——贡献了1995—2005年间埃塞俄比亚贫困收敛幅度的40％。

来源：Yusi Ouyang，Abebe Shimeles，Erik Thorbecke，2018. Do Developing Countries Enjoy Faster Poverty Reduction as Their Initial Poverty Incidences Decline over Time? A Dynamic Panel Analysis. IZA DP No. 11389.

第四部分

国别案例

在60分钟内对家庭支出和贫困的测度

——一种新方法及其在摩加迪沙的应用结果

Utz Pape　Johan Mistiaen

摘要： 在一些被危险和冲突困扰的脆弱国家和地区，开展面对面调查采访的时间非常有限。这就妨碍了用于衡量贫困家庭长期消费支出调查的管理。这篇论文展现了一种在调查访谈时间很有限的情况下，来评估贫困的一种方法。调查消费项目的有限列表被有选择地划分为数个核心模块，并根据一定规则划分为内容不重叠的可选择模块。每个受调查的家庭会被系统地分配到核心模块中，并随机分配到其中一个可选模块。进一步，该方法运用多重归因分析技术估算总体家庭消费情况。在事后模拟分析的基础上，在索马里的塞尔赛萨市收集的家庭预算调查数据证明了该方法可以用来作为常规性的家庭预算调查方法。然后将该方法应用于摩加迪沙进行的一项调查，在该调查中，每次采访时间不能超过60分钟。

关键词： 贫困与不平等测度；调查方法

一、引　言

贫困是测度人口社会经济福祉的最重要的指标。作为贫困的主要指标之一，货币贫困是根据发展中国家家庭消费水平和贫困线标准的福利加总指标来测算的。贫困线代表健康生活所需的最低福利水平。根据惯例，消费总量数据的估计，需要开展耗时较长的家庭消费调查。家庭消费问卷记录了消费和支出的食品和非食品项目清单。由于通常包含300～400个问题，问卷的调查时间通常超过90～120分钟。除在较长的调研时间导致的高成本之外，受访者的厌倦感也增加了测算误差，这一问题在问卷末端的栏目中尤其显著。在一个不稳

作者简介：Utz Pape和Johan Mistiaen是世界银行经济学家。

定的国家中，面对面 90～120 分钟的调研时间很可能超出了可行的范围。例如，基于安全的考虑，在摩加迪沙的调研应限制在 60 分钟之内。

家庭消费调查在开展过程中所具备的广泛性，使得更新贫困估计数据变得困难，特别是在急需获得新数据的情况下，例如在受到冲击之后的脆弱国家。因此，许多新方法被制定出来，以减少开展调查的时间，从而在更少的调查时间内收集到消费数据。减少调查时间最直接的方法是减少问题的数量，具体作法可以是直接询问加总值，也可以是跳过那些并不经常消费的项目，这样的方法被称为简化消费法。然而，这两种方法均被证明会低估消费，并反过来高估贫困（Beegle et al，2012）。拆分调查问卷并多次拜访是另一个解决方案——在脆弱国家的大环境背景下尤其适用——但这增加了所需要的样本规模，同时也导致了高成本。此外，多次访问同一个家庭也可能增加安全方面的问题。

第二类方法基于一个完整的消费基线调查，并通过收集一个小子集的相关指标来更新贫困估计（Douidich et al，2013；SWIFT）。此类方法使用少数易于收集的指标，去估计一个基于基线调查的福利模型。这种方法允许调研者通过收集指标而非直接获取消费数据来更新贫困估计。尽管这种方法具有成本有效性，并且在通常情况下易于实施，但是在面对冲击、国家较为脆弱等环境下，该方法存在两个主要缺点。首先，该方法需要基线调查，而基线调查有时——比如在摩加迪沙——是不存在的。其次，这种方法依赖于从基线调查中估计获得的结构模型（Christiaensen et al.，2010；Christiaensen et al.，2011）。在发生冲击的情况下，结构假设常常是无法成立的，且无从检验。因此，基于不成立假设的更新后贫困数据倾向于低估冲击对贫困的影响。因此，跨调查推算方法在发生冲击、较为脆弱的情况下并不适用。

据此，我们提出一种结合创新问卷设计和标准归因技术的新方法。这种方法大大减少了开展一次消费调查所需要的时间，并能在 60 分钟内获取可信的贫困估计。此外，我们提出的调查问卷的设计可规避系统性偏差。

在下一节中解释该方法的细节后，我们将通过对索马里哈尔吉萨收集家庭预算数据的前后评估比较，检验该方法的效果。接下来，我们运用此方法收集索马里摩加迪沙地区的数据。但需要说明的是，由于安全方面的限制，收集全部消费的数据是不可能的。消费估计的一致性通过执行有效性检验进行评估。

在本文的结论中，我们讨论了关于该方法的局限性，以及应用计算机技术所带来的好处，以及对未来进一步研究的展望。

二、方法介绍回顾

快速消费调查方法包括五个主要步骤。一是以消费重要性为基础选择核心项；二是剩余项被划分为可选模块；三是将可选模块分配给家庭组；四是数据收集完后，将可选消费模块分配给所有的家庭；五是将获得的消费数据用于估计贫困指标。

首先，选择核心消费项目。一个国家国民的消费包含很多变量，但通常情况下，少数几个消费项目占据了家庭消费中绝大多数的比重。我们把这些消费项目分配给核心模块。重要消费项目的类别可通过其占家庭食品消费的比重来确定。在实际操作中，我们使用相同国家或邻近类似国家此前的消费调查数据来估计食物在家庭消费中所占的份额①。

第二，非核心项可以分配到可选模块中。可以用不同的方法划分可选模块。在最简单的情况下，剩余项可根据其占家庭食品消费的比重来依次归类。一个更复杂的方法是考虑消费项目之间的相关性，并将它们按模块划分为互斥的集合。当然，这一方法会导致用于估计总消费的各个模块之间存在较高的相关性。

理论上讲，所调查的项目是否划分为核心项目或可选项目，不应反映在问卷中。如果将划分模式进一步细化，那么会导致众多模块当中有过多彼此不同的项目。然而，模块的结构不应影响问卷本身的布局。相反，每个家庭所有的消费项目总会被归类进入某一些时段的某一些模块之中（如谷物）。因此，我们建议在归类时使用CAPI技术，该技术能够在问卷布局中隐藏设计者的模块划分意图。

第三，将可选模块分配到家庭户组。这种分配将是随机的，以确保对当地家庭的足够代表性。此步骤在实际数据收集之后进行。

第四，通过插补法估计家庭消费水平。每个可选模块的平均消费可以根据分配给可选模块家庭的子样本进行估算。在最简单的情形下，用简单的平均值就可以获得估计值。可使用的更复杂的技术包括基于家庭特征和核心消费项目的福利模型。在下一个部分，我们将提出六种技术，对从哈尔吉萨获取的数据进行评估。

对消费总量进行单一插补将会低估家庭消费数据的方差。根据贫困线位置

① 如后面的论述，项目的模型分配被证实是稳健的，对消费份额的大致评估不需要基线调查。

的不同，可能产生对贫困的低估或高估。基于 Bootstrapping 的多重插补算法可以减轻这个问题，但会使分析变得更加复杂。我们使用单一归因技术、多元归因技术对所选方法进行评估。

三、模型创建

家庭消费估计的项目支出总和如下式：

$$y_i = \sum_{j=1}^{m} y_{ij} \tag{1}$$

其中 y_{ij} 表示家庭 i 中 j 项的消费，每个 M_k 列表项可以被分割成 $m+1$ 模块：

$$y_i = \sum_{k=0}^{m} y_i^{(k)} \text{和} y_i^{(k)} = \sum_{j=1}^{m^k} y_{ikj} \tag{2}$$

对于每个家庭，只有核心模型 $y_i^{(0)}$ 和附加可选模型 $y_i^{(k*)}$ 是可以收集获取的。

项目对模块的分配应基于之前的调查，或基于有相似消费行为的国家的调查。由于核心模块对所有家庭都是统一的，因此应包括消费份额最大的项。可选模型可通过不同方式进行构建。目前，我们使用一种迭代算法将不同的消费项目分配给可选模块。模块内的项目是互斥的，模块之间具有相关性。在每一步的分配中，都优先选择未被分配的项目中占比最高的项目。我们针对每个模块，用家庭规模、所有分配给该模块的项和未分配的项的消费量对总消费额进行回归。如果加入一个消费项使得回归的 R2 大幅度增加，那么我们就会纳入该项目。基于消费份额顺序归类的做法，有可能引起不同模块之间消费占比的显著差异。因此，我们专门引入一个参数，以确保分配过程中每次引入新的消费项目，在模块之间引起的份额差异超过 d。如果 $d=1$，那么在分配消费项目时，就能最大地平均化模块之间的消费份额①。如果增加 d 值，那么模块内互斥性和模块间的相关性就会增强。

可选模块的分配必须确保为每个可选模块分配给足够数量的家庭。家庭消费可用核心模块、已分配消费项的模块和剩余可选模块进行评估。

$$\widehat{y_i} = y_i^{(0)} + y_i(k^*) + \sum_{k \in K*} \widehat{y_i}^{(k)} \tag{3}$$

① 当 $d=1$，在模块中相同的消费份额并非最大的，因为分配相同项数的模型间，新的项目会被分配给最大正交模型，而不是分配给占有最低消费份额的模型。

这里 $K^* =:\{1,\cdots,K-1,K+1,\cdots,M\}$，表示未分配的可选模块集。

（一）消费估计

未分配的可选模块的消费额，可通过不同技术进行估计。可供使用的技术可分为三大类，但这三类技术在复杂性和理论基础上有所差异。第一类技术简单地使用如平均数这样的汇总统计方法补充缺失数据。第二类技术基于多变量回归模型。第三类技术则涉及变量的多重插补技术。

（二）汇总统计（平均值和中位数）

这类技术应用在特定模块消费的汇总统计中，并将结果应用于缺失模型。对于模型 k，汇总统计量 f 计算如下：

$$\widehat{y}^{(k)} = f(\langle y_i{}^{(k)} \rangle_i) \tag{4}$$

对于家庭 i，家庭消费额估算如下：

$$\widehat{y_i} = y i^{(0)} + y i^{(k^*)} + \sum k \in K \cdot \widehat{y_i}^{(k)} \tag{5}$$

因此，对于缺失的模块，我们会给每个家庭分配相同的消费额，再使用平均数和中位数用作汇总统计量。中位数对于异常值具有更大优势，但有一种情况例外：如果在一个模块中超过一半的家庭的消费量为 0，那么使用中位数就无法获取特定模块的消费量。

（三）模块回归（OLS 和 Tobit 回归）

模块回归估算技术会对每个模块进行回归运算。这样，我们就可以获取核心消费和其他家庭消费项目间的特征差异。

$$\widehat{y_i}^{(k)} = \beta_0{}^{(k)}\ y_i{}^{(0)} + x_i{}^T \beta^{(k)} + u_i{}^{(k)} \tag{6}$$

用 x_i^T 代表家庭消费特征的矢量，$u_i{}^{(k)}$ 代表误差项，并假设误差项符合正态分布 N（0，$\delta^{(k)}$）。模块化估算技术会分别对每个模块进行回归分析。模型中系数根据分配给模型 k 的子样本进行估算。通常，Bootstrapping 算法使用剩余分布进行模拟多次插补，但是这种方法在此处并不适用。考虑到不可能出现负消费，我们 Tobit 回归的下限设为 0。对于 OLS 回归，我们将负的输入值修改为 0。

（四）多重插补链式方程（MICE）

多重插补链式方程（MICE）对每个变量运用回归模型，并允许在独立或非独立变量中存在缺失值。由于该技术允许独立变量中存在缺失值，所有可选模型的消费量都可用作解释变量：

$$\widehat{y_i}^{(k)} = \beta_0{}^{(k)}\ y_i{}^{(0)} + \sum_{k'\in K*} \beta_{k'}{}^{(k)}\ y_i{}^{(k')} + x_i{}^T \beta^{(k)} + u_i{}^{(k)} \tag{7}$$

在解释性变量中的缺失值，可在第一步中随机获取。这些缺失值可以用从分布估算中获得的输入值代替，而后者是从（$y_i{}^{(k')}$）函数回归的分布估算中获得的。虽然链式方程在理论上不能显示分布的收敛性，但其实际应用结果却令人满意，并被广泛使用。

（五）多元正态回归（MImvn）

多重插补的多变量正态回归使用 EM 类算法，对模型参数和缺失值进行迭代估计。与链式方程式相比，这种技术能够保证将分布收敛到最佳值。首先，EM 算法从之前的分布提取缺失数据（通常是非信息性的），并运行 OLS 获得估计系数。重复该算法，从后面的模型分布获取缺失值，并使用缺失值的估算值来重新估计模型，获得新的模型系数。在实际操作中，使用多重插补方法的多元正态回归采用的是数据增强算法。该算法与 EM 算法相似，但是其系数通过分布范围获取，而不是通过似然最大化获取。因此，在该算法中使用的迭代过程是在参数空间中的蒙特卡罗—马尔科夫链运算过程，并收敛到平稳分布，使平均值超过缺失值。一旦获取的模型估计值在平均意义上超过缺失值分布，那么缺失值的分布就会在此状态下稳定。实际操作中，使用 DA 算法通常比使用标准 EM 算法更快达到收敛结果。

$$\widehat{y_i}^{(k)} = \beta_0{}^{(k)}\ y_i{}^{(0)} + x_i{}^T \beta^{(k)} + u_i{}^{(k)} \tag{8}$$

（六）评估绩效

要对不同的评估技术进行比较，通常要基于相对偏差（误差分布的均值）和相对标准差这两个指标。相对偏差的定义是消费估计值和消费参考值之差的百分比（基于全消费模型）：

$$e_i = \frac{\widehat{y^i} - y_i}{y_i} \tag{9}$$

相对偏差是相对误差的平均：

$$\bar{e} = \frac{1}{n} \sum\nolimits_{i=1}^{n} e_i \tag{10}$$

相对标准误是相对误差的标准偏差：

$$se = \sqrt{\frac{1}{n}\sum_{i=1}^{n} {e_i}^2} \quad (11)$$

基于多次插补的估计，e_i是插补项的平均。

对于基于家庭消费分配的可选模型而言，每个估算过程都是随机运行的。约束条件确保每个可选模型都被平均分配给每个被选取的家庭。我们会在所有的模拟中选取相对偏差和相对标准误差。

对评估技术的绩效评价可以在不同水平上进行。在家庭水平上，相对偏差代表了家庭消费间的相对差异。同样，在全球水平上，总平均消费的差异评估方法，与在家庭层面对平均消费情况进行评估类似。

四、总　　结

在本节中，我们首先将快速消费调查法应用于从索马里哈尔吉萨获取的系列数据。这其中包含了使用从哈尔吉萨获取的数据所构建的全消费模型。通过运用快速消费调查法，我们对这种方法的绩效进行评估，并与传统的调查方法进行比较。随后，我们介绍了摩加迪沙的高频测算的结果。这些国家所存在的安全风险限制了面对面采访的时间，因此，我们需要将调查时长控制在 1 小时之内。最终，我们利用快速消费方法得出了摩加迪沙有史以来的第一项消费估计结果，且通过了一致性检验。这一结果证明了该方法的有效性。

（一）后续模拟

我们之所以选择将快速消费方法应用到索马里哈尔格萨的家庭预算数据收集，是因为马里哈尔格萨是与摩加迪沙最相似的城市。使用从哈尔格萨获取的全面消费数据，可以帮助我们对新方法进行全面评估。基于选定的指标，我们能够对快速消费方法和使用传统全消费模型评估的结果进行比较。

我们在模拟中，将每个家庭消费项分配给一个可选模块，如果某一消费项无法分入模块，我们就剔除相应数据。我们对每个家庭的各个模块都使用了多种模拟技术。通过模拟，我们计算出三个消费总量和四个测算贫困和不平等的指标。我们的测算从三个不同的维度获取准确的消费指标来评估结果。这三个维度包括家庭维度、群体维度（包括约 9 个家庭）和家庭数据集维度。此外，我们使用贫困人数（FGT0）、贫困深度（FGT1）、贫困严重性（FGT2）以及基尼系数来估算消费不平等。

我们对上一节中讨论的 6 种估计技术进行了比较。我们的比较结论基于从模拟中获取的 20 种相对偏差和相对标准误差数值。

所有模拟都使用分配给模型的相同模块，每个模块使用参数 d=3 的相同算法（每个模块的消费份额数据见表 1）①。不同的估计技术在效果上存在很大的差异。我们将所选择的评估技术和简约形式的消费模型进行比较。在简约形式的模型中，所有家庭都使用同样的消费构成。模型所包含的项目数量和核心模块相一致，而每一个可选模块所需的面对面访谈时间都与快速消费调查方法相当。

表 1　项目数量和每个模型获取消费份额

	食物		无食物	
	项目数量	消费份额	项目数量	消费份额
核心	33	92%	25	88%
模型 1	17	3%	15	3%
模型 2	17	2%	15	4%
模型 3	15	2%	15	3%
模型 4	17	2%	15	3%

简约模型与完整模型相比，存在消费估计不足的问题（图 1 和图 2）。这一点并不令人惊讶，因为前者只从项目子集中收集消费量数据。此外，简约模型使用中位数作为统计量，也会导致对消费水平的低估。

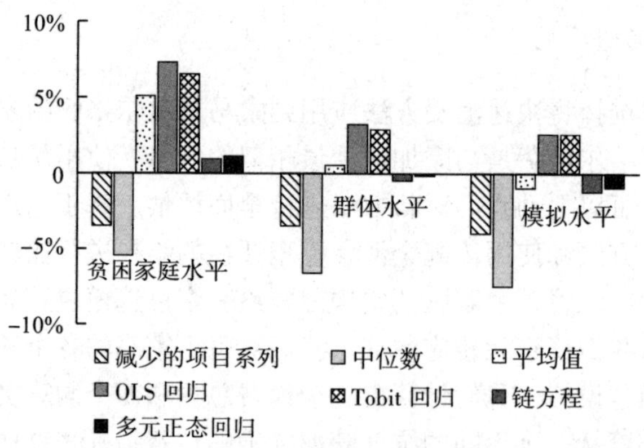

图 1　6 种技术在家庭、群体和模拟水平上的平均相对偏差

① 我们用分配给模型不同的项进行稳健性检验，包括设定参数 $d=1$ 和 $d=2$。对于分配给模型的项目变化，估计结果非常稳健。

由于消费分布有一个很长的右尾，因此消费中位数水平的家庭比平均数水平的家庭更为贫穷。在哈尔格萨的案例中，有好几个可选模块，其样本家庭的消费量中位数为零。同样，中位数估计量对消费水平的低估在简约模型中也有相似的效果。相比之下，样本家庭的平均消费水平则大于中位数消费水平。因此，使用平均数作为消费统计量倾向于高估样本家庭的总体消费水平。

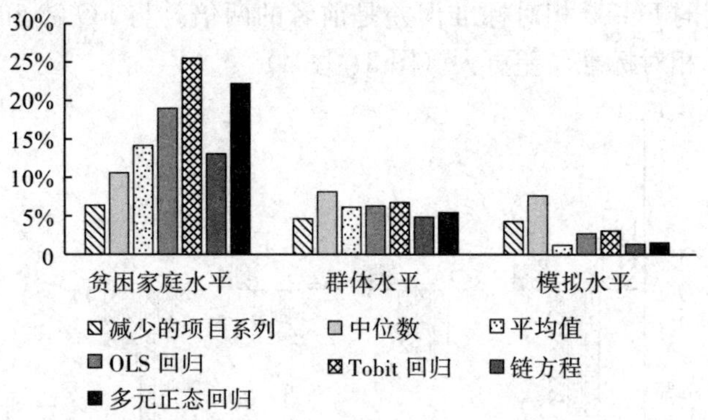

图 2　6 种技术在家庭、群体和模拟水平上的平均相对标准误

几乎我们使用的所有回归技术都获得了相似的结果，带有一定程度的向上偏差。Tobit 回归在家庭和群体水平上表现稍好。相比之下，多重插补技术的表现异常良好，其估计结果在所有水平下的偏差都低于 1%。

偏差数值对于理解估计量的系统偏离很重要，标准误差统计量本身则有助于理解估计的变化。一项估计量的标准误差在仅有一个家庭分配到最优模型的情况下是不可获得的，除非是在模拟设定下。因此，对于一项估计技术来说，保证相对标准误差在一个较小的范围内，是非常重要的要求。

一般来说，当估计从家庭层次移动到群体层次，再到全局层次，估计的相对标准误差会减少。在这方面，简约模型方法的相对标准误差比全面统计技术的相对标准误差小。在家庭层面，回归技术具有较大的相对标准误差，其水平大约在 20%左右；而多重插补技术的相对标准误差在 15%～20%。在群体水平上，回归技术的相对标准误差降至 7%，多重插补技术的相对标准误差则降至 5%。在整体水平上，回归的相对标准误差约为 3%。

通过使用标准的贫困和不平等指标，我们可以将估计获得的家庭消费分布形态，与参照组的家庭进行比较。参考组家庭的贫困人数统计（FGT0）为 57.4%。显而易见的是，由于对消费的低估，简约模型的消费和中位数统计量会高估几个百分点的贫困。多重插补技术对贫困的估计过高，但幅度仅为 0.5

个百分点。这样的结果明显好于简约模型，后者的结果有超过两倍的偏差。简约消费模型、中位数统计量和多重插补技术为 FGT1 和 FGT2 提供了良好的结果，不仅可以合理估计人员数量，而且可以获得合理的分布形状。除了中位数外，这些技术还可以很好地估计基尼系数，其估计结果的偏差小于 0.5 个百分点。相对标准误差的估计结果与消费估计结果类似。虽然与多重插补技术相比，简约模型的 FGT0 相对标准误差是前者的两倍。与 FGT2 和 GINI 相比，前者的 FGT1 相对标准误差更大（图 3、图 4）。

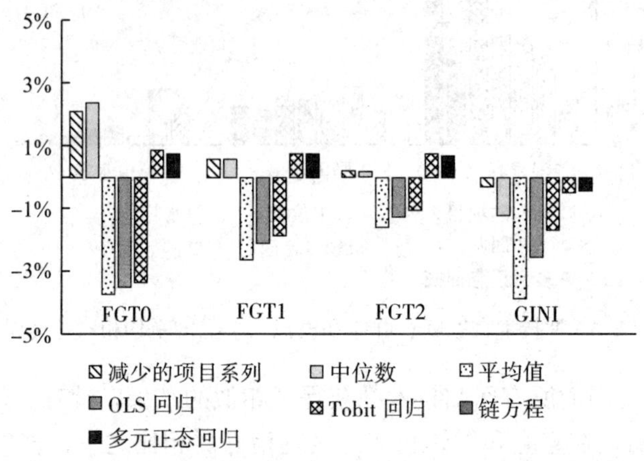

图 3　FGT0、FGT1、FGT2 的平均偏差和 GINI 系数

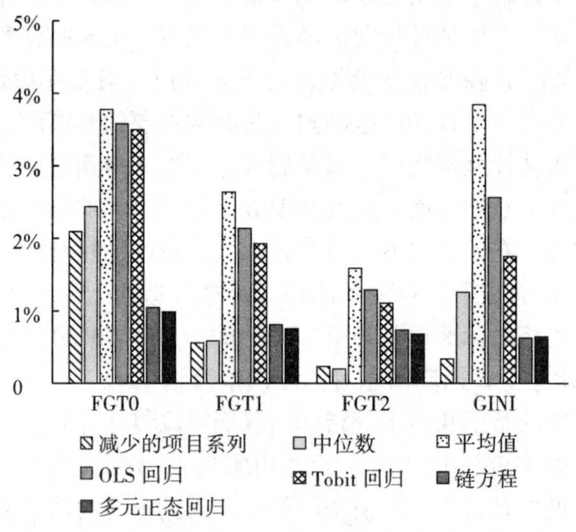

图4　FGT0、FGT1、FGT2 的平均标准误和 GINI 系数

总之，均值统计和一般回归方法不能获取令人信服的估计结果，而简约消费模型和中位数统计量的表现则较好，尽管两种方法都高估了贫困。只有多重差分技术可以运用在所有的评估中。特别在贫困人口统计中（FGT0），多重差分技术能够获得无偏的结果。

（二）摩加迪沙的运用

2014 年末，在摩加迪沙运用 CAPI，使用快速方法收集了摩加迪沙的消费数据。快速消费问卷确实大大缩短了面对面访谈的时间。一次家访平均需要 40 分钟（中位数为 35 分钟），这其中包括了见面问候、收集家庭人口学特征信息、消费模块信息以及感知问题。绝大多数的当面访谈时间不会超过 65 分钟。

在数据整理和数据质量筛选后，我们保留了有消费数据的 675 个样本家庭。通过建立福利模型，我们预测出可选模块中的消费缺失值。福利模型对核心消费施加检验（去除作为解释变量的核心消费）。食品消费模型的 R^2 为 0.24，而非食品消费模型的 R^2 为 0.16（表 2）。必须强调的是，相对于我们在预测中使用的模型，这些模型给出了更低下限的 R^2 数字，原因是预测模型将核心消费作为解释变量组的一部分。考虑到在上一节中对不同估计技术的评估结果，我们将使用多重插值的多元正态估计法来估计摩加迪沙数据集。

表 2　通过获取哈尔格萨的项目数和份额，在对未分配的模型归因之前估算摩加迪沙份额

	食品消费				非食品份额			
	项目数	哈尔格萨的份额	摩加迪沙的份额	摩加迪沙份额的归因	项目数	哈尔格萨的份额	摩加迪沙的份额	摩加迪沙份额的归因
核心	33	91%	64%	54%	26	76%	62%	52%
模型 1	29	3%	9%	16%	15	7%	9%	12%
模型 2	20	2%	14%	14%	15	5%	9%	12%
模型 3	15	2%	5%	6%	15	6%	8%	9%
模型 4	15	2%	8%	9%	15	6%	11%	15%

对于摩加迪沙的数据集，我们需要手动改进将项目分配到各模块的工作。

我们的改进对各个模块的消费份额影响较小（表 2）。奇怪的是，哈尔格萨和摩加迪沙之间各模块的消费份额都存在很大差异。使用哈尔格萨数据集，91％的食物消耗（76％的非食物消耗）在被纳入核心模块。相比之下，在不考虑未分配模块时，摩加迪沙的核心食品消费份额仅为 64％（非食品消费份额为 62％）。因此，根据哈尔格萨确定的消费份额来设定一个简约消费模型，可能会低估摩加迪沙的消费水平，且无法获知其低估的程度。相比之下，快速消费法允许我们对每个模块的份额进行估计，而消费估算程序则隐含地考虑到了每个家庭的“缺失”消费份额。

累计的消费分布可以在核心模块捕捉的消费、核心与可选模块捕捉的消费，以及插值消费模型之间进行比较。从结构上看，核心消费代表每个家庭最低消费额。从分配的可选模块中添加消费，会轻微移动累积消费曲线。随着非分配模块的估计消费份额的增加，估算的消费量将进一步移动（图 5）。

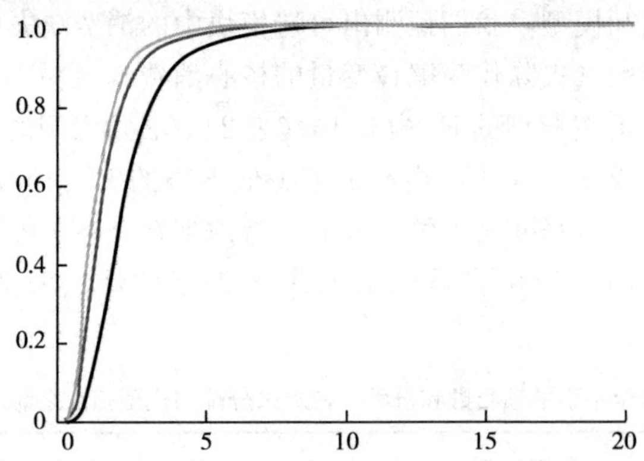

图 5　核心模型、核心与分配最优模块模型、插值消费模型的累计消费分布

由于我们无法在摩加迪沙获取一个完整的消费总量，因此只能根据消费总量的一致性以及其他样本家庭特征来确证所显示的估计值。人均消费通常随着家庭规模的增加而减少。事实上，家庭规模与估计的人均消费呈显著负相关（系数：－0.04，t 统计量：－2.10，p 值：0.04）。人均消费也随着家庭成员中儿童比例的增加而减少（系数：－0.28，t 统计量 tic：－1.66，p 值：0.098）。家庭中就业人员的比例显著增加了人均消费（系数：0.51，t 统计量：2.77，p 值：<0.01）。

（三）结论

事后模拟的结果表明，快速消费法能够可靠地评估消费和贫困。同时，摩加迪沙的经验表明，快速消费方法可以在风险极高的地区实施，并成功地将面谈时间限制在一小时以内。虽然这些结果令人鼓舞，但快速消费方法也存在一些局限性。

快速消费问卷的可理解性、项目顺序等在不同家庭之间存在差异。由于这一点而产生的回答偏差的影响既不能从模拟中估计，也不能从摩加迪沙收集的数据中估计。然而，如果我们使用一种加强的问卷设计，使不同的可选模块在其项目的综合性方面略有差异，就有望解决这一偏差。让受访者在综合列表和非综合列表中回答同一个问题，可能帮助我们降低回答偏差的下界。假设综合列表的回答能够获得更好的估计量，那么我们就能够相应地纠正回答偏差。

快速消费调查方法可能拉大调查工作人员的能力差距，加剧调查工具的复杂性。在发展中国家，特别是在脆弱的环境中，调查人员的能力往往很低。快速消费调查方法增加了调查问卷的复杂性，这可能进一步扩大现有普查人员能力与所需能力之间的差距。然而，CAPI 技术可以将问卷的复杂性与调查员自身能力隔离开来。因为软件可以根据每个家庭的核心模块和可选模块自动创建消费模块，而无需向调查人员显示分配方案。在摩加迪沙，我们采用了先进的 CAPI 技术，根据家庭分配可选模块，自动生成问卷。虽然调查人员知道不同的家庭将被要求问到不同的问题，但开展快速消费调查，并不需要对调查人员进行任何额外培训。

对快速消费调查数据进行分析需要很高的研究分析能力。发展中国家，特别是脆弱国家的分析能力通常有限。尽管将可选消费模块分配给家庭的总体思路能够被当地同行所接受，但基于消费分布样本的贫困分析可能会超出当地的研究能力。即使是标准的贫困分析，也常常超出脆弱国家当地同行的研究能力范围。因此，在当地开展能力建设，通常侧重于从长远角度收集数据并提高从业人员的数据分析能力。此外，快速消费调查方法是在某些地区获取贫穷估计量的唯一可能的方法，例如摩加迪沙。

事后模拟的结果和在摩加迪沙的应用表明，快速消费法是一种很有前途的方法，即使在环境动荡的地区，也能以成本效益高、速度快的方式估计消费和贫困数据。南苏丹的类似事后模拟（数据未显示）表明快速消费方法也可应用于国内消费差异较大的国家。进一步研究有助于完善方法和估算技术，更好地了解核心模块中的项目数与可选模块数之间的关系，以及由此得出的估计值的准确性，这些都有助于本方法得到进一步优化。此外，该算法的项目分配模块是特别设计的，也可以进一步改进。估计技术可以通过采用其他技术、更合适的福利模型来进行优化，例如可以尝试使用随机效应模型。最后，快速消费方法所获取结果，应该通过与全面消费调查结果进行直接比较来获得最终确证。

来源：Utz Pape，Johan Mistiaen. Household Expenditure and Poverty Measures in 60 Minutes A New Approach with Results from Mogadishu. Policy Research Working Paper，May 2018. Manchester：The University of Manchester.

对发展奇迹的解释

——马来西亚自20世纪70年代以来的减贫和人类发展

Asadullah　Niaz Mansor　Antonio Savoia

摘要：在比较的视角下，这篇论文为所谓的马来西亚发展进程的特殊性及其可能的解释提供了一个系统性的评估。使用跨国回归和教育、卫生、贫困和性别平等结果的综合指数，我们提供了三个发现。首先，我们提供了证据支持这样一种假设：马来西亚的人类发展水平的进步与具有类似经济发展水平的国家相比确实是非凡的。这些进步主要发生在20世纪70—80年代，因此表明其发源很早。其次，我们的研究表明，这一进步可以通过一种以收入为中介、支持和引导并重的混合机制来解释，其中包含了马来西亚早期对教育、卫生投入以及基础设施发展的重视。最后，我们认为与其他收入水平相似的国家相比，国家能力的早期优势可能是马来西亚成功实施减贫和促进增长政策的根源。

关键词：马来西亚；国家能力；制度；贫困；人类发展

一、引　言

许多人认为马来西亚独立后的经济表现和发展成就是一个“发展奇迹”（世界银行，1993；Stiglitz，2007；Dadzie，2013）。马来西亚不仅是少数几个在战后经历了高速和持续的宏观经济增长的发展中国家之一，还通过经济转型，从原材料出口国转型为制造业出口国，使本国进入了中上等收入国家的行列（增长和发展委员会，2008；世界银行，2010）。而且，该国大多数社会发展指标的水平稳步提高。马来西亚的减贫使该国生活在贫困线以下的人口比例

作者简介：Asadullah 和 Norma Mansor 供职于马来西亚大学经济与行政学系，Antonio Savoia 供职于曼彻斯特大学全球发展研究所（GDI）和环境、教育与发展学院（ESID）。

从 1970 年的 49.3%下降到 2002 年的 6%。该成果的实现不但早于千年发展目标（MDGs）的订立，并且惠及所有种族群体（Henderson et al，2002）。因此，马来西亚经常被引用为增长与再分配同时实现的成功案例。

但是它的成功似乎挑战了传统的解释。首先，从历史上看，马来西亚早期的特点是种族紧张和种族骚乱。因此，相对于其他种族分裂的国家，它的成就似乎违背了以种族、语言和宗教分裂为特征的国家在经济表现、制度发展、减贫和再分配方面面临挑战的普遍看法（Alesina et al，2003；Casey and Owen，2014）。其次，马来西亚的主要特点之一是对自然资源的依赖，这往往被视为对长期发展的“诅咒”，在政府治理质量较差的情况下尤其如此（Frankel，2012；Wenar，2013；Venables，2016）。例如，内部冲突、不平等、人力资本投资不足、宏观经济管理不善等问题的发生和加剧，往往归因于对有机物和矿物财富的经济依赖（Collier，2008；Isham et al，2005；Gylfason，2011）。但是马来西亚被认为是逃离了“资源诅咒”的国家之一[①]。

本文对马来西亚人类发展的所谓例外性进行了系统的实证研究，对其发展进程给出了一些解释，并识别了具体的发展途径。这是有必要的，因为虽然这个国家被视为对传统解释的挑战，并被视作一个“奇迹”，但是和类似经济发展水平的国家相比，马来西亚是否以及在何种程度上取得了更为卓越的成就并没有得到很好地记述。此外，目前对马来西亚的研究主要考察其经济表现[②]，而有关人类发展的研究，则仅着眼于特定的情节或维度，并没有以一种长期视角观察其所取得进展的起源，也没有对其可能的解释提供系统的实证检验[③]。

本文的分析分为三步。首先我们在一个跨国框架下，以比较的视角考察了马来西亚在 1970—2010 年期间发展的显著性。这段时期恰逢该国“新经济政策”（NEP）的实施。我们通过实证研究，考察马来西亚在关键发展指标上的表现是否以及在多大程度上优于其他发展水平相近的经济体，并以此来检验马来西亚的发展是否以及何时超过了其他发展水平相近的经济体。研究结果表明，在贫困、教育、健康、卫生和性别平等等诸多方面，该国的进步都非常卓

① 但是 Doraisami（2015）不这样认为。

② 关于经济表现的比较研究，见 Naiya（2013）和 Dadzie（2013）。着眼于长期增长的研究包括 Menon（2009）和 Sen and Tyce（2017），前者关注宏观经济政策，后者关注增长阶段的政治经济学。Ang and McKibbin（2007）提供了金融自由化对金融业发展影响的证据。

③ 关于马来西亚发展的评估包括 Henderson et al.（2002），Fredericks（2011），Naguib and Smucker（2009）和 Rodrigo and Mansor（2013）。

越。在减少收入贫困方面，该国的不同寻常之处在于其最大幅度的减贫发生在20世纪70年代，当时极端贫困在发展中国家仍普遍存在，推行利贫政策尚未成为规范。其次，进一步地检验记录了导致马来西亚成为例外的机制渠道：我们发现马来西亚的早期减贫是通过快速经济增长和再分配的结合实现的，与此同时，该国很早就开始重视教育和基础设施的发展。最后，我们指出，马来西亚20世纪70年代的发展进程与该国相比其他收入类似的国家在制度发展关键方面的早期优势相关，这些方面包括法律、财政与行政能力。着眼于马来西亚发展的长期根基，我们认为殖民时期的历史很可能通过人力资本渠道帮助该国获取了在独立后的时代建立有效国家机构并成功实施减贫和人类发展的必要先决条件。

这篇论文涉及了关于亚洲发展的广泛讨论和关于长期发展起源的众多文献。特别地，大量文献研究了东亚快速经济增长的原因和机制，但如何更好地认识发展中国家在东亚经济崛起中所起的作用仍然是这个领域中重要的问题。通过重新审视马来西亚的人类发展进程，本文的研究对总结东亚发展经验的文献作出了补充（世界银行，1993；Krugman，1994；Baer et al，1999；Booth，1999；Perkins，2013；Ranis and Stewart，2012）。另外，由于马来西亚国家的财政、法律和行政能力可能解释了该国目前的发展表现（Haggard，2018；Booth，1999；Noh，2010；Shah，2017；Tan，2014），我们的研究也补充了有关长期发展起源比较的大量文献。值得一提的是，本文使用这个新兴的宏观经验主义代表案例，对相关领域强调制度历史作用（Acemoglu et al，2001；Glaeser et al，2004；Rodrik et al，2004；Easterly and Levine，2016）和国家能力（Besley and Persson，2011；Bardhan，2016；Savoia and Sen，2015）的文献作出了补充。

这篇论文安排如下：第二节讨论了与其他发展中国家相比，马来西亚在1970—2013年间发展趋势的特点。第三节给出了回归证据来说明马来西亚所谓的社会发展进步的特殊性。第四节讨论了马来西亚可能的发展路径，检验了不同的渠道。最后一节给出了本文的结论。

二、马来西亚的发展趋势

本节以比较的视角说明马来西亚经济和社会发展的演变。这将有助于我们在宏大的时代背景下追踪该国发展的起源。由于1950—1969年，该国没有前后一致的时间序列数据，我们把关注点放在20世纪70年代开始的这段时期。

自马来西亚独立以来，该国经济大幅增长，即使在全球经济环境不断恶化的时期（表 1）也是如此。与战后其他经济体类似，马来西亚也经历了结构转型，1961—1976 年，马来西亚的经济增长率相当稳定，并且在接下来的 20 年里一直保持显著增长态势（Thillainathan、Kee - Cheok，2016）。马来西亚政府通过进口替代战略以及出口导向的制造业活动为经济增长提供激励。20 世纪 70 年代，纺织和电子装配等劳动密集的出口导向型产业推动了该国经济高速增长（Shari，2000）。在马来西亚从世界上最大的橡胶生产国转型为多元化的制造业出口导向型经济体的过程中，农业在该国就业中的比重从 1975 年的 40%下降到了 2000 年的 15%左右。与此同时，政府实施了诸多经济干预措施，以重新分配经济增长的收益，特别是在 1970—1990 年期间（Rasiah and Shari，2001）。由于该国贫困人口和农村居民占比较多，在五年计划（FYP）的预算支出计划中，政府将农业现代化和农村发展列为优先事项（Henderson et al，2002；尤索夫，2011）。

表 1　马来西亚相对于东盟和发展中国家的经济表现（1980—2013 年）

年份	1970	1975	1980	1985	1990
面板（a）：人均 GDP（基期为 2005 年的，美元）					
马来西亚	1 383.28	1 729.19	2 318.24	2 609.32	3 147.09
东盟 5 国（印度尼西亚、马来西亚、菲律宾、泰国和越南）					
平均值	781.28	944.19	1 216.10	1 097.04	1 372.53
标准差	449.04	564.84	768.96	895.74	1 090.47
观测值	4	4	4	5	5
亚洲（发展中经济体）					
平均值	613.49	705.24	822.65	826.03	1 065.62
标准差	507.29	630.19	824.89	853.29	878.71
观测值	12	12	13	17	23
发达经济体					
平均值	1 851.76	3 035.54	3 283.29	2 833.55	2 809.16
标准差	2 635.55	8 421.85	8 591.55	6 054.67	5 078.90
观测值	82	85	103	112	131
中国	131.33	171.67	221.65	327.02	483.19

（续）

年份		1971—1975	1976—1980	1981—1985	1986—1990
面板（b）：平均人均 GDP 增长					
马来西亚		4.63	6.05	2.44	3.87
东盟 5 国（印度尼西亚、马来西亚、菲律宾、泰国和越南）					
平均值		3.87	5.06	1.45	4.39
标准差		1.20	1.28	3.02	2.61
观测值		4	4	5	5
亚洲（发展中经济体）					
平均值		1.97	3.26	2.58	2.87
标准差		2.61	2.43	2.50	4.11
观测值		13	13	17	21
发达经济体					
平均值		2.50	1.60	0.24	0.97
标准差		4.12	4.42	3.61	3.82
观测值		86	95	114	125
中国		5.65	5.34	8.14	8.17

年份	1995	2000	2005	2010	2013
面板（a）：人均 GDP（基期为 2005 年的，美元）					
马来西亚	4 347.82	4 861.86	5 553.94	6 318.90	6 990.25
东盟 5 国（印度尼西亚、马来西亚、菲律宾、泰国和越南）					
平均值	1 831.91	1 949.22	2 283.56	2 671.35	2 969.61
标准差	1 561.27	1 738.75	1 972.45	2 208.15	2 419.94
观测值	5	5	5	5	5
亚洲（发展中经济体）					
平均值	901.32	1 028.35	1 372.12	1 803.29	2 073.14
标准差	892.36	978.07	1 240.44	1 542.67	1 713.39
观测值	24	24	26	26	26
发达经济体					
平均值	3 018.44	3 629.45	4 061.83	4 273.18	3 895.44
标准差	5 403.78	6 783.64	7 052.99	6 571.78	5 991.82
观测值	137	142	145	142	135
中国	759.85	1 122.26	1 731.13	2 870.05	3 583.38

（续）

年份	1991—1995	1996—2000	2001—2005	2006—2010	2011—2013
面板（b）：平均人均 GDP 增长					
马来西亚	6.68	2.46	2.72	2.66	3.42
东盟 5 国（印度尼西亚、马来西亚、菲律宾、泰国和越南）					
平均值	5.34	1.64	3.64	3.73	3.95
标准差	3.14	2.43	1.26	1.00	0.81
观测值	5	5	5	5	5
亚洲（发展中经济体）					
平均值	−1.34	3.29	5.43	5.62	5.07
标准差	8.90	2.72	3.42	2.83	2.40
观测值	25	25	27	26	26
发达经济体					
平均值	−0.09	2.60	3.10	2.84	2.63
标准差	6.13	5.91	3.62	3.01	2.94
观测值	137	141	146	145	143
中国	9.55	8.12	9.06	10.66	7.68

注：GDP 以 2005 年为不变价格的购买力平价计算。发展中国家的分类遵循国际货币基金组织的标准（http：//www.imf.org/external/pubs/ft/weo/2011/01/weodata/groups.htm，2015 年 8 月 25 日访问）。数据：世界银行（2016）。

本文统计了马来西亚相对其他发展中国家的贫困指标数据，发现了两个值得强调的事实。首先，如果按国际标准衡量贫困水平，马来西亚在历史上就一直低于东盟和其他发展中国家的平均值。其次，在 1981—2013 年间，该国贫困人口的比例大幅下降。马来西亚具体的收入贫困账户显示，由于经济衰退和严厉的税收政策（政府希望以此纠正公共赤字，增加财政收入），20 世纪 80 年代中期，该国减贫速度下降。但是马来西亚贫困人口所受的影响却与数据反映的相反。就千年发展目标中列出的减贫问题而言，新千年的前十年中（截止到 2009 年），马来西亚的贫困人口减少了一半，其中全国贫困差距指数主要下降过程发生于 1999—2007 年间。千年发展目标之一是日收入低于 1 美元的人口占比减半，按照这个标准，马来西亚实现了该目标，1990—2015 年，该国的农村贫困人口下降比例超过了一半（Rodrigo、Mansor，2013）。

同中国相比，马来西亚可被观察的减贫成效并不那么显著。1991—1995年间，中国78%的人口生活水平低于每天1.9美元的标准（按购买力平价衡量）。这一数字在2011年下降至20.9%。就经济发展水平而言，马来西亚相比中国有更多有利的条件。在1980年时，该国的人均收入几乎是中国的10倍（表1）。

然而，在一定程度上马来西亚的减贫成就被低估了。国际贫困线的测算未能覆盖20世纪70年代，因此前述的分析忽视了一点：自1970年以来马来西亚贫困水平一直稳步下降，到2005年时该国的贫困几乎完全被消除。本文调查了根据国家贫困线计算的广义贫困人口率，结果显示大幅减贫发生在20世纪70年代的10年中，当时亚洲发展中国家普遍存在大规模贫困。最大幅度的减贫发生在1970—1976年（12个百分点）和1979—1984年（17个百分点）。这一时期与新经济政策实施的时段基本重合（1971—1990年）。

为了确保国家统一，新经济政策采取了双管齐下的战略，将减贫和种族再分配措施并行（比如消除收入、就业和财富方面的种族不平等）。总的来说，20世纪70年代贫困人口的减少主要归功于新经济政策（Edwards，2005）。虽然有些人质疑贫困减少的程度和新经济政策在其中的作用（如Gomez、Jomo，1997），但针对贫困的独立评估确实证实了新经济政策对减贫有显著的成效（Shari，2000）[①]。20世纪90年代的贫困政策是对过去20年战略的延续，这体现在新经济政策的后继政策——1991年的国家发展政策（NDP）。该政策与新经济政策相似，维持了“种族导向”的减贫方略（Roslan，2003）。为帮助布米普特拉人（本土人或土著马来人）在收入和财富方面与非布米普特拉人平等，广泛的再分配干预措施被保留了下来。然而，新的政策也并非一成不变，例如其不再以特定种族为瞄准对象，而是更注重采用促进增长的战略来实现减贫（Henderson et al，2002）。

那么，该国在其他方面的发展成果如何？在其他千年发展目标的指标中，该国也显示出稳步进展的态势。首先，青年识字率统计数据显示，自20世纪70年代末以来，马来西亚已接近达到普及初等教育的目标，男性和女性都是如此。其次，马来西亚在降低儿童死亡率和改善孕产妇健康方面，取得了显著的成就，而其中主要的改善过程发生于20世纪70—80年代。而最令人印象深刻的是，自90年代初以来，马来西亚国民的免疫接种率已接

① 马来西亚的官方贫困水平远低于其他处于类似经济发展阶段的国家。然而，即使使用修订后的贫困衡量标准，随着时间的推移，贫困下降的模式也不会改变（Ravallion，2019）。

近全覆盖。

总结而言，我们获得了两个事实。首先，以地区和世界标准衡量，马来西亚在减少收入贫困和改善相关社会指标方面取得了稳健的进步。其次，马来西亚的发展进步并非近期才发生。该国快速的发展可以追溯到 20 世纪 70 年代，这一时点远在发展中国家和其他地区进行大规模减贫之前。在千年发展目标订立之时，马来西亚已经是一个中等偏上收入的国家，因此千年发展目标的许多子目标并没有给其带来严峻挑战。在下一节中，我们要提出这样的问题：基于马来西亚的经济发展水平，该国取得如此的发展进步是否应该被视为一种例外。

三、马来西亚的发展进程特殊吗？

在本节中，我们将提供马来西亚的发展优于（或劣于）其他国家的证据。为了获得证据，证明该国所谓的特殊性是否延伸到千年发展目标的相关领域，我们的分析在收入贫困之外，还包括了其他一些人类发展指标。

（一）方法和数据

为了检验“与经济发展水平相似的国家相比，马来西亚的进步具有特殊性”的假设，我们测量了马来西亚偏离各种发展指标期望值的程度。通过如下形式的跨国回归（用普通最小二乘法估计）来做到这一点：

$$D_i = \alpha + \beta_1 M_i + \beta_2 I_i + \varepsilon_i \qquad i = 1, \cdots, N \qquad (1)$$

D_i是每个发展指标的数值，I_i是购买力平价调整后的人均收入（log）。这个变量很重要，因为与其他贫穷国家相比，马来西亚在这方面拥有更为有利的初始条件①。M_i是马来西亚虚拟变量，它捕捉每个发展指标与期望值之间的偏差。马来西亚的人类发展程度相对于其他经济发展水平相似的国家而言是特殊的，这一假设意味着，该变量在回归中会有异常反应：相对于具有相似特征的经济体，马来西亚的因变量具有不寻常的取值。在实证中，这意味着我们需要检测马来西亚的数据是否能够改变本文研究的发展指标模型的截距（其解释等

① 20 世纪 60 年代，马来西亚的人均收入高于目前许多中等偏上收入的国家（如博茨瓦纳、中国），也高于那些仍处于中低收入水平的国家（如越南、印度尼西亚、泰国）。博茨瓦纳（1960 年的人均收入为 210 美元）和中国（1961 年的人均收入为 105 美元）从历史上看要穷得多，而马来西亚 1967 年的人均收入为 790 美元（以 2000 年为基期的美元计算）（增长与发展委员会，2008）。

价于计算已研究的残差，这对应于通过包含马来西亚虚拟变量得到的 t 统计量残差）。马来西亚发展具有特殊性的假设预示着马来西亚虚拟变量将会在统计上表现出显著性。为了观察该变量系数的变化，我们对每个五年子周期重复这种回归①。我们使用千年发展目标的标准指标作为被解释变量：收入贫困、小学教育识字率和入学率、儿童死亡率、产妇健康和性别平等。所有变量均来自《世界发展指标》（世界银行，2016）。

（二）结果

马来西亚虚拟变量的估计系数结果表明，马来西亚在 1981—1995 年期间的减贫进展确具有其特殊性。例如，在 1981—1985 年，马来西亚每天生活标准低于 1.25 美元的人口比例比相似收入水平国家的一般水平低 15 个百分点以上。20 世纪 90 年代中期以后，马来西亚虚拟变量的系数在统计上不再显著，没有再给出任何特殊性的证据。然而，请注意，马来西亚特殊的减贫进程可能开始得更早，因为该国收入贫困的大幅下降发生在 20 世纪 70 年代。

就其他非收入贫困的千年发展目标指标而言，实证结果显示，马来西亚在实现普及初等教育、降低儿童死亡率（包括婴儿和 5 岁以下儿童）、改善产妇健康等若干指标方面表现优于其他经济发展水平相似的国家。例如，在 1976—1980 年期间，与收入水平类似国家的平均水平相比，马来西亚年轻人口的受教育程度要高出 9 个百分点，其中该国男性受教育程度高出 6 个百分点，女性受教育程度则高出 12 个百分点。同样引人注意的是，在 20 世纪 70 年代和 80 年代的跨国比较中，该国女性受教育程度排名靠前。然而，2000 年以后，该国在促进性别平等方面，特别是女性在国家议会中代表性上的表现并不尽如人意。

综合来看，上述结果表明，马来西亚的发展表现在许多方面具有例外性。这种例外性主要表现于 20 世纪 70 年代和 80 年代，因此该国的发展似乎起源较早。事实上，早期的文献表明，马来西亚在独立的前几年，在多项卫生投入

① 实际样本量在所提出的回归中可能随时间而变化。我们宁愿使用尽可能大的样本，以避免在自由度上的任何重大损失，而不是随着时间的推移使用相同的样本。然而，一旦针对每一项正在审查的发展成果的分析被限制在同一组国家内，结果集（可根据要求提供）将是相似的。顺便说一句，我们还应该澄清，我们使用的回归框架是一个有用的工具，用来强调某些发展结果（或促成特定发展结果的因素）的特殊性。但它不是因果推断的工具。

和成果上已经领先于其他低收入国家①。此外，通常情况下对自然资源的依赖会通过排挤人力资本积累而破坏经济发展（Gylfason，2011），但马来西亚在教育和卫生方面的早期成就，通过促进人力资本积累的途径使得该国成为了资源诅咒的例外②。

四、发展路径：解释马来西亚的进步

什么解释了马来西亚的发展进步？Sen（1999）给出了两种路径：以收入为中介，以及“支持和引导并重”的人类发展路径。本节我们将评估这两种路径，并检验许多文献中提出的潜在影响渠道③。

（一）方法和数据

在本节中，我们使用的方法与前一节相似，只是在这里我们通过各个特定渠道来衡量马来西亚偏离指标期望值的程度。我们使用以下跨国回归来做到这一点：

$$C_i = \alpha + \beta_1 M_i + \beta_2 I_i + \varepsilon_i \qquad i = 1, \cdots, N \tag{2}$$

C_i是捕捉特定渠道的变量，I_i是购买力平价调整后的人均收入（log）。某个特定渠道影响了马来西亚发展进程的假设预示着马来西亚虚拟变量统计上应该显著。如果没有另加说明，我们使用的是来自世界银行（2016）的数据。

① 自从“二战”后，婴儿死亡率大幅下降（DaVanzo and Habicht，1986）。和其他中等收入的热带国家相比，该国的平均预期寿命也非常长（Gwatkin，1980）。独立时期，马来西亚的平均预期寿命为 64 岁，高于巴西、墨西哥和土耳其（分别为 63.2 岁、61.4 岁和 56.4 岁）（Heller，1975）。马来西亚（已登记的）婴儿死亡率（64）也低于墨西哥和智利等其他中等收入国家（分别为 77.3 和 120）（Heller，1975）。死亡率的实质性下降发生在两次世界大战之间，这远早于马来西亚独立（Manderson，1996）。该国的出生率（生育率）在 1957 年和 1967 年也显著下降（Cho et al，1968）。马来西亚的医疗人员数量远远超过世界卫生组织规定的每 10 000 人中至少有一名医生和每 5 000 人中至少有一名护士（Meerman，1979）。与其他贫穷国家形成鲜明对比的是，马来西亚的卫生管理体系在独立时是分权的，与农村公共诊所的广泛网络一起，产生了大量的护理人员（Meerman，1979）。

② 资源依赖的国家增长更慢的关键原因是相对国家收入很低的公共教育支出，女性低水平的上学年限和中学入学率（Gylfason，2011）。相关讨论（见 Kurtz and Brooks，2011）认为，资源财富的发展后果受国内人力资本的制约，如果没有人力资本，资源管理就是低效和浪费的。

③ 一种解释马来西亚发展进步的观点强调经济增长和劳动生产率的提高（Gomez and Jomo，1997；EPU，2016），其他的强调了新经济政策支持下的政策干预（Snodgrass et al.，2002；Shari，2000）。

（二）经济增长重要吗？

以收入为中介渠道的重要性早已得到公认（比如：Gomez and Jomo，1997；Naiya，2013）。本文的回归结果对这一渠道也给予了计量经济学上的确认。我们的研究结果表明，与同等经济发展水平的国家相比，马来西亚1971—1995年期间的经济增长速度非同寻常，而高增长通过提高平均收入促进了减贫。我们的贫困回归结果反映了这一渠道的显著作用。然而，哪些支持渠道更为重要和显著，则仍有待观察。事实上，许多人强调社会支出计划在医疗保健和基础教育方面的作用，认为这是马来西亚减贫战略的重要组成部分（Hammer et al.，1995；Snodgrass et al.，2002，Shari，2000）[①]。因此，在本节的剩余部分，我们将集中讨论这些发展途径的重要性。

（三）公共支出重要吗？

通过观察支出回归中马来西亚变量的估计系数，我们也检验了马来西亚的发展进步是否由支出所主导。教育回归中马来西亚虚拟变量系数为正且显著，这为“支持和引导并重”的发展影响路径提供了证据，该路径来自传统的“资源动员”假设（Krugman，1994）[②]。但是在卫生支出方面，我们却没有获得类似的证据：卫生支出的影响低得反常。教育支出占总发展预算的比重从1970年的6%上升到2003年的21%。而在同一时期，卫生支出占比保持在3%～7%（联合国开发计划署，2005）[③]。

奇高的公共教育支出显示人力资本可能是一个关键的影响渠道。事实上，马来西亚在入学率和识字率方面取得的非凡成就便得益于教育开支的激增[④]。此外，在20世纪60年代和70年代婴儿死亡率的下降要归功于女性受教育程度的提高[⑤]。

作为对“支持和引导并重”假设的进一步检验，我们考察了一系列社会部

---

① 有关马来西亚经济和社会政策的回顾，请参见 Naguib and Smucker（2011）。

② 一种流行的观点是，包括马来西亚在内的快速增长的亚洲经济体是通过投入增长和要素积累而扩张的，而不是通过创新和生产率增长（Krugman，1994；Easterly，1995）。

③ 然而，对教育的重视是在1970年以前。独立三年后，马来西亚政府开始保证六年的免费基础教育，并在20世纪60年代末延长到九年（Ahmad et al.，2003）。

④ 有人认为，在改革前大力投资于卫生和教育的东亚国家，进入了高人力开发和高经济增长的良性循环（Ranis and Stewart，2012）。

⑤ 例如，基于20世纪70年代家户调查数据的证据显示孕产妇教育水平的提高解释了这段时期婴儿死亡率下降近一半的原因（DaVanzo and Habicht，1986）。

门投入的大量积累是否驱动了马来西亚的发展进步。结果表明，再分配渠道可能是投入驱动发展的部分原因，这些措施瞄准的是人力资本积累的特定方面。特别是，有证据表明自 20 世纪 70 年代以来，以教育形式积累人力资本的战略很可能是马来西亚所选择的再分配政策方针。此外，我们的教育投入回归结果显示，公共资源可能更多地流向了小学教育的投入，而非中学教育。

关于卫生投入的证据则较为混杂。相对奇低的公共卫生支出，马来西亚侧重于针对具体的卫生项目作出投资[①]。与其他收入水平相近的国家比，马来西亚在每千人医院床位占有量的指标上一直不佳，（麻疹）免疫率也没有显著提高。尽管免疫接种计划始于 20 世纪 60 年代，但这些计划覆盖的疾病范围较为有限。麻疹免疫的覆盖率从 1990 年的 70%增加到 2000 年的 88%（联合国开发计划署，2005）。然而，在推行熟练卫生工作人员接生方面获得了显著的成效。这在一定程度上是由于该国在 20 世纪 80 年代中期开始推行使用专业机构进行接生，专业机构接生率从 1980 年的 50%跃升到 2000 年的 95%（联合国开发计划署，2005）。而且，专业卫生人员接生变量在回归中获得正向和显著系数，在一定程度上是由于 1969 年马来西亚与其他收入水平相似的国家（如巴西）或更富有国家（如智利）相比，有较为优越的护理人员和助产人员比例，至少在 1980 年代是如此（Heller，1975）[②]。

（四）外国援助和公共基础设施重要吗?

“支持和引导并重”的渠道包括外部资金流动和提高公共产品（如通讯和运输基础设施）方面的支出。以马来西亚为例，在第二与第七个财政年度之间（直到 1996—2000 年），外国援助流入额增加了 10 倍。这其中有十分之一以技术援助的方式流入（联合国开发计划署，2005）。我们检验了相关因素的显著性，结果显示马来西亚的发展进步不可能由外部资源驱动。然而，我们的检验为“支持和引导并重”的渠道提供了证据：这些证据主要来自公共基础设施对增长的促进作用。马来西亚在公路网络和港口等实体基础设施的跨国排名中居于前列（世界经济论坛，2017）。马来西亚的国别虚拟变量在几乎所有关于通信基础设施的回归中都获得了正向且显著的系数（例如移动手机订阅、网络、

---

① 但是，这主要是因为我们没有 20 世纪 70 年代卫生支出的数据。1957 年独立后不久，马来西亚政府增加了预算拨款，用于防治地方病，在农村地区推行预防性医疗并扩大保健服务（包括妇幼保健）（Abu Bakar，1981）。

② 然而，巴西和智利两国的人均医生数量更高。

电话线）。实物基础设施也在回归中显示出相对优势，尽管只有“公路铺设”变量给出了显著的结果。

五、马来西亚进步的起源：收入不平等和政府治理质量重要吗

本文的结果显示以收入为中介与“支持和引导并重”的渠道都有重要的发展效应。我们获得的证据表明，马来西亚的社会支出影响了特定的教育和卫生投入，令该国在这些方面保持了较高的水平。研究结果还表明，“支持和引导”的渠道借助实物和通信基础设施的早期优势发挥了作用。最后，本文排除了外国援助发挥主要作用的假设。本节调查了哪些结构性的长期因素可能促成了马来西亚的优势。有关“支持和引导并重”渠道重要性的证据显示，马来西亚的发展进步是“国内驱动”的。这需要两个关键因素：对于改革有一个良好的政治支持以及制度上能够提供商品和服务并实施政策的国家。由于我们已经看到马来西亚的经济增长和人类发展进程起源较早，我们需要进行更多分析去考察创造如此政治和制度条件的结构性因素，从而有效地实施发展政策。在本节我们将分析不平等和政府治理质量的作用。

（一）不平等的角色

经济不平等程度较低的社会不易发生严重的社会冲突，更易建立支持经济和社会改革的同盟（Rodrik，1999）。因此，这一点可能是促进早期发展进步的一个结构性因素。历史上，在20世纪60年代时东亚国家的收入不平等远低于其他发展中区域（世界银行，1993）。马来西亚是否符合这一地区特点？不平等的作用很难检验，而众所周知，各国之间的可比数据很少，而且可能获取不精确的比较结果（Atkinson、Brandolini，2001）。尽管如此，我们还是使用一个更为可靠的数据库，该数据库根据不同国家的调查方法差异调整了可用数据（Solt，2016）。基尼系数回归结果显示，在给定的经济发展水平下，马来西亚在20世纪70年代是一个不平等程度较高的国家。这种与地区特征不相符的例外性在80年代末逐渐消弭，并且在更近的历史中出现了逆转的态势。

在跨国回归之外，我们还研究了该地区的历史，以考察与其他国家相比，该国的不平等程度是否处于历史低位或高位。有关不平等起源的文献表明，马来西亚在最初是一个相当不平等的经济体，不论在亚洲范围内，还是更广泛的殖民地范围内都是如此。马来西亚，由于其种植园经济的特点，在农业殖民地

中被视为例外。占人口一小部分的欧洲人（与“新欧洲人”和“定居者殖民地”，不同）虽然只是担任行政官员和税务员（与大多数“农业民殖民地”一样），但他们还挪用了与金属锡和橡胶生产有关的关键资产，从而造成了马来西亚国内严重的不平等程度（Angeles，2007）。此外，马来西亚似乎比相似历史和地理特征的殖民地具有更为严重的土地不平等程度。马来西亚几乎是亚洲独立后土地最不平等的国家（Frankema，2010）。因此，较低的不平等程度不太可能是 20 世纪 70 年代推动马来西亚发展的结构性因素①。

（二）政府治理质量的角色

政府治理质量起到了怎样的影响？一些人认为，高效的官僚体系和透明的经济管理体制是马来西亚发展成功的关键（Naguib and Smucker，2011；Slater，2012；Shah，2017）②。

近年来的经济发展比较学说强调国家能力是减贫的关键因素（Ravallion，2009）。其中一种观点认为，如果国家机构能够增加财政收入为政策融资，并提供刺激经济增长的良好交易环境时，国家就可以有效减少贫困（Besley & Persson，2011）。另一种观点则强调国家应对协调失败问题（Bardhan，2016）和管理领土并向公民提供商品和服务（Evans and Rauch，1999）的能力。那么，马来西亚在这些方面拥有优势吗？

本文估计了马来西亚模型的回归系数，这些回归使用了一系列反映国家能力关键方面的政府治理质量指标，包括法律、行政和财政能力。在控制各国人均收入差异的前提下，大多数情况下的回归结果显示治理质量似乎是马来西亚消除贫困的一个重要渠道。值得一提的是，该国家似乎符合人们熟悉的亚洲发

---

① 但是，鉴于向布米普特拉斯人特有的广泛的市场和非市场转移，减少收入不平等（特别是各种族群体）很可能是 20 世纪 80 年代减少收入贫穷的一个重要渠道，虽然不一定占主导地位。国家层面的证据表明，以基尼系数来衡量的收入不平等，在 1976 年达到顶峰，此后到 1990 年大幅下降，只在 20 世纪 90 年代再次上升，部分原因是自上世纪 80 年代末以来的自由化，放松管制，私有化和对内部迁移的障碍（Ragayah，2008）。最近的趋势表明，尽管 1992—2009 年收入不平等略有下降，但以亚洲标准衡量，马来西亚的收入不平等仍然相对较高（Kanbur et al.，2014）。具体的国家证据表明，总体经济增长，而非种族不平等的减少，是马来西亚减贫的主要动力。自 20 世纪 80 年代中期以来，马来西亚绝对贫困人口的减少中，家庭平均收入的增长贡献了四分之三，只有四分之一是因为不平等程度的下降（Ravallion，2019）。

② 其他人强调马来西亚的制度设置如何在成功管理种族冲突中发挥关键作用（Horowitz，1989）。第三种观点是，与东亚的竞争对手相比，马来西亚没有一个有能力的本土官僚机构，因此国家无法在经济发展中发挥主导作用（Park，2000）。

展故事特点：在与国家能力密切相关的治理方面，马来西亚比其他国家做得更好。

例如，在司法质量方面，马来西亚自20世纪70年代初以来一直系统性地领先于其他国家；自80年代以来，马来西亚的官僚工作质量也优于他国。重要的是，如本文使用总税收/GDP回归时所显示的那样，马来西亚在提高税收能力方面也拥有早期优势。这可能有助于解释新经济政策的成功：该政策的成功依赖于官僚机构管理大量联邦基金，并将其提供给贫穷的马来西亚人的能力。在发展和减贫过程中，政府必须发挥更大和更直接的作用：一方面需要开展有针对性的公共支出，另一方面需要集中精力促进宏观经济增长，这两项都需要强大的财政能力。举例而言，1972年马来西亚联邦支出和贷款合计占GNP的32.6%，比1960年的水平高出16.6%（Meerman，1979）；与贫困、农村和人类发展直接相关的联邦支出合计占到GNP的25.6%（Meerman，1979）。

最后，我们所做的剩余两组回归表明，在对统治精英提供问责机制的政治制度建设上，马来西亚有先发优势，这是发展有效率经济的促进条件。因为如果行使自己的特权时受到宪法更大程度的限制（Besley、Persson，2011），在位者就有更强的动机去投资国家能力建设。然而，也有证据表明，在问责制和代表性方面，马来西亚的政治体制建设也有不足。这些问题是马来西亚需要解决的，以避免在未来损害国家能力。

（三）理解马来西亚进步的长期起源

本文的结果揭示了马来西亚独特的历史优势，与其他收入水平相似的经济体相比，自20世纪70年代和80年代以来，这个国家在一套衡量法律、财政和行政能力的治理质量指标方面明显领先。这些早期优势来自于哪里呢？在本节中，我们将详细介绍它的起源。由于我们只是触及了问题的表面，我们希望本节的分析将有助于进一步研究历史经验的复杂性。这些历史经验将为后来的进展奠定基础。

分析了马来西亚的经济史后，Sultan Raja Nazrin Shah认为马来西亚独立前的历史可能为该国发展的早期优势起源提供一部分重要的解释来源，并指出了这样推断的原因。

英国在马来西亚建立了各种机构和制度，这为该国独立后的经济增长和社会发展提供了重要的支持。这其中包括国家公务员规划和实施项目的能力、针对普通民众的基本教育体系、一流的精英学校、刑事司法系统、社会和基础设施，以及促进生产力提高的科学研究所（比如橡胶研究所）（Shah，2017）。

关于经济发展来源的近期研究的确显示殖民历史能通过两个渠道导致长期差异。第一条是政治渠道：欧洲人在一些殖民地发现了适合大规模定居的卫生条件（低疾病风险的环境），加速殖民地化的进程促使利于发展的制度在这些地方形成（Acemoglu et al.，2001）。如果没有卫生方面的有利条件，只有少数殖民者定居下来，殖民化在当地留下的就是促进租金提取的制度，马来西亚就会因此落入掠夺式殖民地的范畴。第二条渠道和人力资本相关：殖民统治者带来了新的知识和积累人力资本的制度（比如教育、卫生技术和管理实践）。这一观点认为，欧洲殖民者直接并且快速地为殖民地增加了人力资本技能，对人力资本积累产生了长期的影响（Glaeser et al.，2004）。因此，在殖民时期拥有相当比例的欧洲人是经济发展成功的先兆（Easterly、Levine，2016）①。然而，马来西亚没有经历过大规模的欧洲人定居，尽管该国有着较低的死亡率，有利于这种长期定居。虽然马来西亚在独立前后缺乏大规模的欧洲定居者，但我们推测，其殖民历史仍然在很大程度上影响了后续的减贫和经济增长。我们讨论了三个可能的影响渠道。

首先，殖民精英可能为国家形成和国家能力做出了贡献。由于大多数大型企业仍为英国所有，并以出口为导向，即使在马来西亚独立之后，殖民和后殖民统治者仍能确保在后殖民时代法律和市场体制将保护经济权利，并支持外国资本和商业利益②。马来西亚殖民者不仅留下了法律制度，还对国家的形成过程产生了重大影响。殖民前的英属马来西亚被割据，由封建制度统治，为了协调财政安排和殖民地商业利益，1896 年成立了马来联邦州（FMS）并进行了中央集权管理，在 1945 年最终形成了马来西亚联盟（Noh，2010）。由英国任命的行政官员负责管理民政事务，以协调国家的收入和支出。殖民者用欧洲机构取代了本土的行政结构，剥夺了当地酋长的税收征缴权（Ahmad et al.，2003）。第二次世界大战前，马来西亚并未建立功能齐全的直接征税制度。在英国方面接手民政管理和税收体系改革之后，马来西亚直接税的征收能力超过

---

① Curtin（1989）和 Acemoglu et al.（2001）的死亡率数据显示，马来西亚的定居者死亡率较低，为 177 000 人，与美国和澳大利亚相似。此外，1900 年报告的马来西亚的移民人口比例为零（见 Acemoglu et al.，2001 年表 A5）。同样，1975 年欧洲血统人口的比例为零。考虑到如此低的死亡率，Acemoglu 等人将大量移民与良好的制度（通过良好的无病环境）联系起来，似乎在马来西亚的例子中被证明是错误的。

② 根据 Shah（Shah，p163）的数据，无论是在独立之时，还是在 1970 年之前，外资在有限公司总股本中所占比例都高达 62%，其中 75%在农业部门，73%在矿业部门。

了其所在地区的邻国（Slater，2012）。这可能是独立时马来西亚的国家能力显著优于他国的一个重要解释。第二，因为殖民统治，官僚系统的能力可能得到了发展。此时国家机构的管理完全在移居国外的官员控制之下；马来西亚人只能担任低级别的官员职务（Esman，1994）[①]。这些宝贵的行政人力资本很可能已经转移到了当地的马来西亚人手中，而非印度人和中国人，前者在独立后接管了地方、州和联邦各级行政办公室（Tillman，1964）[②]。即使在独立后的年代，移居国外的官员也领导着新经济政策的主要执行机构——经济规划单位（EDP）。因此，殖民时代留下了对新经济政策时期成功经济转型至关重要的行政知识。

最后，尽管英国统治者自己并没有大量定居下来，但在殖民统治下，马来西亚经历了医疗保健管理方面的重大创新，原因是人们意识到了健康不良对政治和经济的危害（Manderson，1996）。英国企业主完全依靠移民劳动力来盘活经济。族群身份认同由于族群与经济功能的联系而得到制度化。例如，只有华裔和印度移民受雇于采掘业，马来人则基本不受雇于这些行业（Noh，2010）。防范热带疾病对英国公司在马来西亚获得成功至关重要，这些公司在独立后的马来西亚进行了至少 20 年的大规模经营。在马来西亚被殖民前，本地人和移民依赖于传统的本土医疗保健体系。然而，传染病持续造成相当大的威胁，特别是对移徙定居者[③]。在 1901—1931 年间，马来西亚的公共卫生支出激增，使来自西方的卫生服务、卫生设施和医疗实践在该国得到广泛传播和发展（Ooi，1991）[④]，以前仅集中在城镇地区的医院也在内陆各州的首府得以建立。这一事实与 20 世纪 30 年代马来西亚死亡率下降的证据相符合（Fernandez et al.，1976；Saw，1988）[⑤]。马来西亚在独立之初就有令人满意

---

① 在 1950 年和 1957 年，马来西亚公务员（MCS）中，英国人分别占 79.6%和 61%；在高级公务员中，该比例分别为 92%和 61%（Puthucheary，1978）。

② 许多受过英国训练的地方官员也进入了政界，在 1955 年的选举中，大约一半的候选人是马来籍的前公务员（Puthucheary，1978）。此外，在 Merdeka（即独立）时期，所有进入司法和法律服务（JLS）的人都毕业于英国大学和法院（Ahmad et al.，2003）。直到 20 世纪 90 年代中期，JLS 一直由英国合格军官主导。

③ 关于殖民时代移民工人死亡率的讨论，特别是橡胶种植园工人的死亡率，请参见 Ooi（1963）和 Cameron（1965）。

④ 根据海峡移民蓝皮书的报告（引自 Ooi，1991），在 1877—1901 年间，医疗保健的财政支出飙升了 152%。

⑤ Manderson（1996）指出，年轻移徙工人的流入可能会降低死亡率，这是潜在偏差的一个来源。但是应当指出，婴儿死亡率不受迁徙潮的影响，却也在下降。1947—1957 年的出生率被低估了 10.24%，但到 1967 年，出生登记已完成 95%（见 1964 年）。

的卫生统计数据，并在 1900—1930 年之间持续提高卫生水平，其原因很可能是由于卫生实践经验的传播，降低了非欧洲定居者（橡胶和锡产业的迁移劳动力）的死亡率。例如，两次世界大战之间死亡率的下降是由于预防性保健服务的改善（Manderson，1996）。卫生部门的这些早期发展为 20 世纪 60 年代马来西亚独立后的第一个十年中，该国死亡率和预期寿命的迅速改善铺平了道路[①]。

基于上述原因，马来西亚可能是 Acemoglu et al.（2001）和 Easterly 和 Levine（2016）观点的一个例外。然而，该国独特的历史也意味着，它不一定能为其他资源丰富或种族分化的国家提供一种可复制的模式。

六、结　论

因为马来西亚经常被描述为伴随着再分配而增长的成功案例，该国的案例挑战了传统的解释。有鉴于此，我们重新审视了马来西亚的发展进程，并对其成就给出了一些解释。我们使用教育、卫生、贫困和性别平等的综合指数，首先检验了这样一个假设：与经济发展水平相似的其他国家相比，马来西亚的发展具有例外性。跨国回归支持了这一假设。早在千年发展目标被制定的 15 年前，马来西亚就已经将国内绝对贫困的人口减少了一半。其中，幅度最大的减贫过程发生在 1970—1985 年之间，这段时期正值马来西亚经济快速增长、新经济政策实施，后者的瞄准目标是较贫困的人口。与其他发展中国家在 20 世纪 70 年代的经验相比，马来西亚早期的减贫成就非常特殊。1985—2000 年，该国的贫困率明显下降。与其他收入水平相似的发展中国家相比，马来西亚在 20 世纪 70 年代和 80 年代的婴儿和儿童死亡率也低得多，妇女入学率也更高，这表明该国人类发展的进步性有其早期的根源。

当检验进步的影响渠道时，我们所作的进一步检测表明，“支持和引导并重”与以收入为中介的机制都发挥了重要作用。特别地，马来西亚的社会支出通过特定的教育和卫生投入产生了影响，使该国得以享受较高的教育和卫生水平。研究结果还表明，“支持和引导并重”的渠道通过在实物和通信基础设施方面建立早期优势发挥作用。此外，由于马来西亚的增长和人类发展有较早的起源，我们探讨了哪些结构因素可能有助于为发展政策生效创造有利条件。我们发现，马来西亚政府的行政、法律和财政能力对成功实施大规模的减贫项目

① 关于低收入国家死亡率趋势的比较分析，见 Gwatkin（1980）。

和促增长政策至关重要。这一因素可以解释该国于1970—2010年在人类发展方面取得的进步。反过来，独立时有利的初始条件（包括人力资本），也可能促进了该国的发展。与亚洲其他国家的成功案例不同，我们发现，马来西亚在贫富差距方面并不具备有利条件。

最后，我们强调了马来西亚发展经验可能的历史渊源，并指出今后需要展开更多研究，以分析在英国统治时期马来西亚的国家机构质量，及其对独立后政府治理质量的影响。事实上，该国的早期优势近年来已被大大削弱，其政府机构的质量已经变得很差。同样，正如Shah（2017）所强调的，将殖民时期马来西亚与亚洲其他英国殖民地在经济增长、制度发展和社会进步上的差异进行比较分析，也会为我们提供有益的信息。

来源：Asadullah，Niaz M，Mansor，N and Savoia. Explaining a ‘development miracle’：poverty reduction and human development in Malaysia since the 1970s. GDI Working Paper 2019 - 038. Manchester：The University of Manchester.

英国的生活水平，贫困和不平等：2017/2018—2021/2022 年度

Andrew Hood　Tom Waters

摘要： 英国的生活水平，贫困和不平等问题的研究往往因家庭收入的官方数据明显滞后而受到阻碍。目前，最新统计数据为 2015—2016 年数据。在本报告中，我们试图通过估算自 2015—2016 年以来家庭收入和贫困率的变化来填补这一差距。我们还会研究，如果保持现行的税收和福利政策计划，且预算责任办公室（OBR）的宏观经济预测（如收入和就业等）正确，到 2021—2022 年家庭收入和贫困率会如何变化。当然，任何宏观经济预测都存在很大的不确定性，因此根据这些预测对家庭收入的未来趋势进行的预测也存在很大的不确定性。值得注意的是，预算责任办公室已经表示将在本月晚些时候下调生产率预期，而生产率是衡量工资收入的关键驱动因素。这样的下调将使我们对收入中值的预测（基于预算责任办公室 3 月份的预测）更为乐观。然而，我们的贫困预测尤其是相对贫困预测，对预期的工资增长不太敏感。

前言： Joseph Rowntree 基金会支持该项目作为其研究和创新发展项目的一部分，以期望对决策者、实践者和其他服务使用者提供价值。然而，本报告中提出的事实和观点仅为作者的个人见解，而非基金会的观点。同时，这些观点也不一定表达了这里提到的其他个人或机构的看法，包括财政研究所(IFS)，二者几乎没有任何共同观点。此外，亦非常感谢由社会福利署资助的公共政策微观经济分析中心（资助编号 ES/M 010 147/1）提供的联合资助。

家庭资源调查数据由工作和养老金部提供，其对本报告中的数据解释不承担任何责任。劳动力调查数据通过英国数据档案馆提供。这些数据为皇家版权，并经英国文书局管理员和苏格兰皇家印刷公司许可转载。1994—1995 年之前低于平均收入的家庭数据来自家庭开支调查。这些数据可从英国数据档案库获得。作者要感谢 Les Allenby，Helen Barnard，Carl Emmerson，Paul Johnson 和 Robert Joyce 的有益评论。本报告所有观点以及错误均为作者本人的见解。

我们还报告了区域一级的预测，并指出这些区域的哪些特征推动了贫困率预测的不同趋势。此外，我们还预测了政府计划中的直接税收和福利改革将如何影响全国的贫困率。

专题 1　主要发现

在 2015/2016—2021/2022 年度，实际收入中值预计增长 5%，但是这一数据对未来的工资增长非常敏感。	2015/2016 年度实际收入中值（最新数据）比衰退前水平高出 3.7%。在过去两年中，收入中值增长了约 1%，我们预计未来四年收入中值将增长约 4%。以历史标准衡量，这是一个非常缓慢的增长，并且 2021 年的实际收入中值将比 2007/2008 年度的增长与长期趋势保持一致的情况下降低 20%左右。但这些预测取决于薪酬情况：我们之前的报告显示，工资增长与预算责任办公室的预期每相差一个百分点，每年的收入增长中值就会相差 0.6 个百分点。
尽管经济衰退以来收入不平等有所下降，但预计未来四年会有所上升。	在 2007/2008—2015/2016 年度，实际收入在第 10 个百分点上升了 7.7%，但在第 90 个百分点下降。然而，这一趋势预计将在未来四年内逆转，实际收入增长会推动高收入家庭的收入和工作年龄福利减少。如果在扣除住房成本后衡量收入，情况尤其如此：我们预计 2015/2016—2021/2022 年度扣除住房成本后收入低于 20%的群体实际收入将下降。然而，未来的不平等路径在很大程度上取决于工人工资增长的分布，这本身就有很大的不确定性。

官方以扣除住房成本后收入为基础的相对贫困率预计将在2015/2016—2021/2022年度上升超过2个百分点。

所有相对贫困的预计增长都是由儿童相对贫困造成的，预计儿童相对贫困将增加近7个百分点。预计退休人员和工作年龄非父母人群的相对贫困率将保持相当稳定。计划税收和福利改革约占预计相对贫困人口增长的原因三分之一。

由于贫困家庭的实际收入停滞或下降，官方以扣除住房成本后收入为基础的绝对贫困率预计在2015/2016—2021/2022年度大致保持不变，但儿童贫困率将会上升。

这些预测对未来工资增长的路径和分布有些敏感，但税收和福利政策也很重要：计划改革预计将使绝对贫困人口增加约1个百分点，儿童绝对贫困人口将增加约4个百分点。养老金领取者绝对贫困率预计将下降超过2个百分点，这在很大程度上是由于预计2018年后基本国家养老金和养老金福利会随着工资的增长而增长。

不同地区的总体绝对贫困面临着不同的前景，但预计所有地区的儿童贫困率都会在2013—2015年至2019—2021年期间上升。

预计南部地区、东部、约克郡和亨伯河以及苏格兰的绝对贫困人口将减少，但东北部、西北部、威尔士、北爱尔兰和中部地区将增长。虽然预计每个地区的儿童绝对贫困人数都会增加，但预计增长幅度最大的是东北部、东米德兰兹和威尔士，其增幅至少为5个百分点。除伦敦外，预计贫困率普遍会在已经较高的地区上升。如果未来租金或薪酬增长存在显著的地域差异，不同地区的相对财富可能与我们的预测不同。

全国预计贫困趋势的差异，部分是由低收入家庭从工资中获得的收入份额所致。

在伦敦和东南部等地区，处于贫困线或略高于贫困线的工作年龄家庭的收入的一半以上来自于薪资，而东北部地区的薪资占比只有三分之一左右（其余大部分收入来自于福利）。那些更依赖福利的家庭更容易受到福利削减的影响，而当实际工资增加时，他们的收益也更少。

即将到来的税收和福利改革对贫困的预计影响因地区而异，部分原因是限制税收抵免中的儿童因素和通用福利中两个孩子的限制的不同影响。

预计这种“两个孩子的限制”会使总体绝对贫困率增加略低于 1 个百分点，儿童绝对贫困率将增加 2 个百分点以上。一些地区受到的影响远远大于其他地区：北爱尔兰和西米德兰兹地区的大型贫困家庭数量是苏格兰和西南部的两倍，预计该政策将导致贫困人口大幅增加。

一、介　绍

自大衰退以来，家庭收入增长乏力。2007/2008—2015/2016 年度（最新数据），家庭实际收入的中值仅增长 3.7%。这种糟糕的表现主要是由于实际工资的急剧下降和有限的复苏，使其仍然低于经济衰退前的峰值。正如有文献记载的那样①，这个实际工资疲软的时期恰逢生产率的微薄增长，后者无疑是前者的关键原因。

然而，并非所有家庭群体的收入都发生了相同的变化。虽然自 2007/2008 年度以来，分布的第 10 个百分点的实际收入增长了 7.7%，但在第 90 个百分点略有下降。因此，不平等在此期间有所减少，尽管如果在扣除住房成本后衡量收入，这一下降幅度要小得多。

① 例如，参见 Haldane (2017)。

由于低收入家庭的收入增长速度快于中值收入，相对贫困（定义为收入低于中值收入 60%的家庭）的比例略有下降。在此期间，使用固定的实际贫困线确定的绝对贫困也有所下降，尽管以历史标准衡量，降幅相对较小。

评估英国生活水平，贫困和不平等趋势的一个挑战是官方发布的家庭收入数据存在很大的时间滞后。在撰写本文时，最新可用数据涵盖 2015/2016 年度。在这份报告中，我们根据从其他数据中了解到的工资变化和其他收入来源，以及直接税收和福利制度的变化，预测了到目前为止家庭收入的变化。然后，我们提供截至 2021/2022 年度的未来趋势预测。由于我们没有对薪资和就业等收入的关键决定因素做出自己的预测，如果预算责任办公室（OBR）的最新宏观经济预测（2017 年 3 月）是正确的，那么这些预测是我们在当前政策计划下收入的估计。我们在报告的主体中讨论了我们预测的哪些方面对偏离这些预测的情况比较敏感。

自我们 2017 年 3 月的上次报告以来，宏观经济或政策环境没有发生实质性变化[①]。在 2016 年 11 月至 2017 年 3 月的报告中，预算责任办公室对其宏观经济预测只做了很小的改变[②]，并且政府几乎没有宣布进一步的直接税收和福利政策改革。由于这些是我们预测的主要投入，我们对英国的收入中值、不平等和贫困的总体预测几乎没有变化。因此，我们在本报告中的重点是在全国范围内审视不同地区的前景，特别是在贫困率方面[③]。

预测区域收入和贫困率会带来特殊挑战。首先，我们使用的数据中特定区域的样本可能很小。为了解决这个问题，我们使用三年的基础数据（而不是一年）来预测每个未来年度，然后对结果进行平均。其次，由于我们缺乏模型使用的关键宏观经济变量（收入、就业、租金等）的官方区域预测，我们需要对这些变量在每个地区会发生什么变化做出假设。我们的方法是假设每个地区的增长率与预算责任办公室预测的国家增长率相同。当然，现实世界不太可能遵循这样一条简单路径。但是，家庭资源调查（FRS）的历史数据表明，尽管这些变量在不同地区的水平确实存在显著差异（例如，伦敦的租金更高），但几乎没有证据表明增长率存在系统性差异。因此，我们将统一增长率作为中性假设。有趣的是，即使这些关键变量的增长率保持一致，我们预计不同区域的贫

① Hood and Waters，2017.

② 预算责任办公室，2016 年和 2017 年。

③ 因此，我们较少关注对国家一级收入中值和不平等的预测。有兴趣的读者可以查阅我们之前的报告（Hood and Waters，2017a），其中的预测与本报告大致相似，但更侧重于国家层面的收入中值和不平等。

困趋势也会有显著差异，这是由于它们受到的工资增长和各种福利削减的影响程度不同所造成的。

除了区域差异的不确定性之外，国家预测还存在若干不确定性来源。预算责任办公室的宏观经济预测是我们模型的关键输入，并且与任何此类预测一样，这些预测都带有高度的不确定性。政府政策可能偏离其目前的计划，或者福利变化可能会以与预期不同的速度推出。官方家庭收入数据的年度抽样变化也可能导致结果与我们的预测不同。因此，本报告应被用来指导我们可能预期的广泛趋势，而不是被解释为一个精确的预测①。

在我们的分析中，我们以与官方家庭低于平均收入（HBAI）统计数据相同的方式衡量收入：在家庭层面，扣除税收并增加州福利和税收抵免后，重新调整以考虑到不同大小和组成的家庭有不同需求的事实。我们考虑扣除住房成本之前和之后的收入（BHC 和 AHC）。所有现金数据均以 2017/2018 年价格计算。

本报告的其余部分如下。第 2 章介绍了我们对 2021/2022 年度英国生活水平和不平等的预测，以及我们对国家和地区两级贫困水平的预测。在第 3 章中，我们转而考虑政府计划的直接税收和福利改革对地区贫困的影响。第 4 章为总结。

二、主要预测

在本章中，我们根据政府目前的政策计划提供了对英国收入中值、不平等和贫困的预测。然后，描述了我们对区域一级贫困的预测，并分析了在今后四年中，按地方贫困水平计算的贫困集中程度可能如何演变。

为简洁起见，在报告的其余部分，我们将按第一个日历年引用财政年度，例如，2017/2018 年度称为 2017 年。

（一）收入中值和不平等

我们对收入中值的预测高度依赖于预算责任办公室对未来工资增长的预测。在 Hood and Waters（2017）中，我们表明，工资增长与预算责任办公室的预测每相差一个百分点，我们对年收入增长中值的预测会相差约 0.6 个百分点。因此，把工资未来的不确定性转化为收入增长中值前景的不确定性。

① 有关我们预测的不确定性的更详细讨论，请参见 Hood and Waters（2017a）第 2.5 节。

值得注意的是，预算责任办公室在其最新的预测评估报告[①]中表示，它可能会在下一次预测中降低对生产力的预期，生产率是工资增长的主要驱动因素。如果工资低于预算责任办公室之前的预期，我们对收入增长中值的预测也会降低。

图 1 显示英国自 1961 年以来的实际家庭收入中值（2007 年指数为 100），以及我们对 2021 年的预测。它还显示，如果收入增长的中值与 1961 年（连续收入数据系列中的第一年）至 2007 年的年平均增长率保持一致，那么收入中值的增长轨迹将是怎样的。

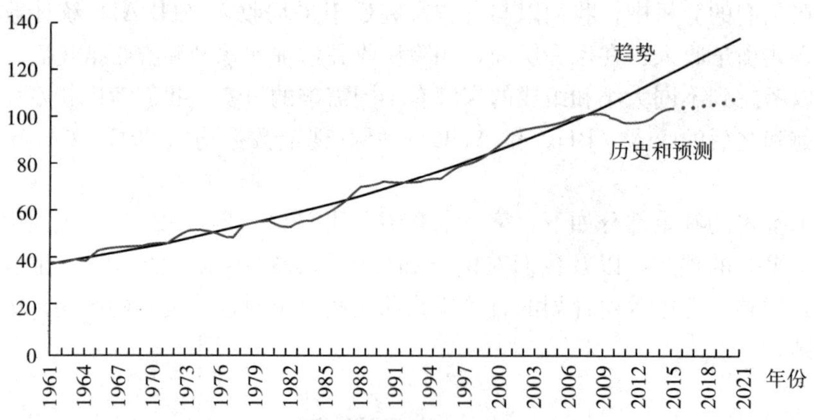

图 1　扣除住房成本前实际收入中位数指数（2007 年为 100）

资料来源：作者使用各年家庭资源调查和家庭支出调查数据以及 2016—2021 年的预测，并运用 TAXBEN 和文本中指定的假设进行计算。

首先关注自 2007 年以来的这一时期，该数据显示，自经济衰退以来收入增长的乏力是近期历史没有先例的：2007—2015 年，收入中值平均每年增长 0.5%，而历史平均每年增长 2%左右。这种乏力是由经济衰退期间和之后的实际工资大幅下降以及此后几年的缓慢复苏所推动的。

该数据还显示，实际收入和趋势收入中值之间的差异预计将继续扩大，2015—2021 年间收入仅增长 5.1%，即每年增长 0.8%。这一疲软主要是由预算责任办公室的劳动力市场预测解释的，这也是我们预测的一个关键驱动因素。预算责任办公室在其最新的经济和财政展望（预算责任办公室，2017）中预测工资增长将放缓，因为它预计脱欧投票带来的不确定性将减少企业投资，

① 预算责任办公室，2017

进而降低工人的生产率。与此同时，预算责任办公室预计，到 2019 年年中通胀率仍将高于英国央行（Bank of England）2%的目标，这不仅是因为英镑贬值导致英国消费者价格上涨，还因为原油价格上涨推高了汽油价格。此外，预算责任办公室预测就业率会略有下降，主要原因是人口老龄化。总的来说，这些因素意味着实际总工资和收入中值增长缓慢。

最后，该图还提供了这些收入变化的长期背景。尽管与历史标准相比，收入增长已经并且预计将继续乏力，但 2021 年的实际收入中值仍然比以往任何时候都高，是 1979 年的两倍，近乎 1961 年的 3 倍。

我们现在转向对不平等的预测，该预测显示这些平均收入变化是如何分布的。在这些预测中，我们假设所有工资高于全国生活工资的工人收入都按比例增长（尽管我们对公共部门的工人进行了调整）。相反，如果未来的工资增长主要集中在高收入或低收入家庭，那么不平等的状况可能与我们的预测大相径庭。

图 2 显示 90：10 比率的历史和预测趋势，90：10 比率是一种衡量不平等的指标，计算方法为在住房成本之前和之后（BHC 和 AHC）收入的基础上，衡量分布在第 90 和第 10 个百分位数上的净等值家庭收入的比率。该数据显示，自经济衰退以来，这一指标上的收入不平等有所下降。在扣除住房成本后收入的基础上，2007—2015 年间，该指数下跌了 0.1～5.2，在扣除住房成本前收入的基础上，这一指数下跌了 0.3～3.9。有两个因素可以解释这一趋势。首先，由于实际工资在高收入家庭收入中占比更大，因此经济衰退后实际工资的下降对高收入家庭的影响往往大于低收入家庭。其次，尽管削减福利在一定程度上减少了收入分配位于最底层群体的收入，但 2007—2015 年，按实际价值计算，平均工作年龄福利收入基本没有变化（Cribb et al.，2017）。这在一定程度上归因于一些政策倾向于增加实际福利奖励：在 2010 年前，大多数福利与更高的 RPI 通胀率有关，而不是消费者价格指数；在经济衰退期间和 2011 年，儿童税收抵免的儿童元素被过度指数化；2012 年随着通货膨胀迅速下降，许多福利的实际价值大幅上升。

展望未来，我们预计收入不平等会加剧。近年来不平等程度下降的原因与未来几年预计的上升原因类似。首先，预算责任办公室预测，实际工资将会缓慢增长，这往往会加剧不平等，因为工资在高收入家庭收入中所占比例更大。其次，计划中的福利削减对低收入家庭的影响将大于对高收入家庭的影响。

该图还显示，我们的预测是在扣除住房成本后收入的基础上，不平等的上

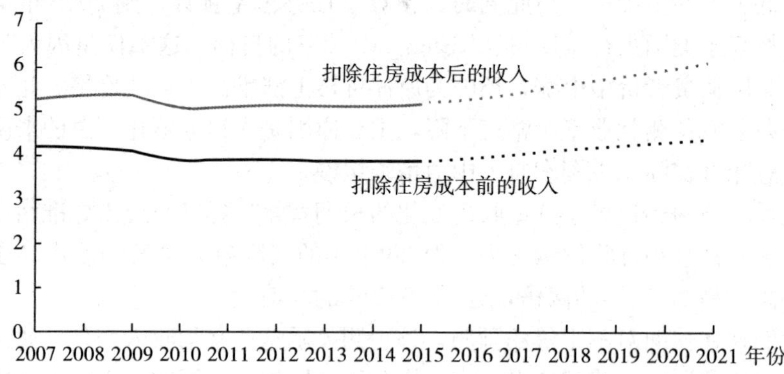

图 2 扣除住房成本之前和之后收入的 90∶10 比率

资料来源：作者使用各年家庭资源调查和家庭支出调查数据以及 2016—2021 年的预测，并运用 TAXBEN 和文本中指定的假设进行计算。

升幅度将更大。在扣除住房成本后的收入基础上，90∶10 比率增加 0.9，在扣除住房成本前收入的基础上，这一比例将增加 0.5。这反映了收入分配中住房成本的不同趋势。预算责任办公室预测实际住房成本将在 2015—2021 年间上涨，租金上涨 1.4%，抵押贷款利息增加 5%。由于住房成本占低收入家庭收入的较大份额，因此实际住房成本的增加会对他们扣除住房成本后的收入产生更大程度的影响。

这些趋势的结果是，在以扣除住房成本后的收入为基础进行衡量时，预计 2015—2021 年期间实际收入的第 90 个百分点将增加 10%，但在第 10 个百分点下降 7%，实际上是位于收入分配最底层的五分之一群体收入的下降。

（二）英国贫困

我们现在关注这些预测对国家贫困率的影响。在整个过程中，我们根据官方低于平均收入的家庭统计数据来衡量和预测贫困。如果个人的等值家庭收入低于当年收入中值的 60%，我们将个人定义为处于相对贫困。这被称为相对贫困，是因为贫困线每年因收入中值的变化而变化，如果收入中值上升，那么贫困线也上升。从本质上讲，相对贫困率的变化可以提供有关贫困家庭是否跟上收入位于中间的家庭信息。如果一个人的家庭收入低于 2010 年实际收入中位数的 60%（政府使用的绝对贫困线），我们将其定义为绝对贫困。无论其他家庭的收入趋势如何，绝对贫困率的变化都能反映低收入家庭实际收入的变化。在本节中，我们将重点关注相对贫困率和绝对贫困率；对不同类型的贫困人口数量的预测可在网上的附录中找到①。

在 Hood 和 Waters（2017）中，我们发现相对贫困对平均工资增长率非常不敏感，因为较高的工资增长会提高相对贫困线以及低收入家庭的收入。绝对贫困在某种程度上更为敏感，但低收入家庭也受到福利政策变化的重大影响。因此，未来的政策路径是这些预测中的一个关键不确定因素：政策的变化以及福利申领人转变为通用福利的速度与目前的预测不同，这是未来实际贫困率可能偏离我们预测的主要原因。

可以在扣除住房成本之前和之后衡量收入贫困。在下面的分析中，我们关注的是在扣除住房成本之后的收入基础上衡量的贫困变化，原因如专题 2 所述。在线附录提供了与本节中基于扣除住房成本之前收入为基础的统计数据相同的表，但对于所报告的统计数据，这两种方法的趋势是相似的。

专题 2　贫困统计的收入计量

在本报告中，我们关注扣除住房成本之后的收入贫困有三个主要原因。

首先，虽然在某种程度上住房成本是一种选择，它反映了住房的质量，但对于一些相对贫困的群体（特别是社会住房的租户）而言，这不大可能是可靠的经验法则。

其次，对于许多领取住房补贴的人来说，他们的住房补贴收入随着租金的涨落而起伏[a]。对于这些家庭来说，租金上涨会增加他们的扣除住房成本之前的收入，但没有改变他们的生活水平，而扣除住房成本之后的收入能够抵消租金的上涨。这个问题在我们预测的时期特别重要：在 2015 年夏季预算案中，政府宣布，2016/2017—2019/2020 年度，英国名义社会租金将下降 1%。由于这也将减少福利申请人的住房补贴，因此按扣除住房成本之前为基础计算的收入将下降，导致贫困人数增加。以扣除住房成本之后的收入为基础通过扣除下降的租金和住房补贴，能够避免这种不良影响。

第三，最近，低收入和高收入群体的住房成本趋势大不相同，因此基于扣除住房成本之前和扣除住房成本之后的收入衡量之间的区别变得尤为重要。

① Available at https：//www. ifs. org. uk/publications/10030

一个复杂的问题是，当地住房补贴（LHA）的利率上限限制了私人租房者（以及从 2019 年开始的一些社会租房者）的住房补贴收入。对于受上限限制的家庭来说，住房补贴的上涨将无法抵消上涨的租金。

图 3 显示了从 2007—2021 年整体以及选定分组的历史和预测贫困率。该数据显示，受儿童和养老金领取者贫困人口减少的推动，2007—2011 年相对贫困率从 22.5%下降至 21.0%。这可以通过 2.1 节中讨论的一些因素来解释：在经济衰退之后，实际工资下降而实际福利增加，导致较贫困家庭的收入增长快于收入中值。由于收入中值增长较为强劲，劳动年龄福利收入下降 3.8%，2013—2015 年期间相对贫困人口的下降有部分未能实现（Belfield 等，2016；Cribb 等，2017）。

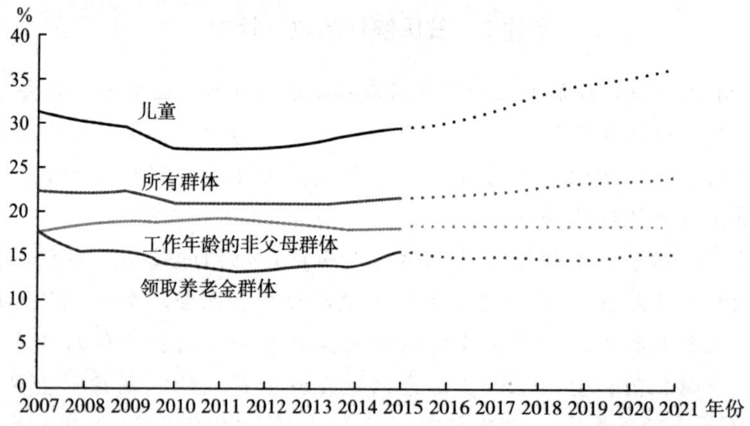

图 3　以扣除住房成本之后的收入为基础的相对贫困率

注：贫困线为同期收入中值的 60%。领取养老金群体为 65 岁及以上的人。

资料来源：作者使用各年家庭资源调查数据以及 2016—2021 年的预测，并运用 TAXBEN 和文本中指定的假设进行计算。

根据我们的预测，2015—2021 年间，相对贫困人口将增加 2.3 个百分点，其中约三分之一的原因是计划中的税收和福利改革。这种总体增长掩盖了每个群体前景的巨大差异。

预计养老金领取者和无子女抚养的工作年龄成人（以下称“工作年龄非父母”）的相对贫困率基本保持不变，是因为他们的工资与收入增长密切相关。工作年龄非父母从工资中获得了很大一部分收入，因此随着工资的增长，推高收入中值，相对贫困线的收入随之上升（注意到这一结果对我们的假设敏感，即整个工资分布的工资增长率是相同的）。同样，养老金领取者的大部分收入来自国家养老金和养老金福利。前者是“三重锁定”，增长率最高的是工资增长，消费者价格指数通胀率为 2.5%，而后者则随着工资增长而上升，因此当工资增长强劲时，养老金领取者也会受益。

然而，预计儿童相对贫困率在此期间将大幅增加，从 29.7%上升至 36.6%。这一预计增长有两个方面原因。首先，有子女的贫困家庭从工资中获得的收入份额相对较小。Belfield 等（2016）表示，2014/2015 年度，儿童收入分配最低的五分之一家庭的工资占其收入的 42%。这意味着，当工资增加时，收入中值的增长速度往往快于有子女的贫困家庭。其次，这些家庭的收入对计划中的福利削减特别敏感：因为福利占其收入的很大一部分，并且因为税收抵免和通用福利的儿童元素被限制为两个孩子（以下称为两个儿童限制）将导致有三个或三个以上子女的贫困家庭的重大收入损失。第 3 部分将更详细地讨论这一特别福利削减对贫困的影响。

图 4 显示了历史和预测的绝对贫困率。如图所示，2007—2015 年期间绝对贫困率略有下降，从 22.1%降至 20.0%。与相对贫困一样，这主要是由于养老金领取者和儿童贫困率的下降造成的，主要是由于这些群体福利的增加。

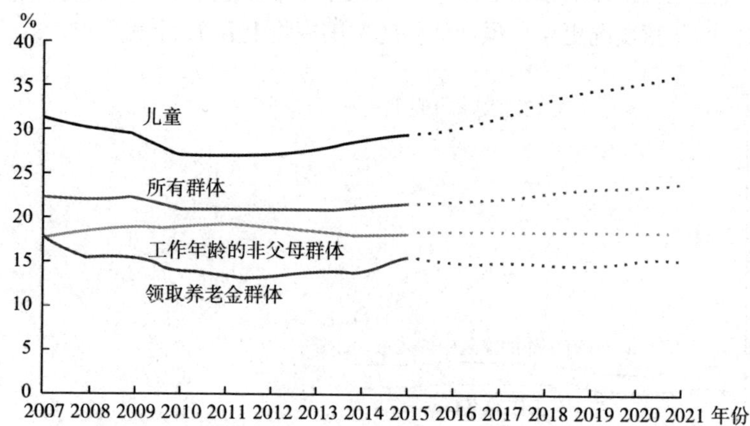

图 4　以扣除住房成本之后的收入为基础的绝对贫困率

注：贫困线为 2010 年居民收入中值的 60%，根据不包括房租的消费者价格指数调整。养老金领取者是 65 岁及以上的人。

资料来源：作者使用各年家庭资源调查数据以及 2016—2021 年的预测，并运用 TAXBEN 和文本中指定的假设进行计算。

展望未来，我们预测不同群体的绝对贫困趋势存在显著差异。养老金领取者和工作年龄非父母的贫困率预计将分别下降 2.5 个百分点和 1.0 个百分点。如上所述，当实际工资增加时，这些群体的收入通常会增加，而且他们并不特别容易受到计划削减福利的影响。儿童贫困预计将增加 4.1 个百分点，如第 3 部分所示，主要是通过计划的税收和福利改革来解释。仅两个儿童限制就导致了儿童贫困率上升 2 个百分点。

这些趋势大致相互抵消，使得 2021 年的绝对贫困率与 2015 年基本持平。如果绝对贫困依据这种路径发展，那么在 14 年内，绝对贫困率将下降 1.8 个百分点。按历史标准来看，这是一个非常缓慢的下降：在 1993—2007 年的 14 年间，绝对贫困率下降了 19 个百分点。

正如已经指出的那样，家庭依赖工资或福利的程度对其未来的收入前景具有重要影响，因为在预测期内，预计实际工资将增加，而福利的实际价值将减少。这个事实可以在图 5 看到，图 5 显示了无工作和有工作的家庭（不包括退休人员）的历史和预测的绝对贫困率。从这个图中可以注意到两件事。首先，正如预期的那样，严重依赖福利的无工作家庭的贫困率预计在 2015—2021 年比有工作的家庭大幅增加（分别为 6 个百分点和 1.1 个百分点）。其次，在我们的预测期间，即使是在工作家庭中的儿童贫困也增加了 3.3 个百分点，反映出有孩子的家庭，甚至是有工作的家庭在计划福利改革中也承受了巨大压力。毫无疑问，无工作家庭的儿童境况更糟，预计他们的贫困率将上升 12 个百分点。

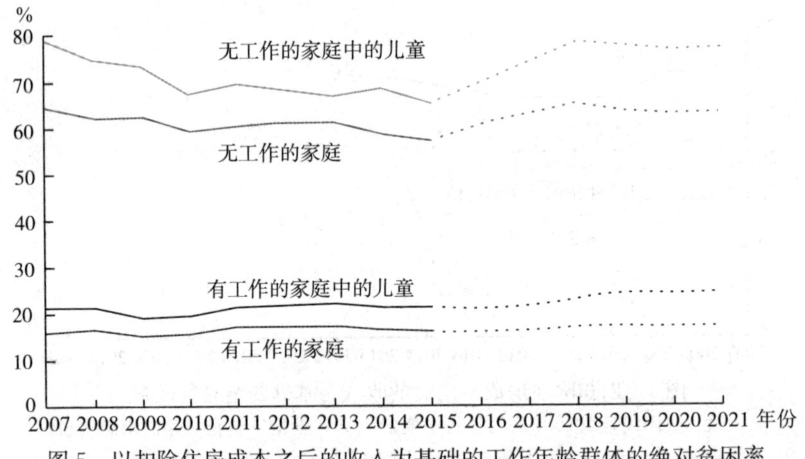

图 5　以扣除住房成本之后的收入为基础的工作年龄群体的绝对贫困率

注：贫困线为 2010 年居民收入中值的 60%，根据不包括房租的消费者价格指数调整。工作年龄家庭是所有成员都在 65 岁以下的家庭。

资料来源：作者使用各年家庭资源调查数据以及 2016—2021 年的预测，并运用 TAXBEN 和文本中指定的假设进行计算。

（三）区域贫困

上一节显示了我们对英国贫困水平的预测。但这掩盖了各地区之间的巨大差异，因此在本节中我们将研究对区域一级的贫困预测。由于上一节表明，预测贫困变化的驱动因素是儿童贫困，因此本节我们将重点关注每个地区的总体贫困趋势和儿童贫困趋势。

为了确保有足够的样本量使分析稳健，本节报告了三年的贫困率平均值，这意味着它们与上一节报告的单年统计数据无法直接比较。此外，如第 1 章所述，这些预测是基于各地区的统一工资和租金增长，我们认为这种假设具有高度不确定性，但根据最近的历史模式，这是一种主要预期。

让这项工作更加复杂的一个因素是，北爱尔兰已经通过了缓解措施来限制某些福利改革的影响。我们考虑的唯一缓解措施是不执行所谓的“卧室税”，但总体情况是，由于许多其他具体的缓解措施是暂时的，在我们的预测期间可能几乎没有影响，尽管它们在过渡期间对北爱尔兰的确切贫困路径的影响可能更为重要。

图 6 至图 9 显示了 2006—2008 年、2013—2015 年和 2019—2021 年英国每个地区的历史和预测的相对和绝对贫困，总体贫困和儿童贫困。条形图是图 3 和 4 中相应统计数据的三年平均值。

这些数字有几个广泛的命题。首先，几乎所有地区，所有四个数字（绝对贫困和相对贫困，总体贫困和儿童贫困）在 2006—2008 年至 2013—2015 年之间都有所下降。但是，2013—2015 年至 2019—2021 年期间，预计所有区域的总体相对贫困和儿童贫困均会上升。

其次，在四个数字中，根据 2013—2015 年至 2019—2021 年之间的贫困变化，一般按组别预计表现最佳和最差的地区。东北部，威尔士和北爱尔兰通常是预计贫困增幅最大的三个地区。同样，东南部，伦敦以及苏格兰和西南地区一直是贫困增幅最小（或降幅最大）的三个地区。

第三，对于那些贫困率已经较高的地区，预计的贫困率增幅往往会更大。其中有一个例外，在所有四项指标中，伦敦的贫困率都是最高的，但它的贫困率增幅最小，降幅最大。尽管如此，总的来说，我们的预测表明，2013—2015 年至 2019—2021 年期间，区域贫困集中度将会增加。

每个图中还有几个细节需要注意，我们现在依次讨论。图 6 预计南部地区和苏格兰的总体相对贫困将小幅增加 1.3～1.9 个百分点，但北部地区，西米德兰兹，威尔士和北爱尔兰地区至少增加 3 个百分点。除伦敦外，2019—2021

年每个地区的相对贫困率都高于 2006—2008 年的水平。

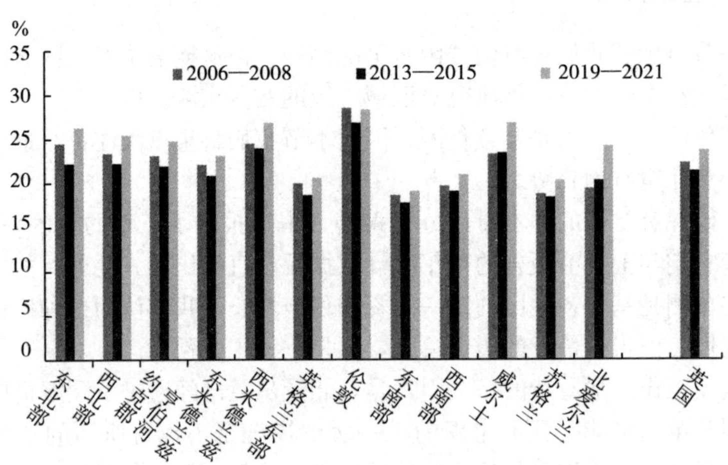

图 6　以扣除住房成本之后的收入为基础的选定年份的总体相对贫困率

注和资料来源：见图 3。

我们预测东北部、西北部、中部地区、威尔士和北爱尔兰的绝对贫困人口将增加，而南部地区、东部、约克郡和亨伯河以及苏格兰的绝对贫困人口将减少（图 7）。从减少 0.8 个百分点（伦敦和东南部）到增加 0.8 个百分点（威尔士），这些变化都不是特别大。而且，除威尔士和北爱尔兰外，所有地区的总体绝对贫困水平预计将在 2019—2021 年低于经济衰退前的贫困水平。

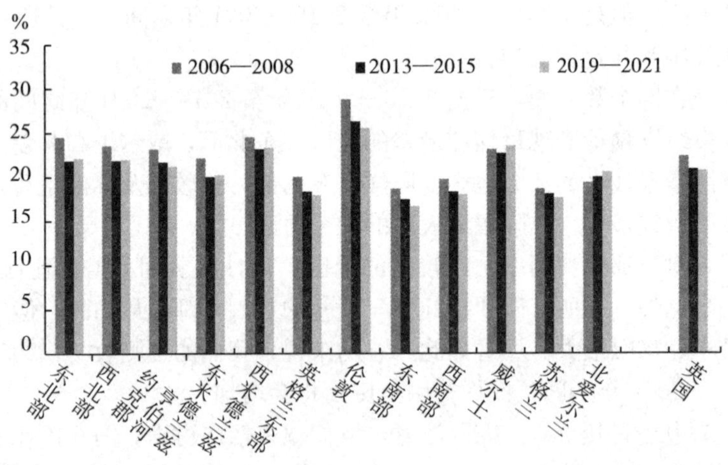

图 7　以扣除住房成本之后的收入为基础的选定年份的总体绝对贫困率

注和资料来源：见图 4。

在所有区域，相对儿童贫困预计将显著增加（图 8）。即使是增幅最小的南部，儿童相对贫困也预计会上升至少 4 个百分点。预计北部地区、中部地区、威尔士和北爱尔兰将增加至少 8 个百分点。各地 2019—2021 年的儿童相对贫困率均高于经济衰退前的贫困率。

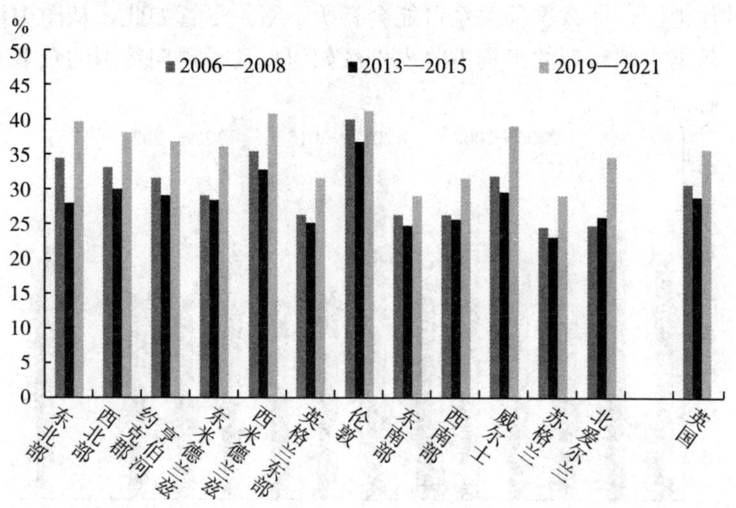

图 8　以扣除住房成本之后的收入为基础的选定年份的儿童相对贫困率

注和资料来源：见图 3。

预计所有区域的儿童绝对贫困率（图 9）都将上升，增加幅度从微增到大幅增加不等。南部的三个地区，连同约克郡和亨伯河和苏格兰，预计将增加 1.4～2.7 个百分点，而东北部，东米德兰兹和威尔士预计将增加至少 5 个百分点。在 12 个地区中，有一半地区 2019—2021 年的儿童绝对贫困率高于经济衰退前的水平（东米德兰兹，英格兰东部，西南部，威尔士，苏格兰和北爱尔兰），但预计东北部、伦敦和东南部的儿童绝对贫困率相比其他地区更低。

如何解释图 6 到图 9 中所示的贫困区域模式的变化呢？如上所述，预算责任办公室预测实际工资将增长，尽管增长缓慢，并且工作年龄福利将被削减。因此，如果一个家庭的收入很少来自于工资，而很大一部分来自于福利，那么这个家庭就会受到福利削减的严重影响，实际工资的增长只会带来很小的收入增长，因此在未来几年里，这一家庭的收入可能会下降。

这种模式也在区域层面发挥作用，并有助于解释预测贫困变化的大部分变化。图 10 显示了 2013—2015 年至 2019—2021 年期间绝对贫困率的预测变化，以及 2013—2015 年每个地区处于绝对贫困线以下或略高于绝对贫困线的工作年龄家庭的工资性收入占总收入的比例。这两者之间存在明显的关系：那些贫困家庭收入主要来自于工资的地区比那些收入较少来自于工资的地区（收入更多来源于福利）更有可能出现贫困下降①。请注意，这些预测是基于各地区劳动力市场趋势相同的假设②。如果它们不同，例如如果某些地区的工资增长速度快于其他地区，那么这种关系可能会有所不同。尽管如此，从图中可以清楚地看出，数据中观察到的工资占收入份额如何推动了预期贫困的众多变化。

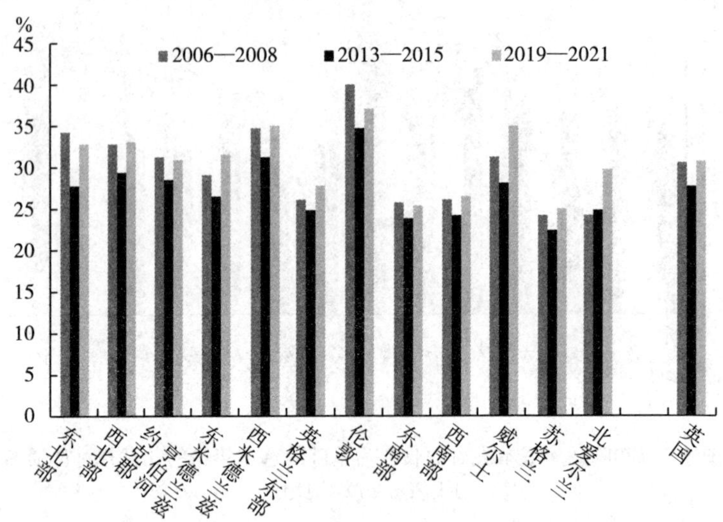

图 9　以扣除住房成本之后的收入为基础的选定年份的儿童绝对贫困率

注和资料来源：见图 4。

我们现在看看地方贫困的预计贫困率。在图 11，我们使用经过调整的多维贫困指数（IMD）③ 来全面衡量地方贫困，将地方的贫困划分为十分，从最不贫困的十分之一到最贫困的十分之一④。然后，我们计算这些十分位数内的历史贫困率和预测贫困率。这表明了贫困的地理集中程度，以及收入贫困与其他生活水平指标之间的关系。

① 预测的相对贫困的变化和儿童贫困的两项指标也存在类似的关系。

② 由于一些地区在公共部门有更多的工人，或受到国民生活工资的影响，我们预测的平均收入增长因地区而异。然而，在我们的预测中，不同地区的工作类似的工人的收入增长是相同的。

③ 这里使用的多维贫困指数调整为在英国全国范围内保持一致。

④ 有关多维贫困指数与贫困率之间关系的更多信息，请参阅 Cribb 等（2017）。

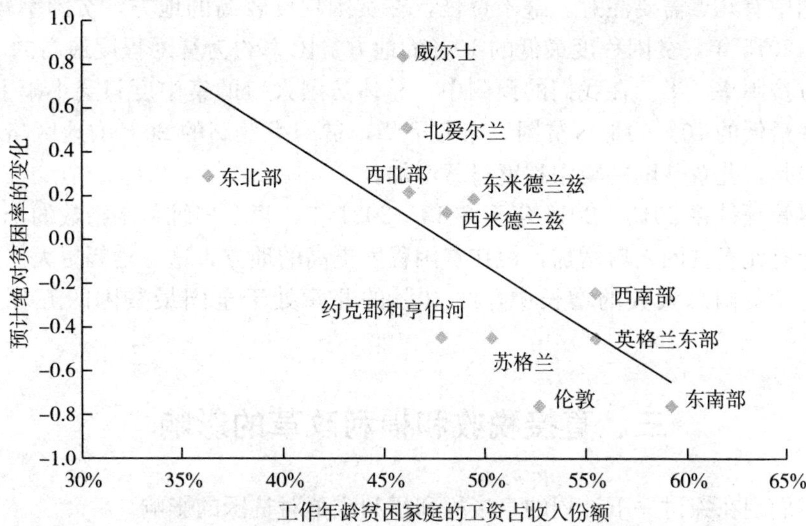

图 10　预计工作年龄贫困家庭的绝对贫困与工资占收入份额的变化

注：贫困家庭是指 2010 年实际收入低于收入中值 70%的家庭，按不含租金的消费者价格指数调整。工作年龄家庭是指所有成员都在 65 岁以下的家庭。

资料来源：作者使用各年家庭资源调查数据以及 2016—2021 年的预测，并运用 TAXBEN 和文本中指定的假设进行计算。

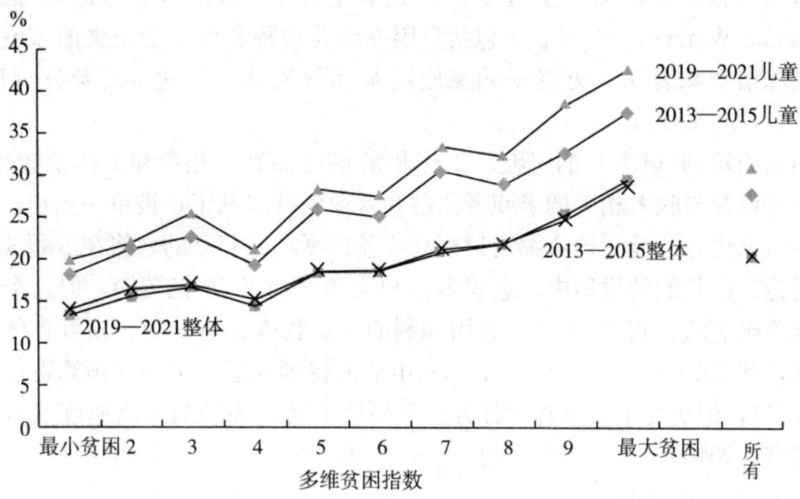

图 11　地方当局的绝对贫困率多重贫困指数

注：贫困线是 2010 年收入中值的 60%，根据不包括租金的消费者价格指数调整。

资料来源：作者使用各年家庭资源调查数据以及 2016—2021 年的预测，并运用 TAXBEN 和文本中指定的假设进行计算。

图中有几点需要注意。毫不奇怪，在贫困程度较高的地方，贫困率较高：2013—2015 年，贫困程度最低的 10%的地方贫困率约为贫困程度最高的 10%的地方贫困率一半。在我们的预测中，总体贫困人口的集中度只会小幅上升，贫困率最低的 70%的地区贫困率略有下降，贫困率最高的 20%的地区略有上升。但是，儿童贫困的集中程度显著增加。

尽管预计在 2013—2015 年至 2019—2021 年，每个多维贫困指数的十分位数都会有儿童贫困人口增加，但在贫困程度更高的地方，这一增幅更大。这一期间儿童贫困总人数的增长中，约 40%的儿童处于全国最贫困的五分之一地区。

三、直接税收和福利改革的影响

我们现在探讨一下计划的直接税和福利改革对贫困的影响。

再两年的福利冻结。在 2015 年 4 月至 2020 年 3 月期间，大多数工作年龄福利以现金形式冻结。2015 年和 2016 年较低的通货膨胀意味着，相对于消费者价格指数上涨的默认水平，此次冻结迄今只降低了 1%的福利价值。然而，预算责任办公室对通货膨胀的预测意味着未来两年的冻结将使福利价值相对于消费者价格指数升值而减少约 5%[①]。这有望每年为政府节省超过 30 亿英镑（Hood and Waters，2017）。不包括只因冻结儿童福利而蒙受损失的家庭，四年福利冻结意味着 750 万受影响家庭的福利待遇减少超过 500 英镑（Hood and Waters，2017）。

向通用福利（UC）的过渡。工作年龄住房福利，儿童和工作税收抵免，收入支持以及与收入相关的求职者津贴和就业支持津贴正在被单一福利，即通用福利所取代。过渡到通用福利对福利收益的影响是复杂的，将在专题 3 中进一步讨论；在我们的模型中，它表示福利大约增加了 30 亿英镑，但这个数字是非常不确定的。到 2021 年，通用福利的实施程度也不确定：预算责任办公室预计，到 2021 年，大约 90%的福利申请人将加入通用福利（预算责任办公室，2017），但历史上，预算责任办公室高估了通用福利的推出速度（预算责任办公室，2016）。

① Joseph Rowntree 基金会（2017）估计，终止除儿童福利外的所有福利冻结，将使相对贫困人口减少 38 万人。

专题 3　我们预测通用福利对福利收益的影响

有三个关键因素决定了向通用福利的过渡将如何影响福利收入，进而影响家庭收入（此专题中的所有现金数据均为 2021 年价格）。

1. 福利待遇。如果一个家庭要求福利，它有权获得的金额。尽管一些家庭的通用福利待遇将比他们在现有（遗留）福利制度下的福利待遇更高，但我们的总体预测表明，从原有的福利系统转为通用福利系统，2021 年的福利待遇将减少约 55 亿英镑。

2. 收益。实际上是家庭有权获得的福利总额的比例。也许通用福利对福利获取最重要的影响是它使得部分获取福利变得不可能。在原有的福利系统下，一个家庭有可能要求享有一些权益，但不能要求享受其他权益。例如，一个家庭可以享受住房福利和儿童税收抵免，但只能申请住房福利。因为通用福利是一个综合福利，一个家庭可以申请全部的福利，也可以什么都不申请。

在我们的模型中，当一个家庭从原有福利过渡到通用福利时，我们需要假设它是否会主张使用通用福利。申请人分为三类。首先，我们假设那些声称他们有权获得原有福利的人也要求通用福利。其次，我们假设，领取了部分但不是全部原有福利的受益人将领取通用福利。这两种假设都有可能高估了接受率，因为工作条件，以及也许更大的耻辱感，可能会导致一些原有福利申请人实际上没有申请通用福利。第三，我们假设那些有权享受一些原有福利，但未提出任何原有福利申请的人将不会申请通用福利。而这一假设有可能低估了接受程度：通用福利是一个比其前身更简单、更透明的系统，因此一些未在原有福利系统下提出申请的人可能会选择在通用福利中提出申请。

综上所述，这些假设导致了我们模型中的福利收益显著增加。2021 年预计的福利收入比按计划推出通用福利的情况高出约 85 亿英镑，但申请权利的总比例与原有福利系统相同。

3. 过渡性保护。确保那些从原福利系统转移到通用福利的申请人（而不是新的申请人）在短期内不以现金方式损失收益。当福利受益家庭的情况发生重大变化，例如失业，或暂时停止其通用福利申请时，则将不再以现金形式对其进行保护。很难知道过渡保护以这种方式到期的速度，但我们必须做出一个假设，即它以每年 25%的速度到期。过渡保护对我们的模型影响相对较小，2021 年收益增加约 5 亿英镑。这种影响很小的一个原因是，2021 年享有通用福利的 730 万人中，预计只有大约 180 万人有资格获得过渡性保护。

这三种效应的综合作用是，到 2021 年，向通用福利的过渡将使我们的模型的收益增加约 34 亿英镑。这看起来令人惊讶，尽管预算责任办公室还预测，在我们的模型中纳入通用福利的各个方面，向通用福利的过渡将增加福利收入，尽管在 2021 年的增加数额较少（10 亿英镑）（预算责任办公室，2017）。

决定通用福利影响的许多参数都是高度不确定的，因此基于我们对这些参数的假设，这个结果也是高度不确定的。此外，我们的模型只考虑了过渡到通用福利对收入的影响：此处不包括每月支付而非每周支付，或给予福利接收者而不是向房东支付租金等因素。

削减儿童税收抵免和通用福利的类似项目。自 2017 年 4 月起，税收抵免和通用福利仅限于一个家庭中的前两个孩子。但是，对于所有儿童税收抵免申请人，以及从税收抵免迁移到通用福利的人（而不是新申请人），2017 年 4 月之前出生的任何子女都可以免税，因此这项政策将非常缓慢地推出（实现完整的效果远远超过我们预期的时间范围）。此外，儿童税收抵免和通用福利仅适用于有 2017 年 4 月之前出生的孩子的家庭。从长远来看，这两项政策有望为政府节省约 50 亿英镑（Hood and Waters，2017）。

图 12 和图 13 显示了我们对 2019—2021 年总体绝对贫困率和儿童绝对贫困率的预测，分为包括和不包括计划改革，以及这些改革对贫困的影响。这些图形有两点需要注意。首先，计划中的改革对贫困率，特别是总体贫困率的影响程度有相当大的差异。例如，改革对苏格兰整体贫困的影响仅为 0.4 个百分点，而在北爱尔兰则为 1.7 个百分点。其次，政策对儿童贫困率的影响远远大于对总体贫困的影响。在英国，由于计划改革，预计总体贫困率将增加约 0.9 个百分点，而儿童贫困率预计将增加 3.0 个百分点。

图 14 将计划政策改革分解为两个孩子的限制，通用福利和其他改革，其中最重要的是两年多的福利冻结和取消税收抵免中的家庭因素以及通用福利中新生儿因素。该图显示通用福利预计将减少贫困，这一结果可能令人惊讶。其原因正如专题 3 所指出的，在我们的模型中，通用福利是一种额外的福利，因

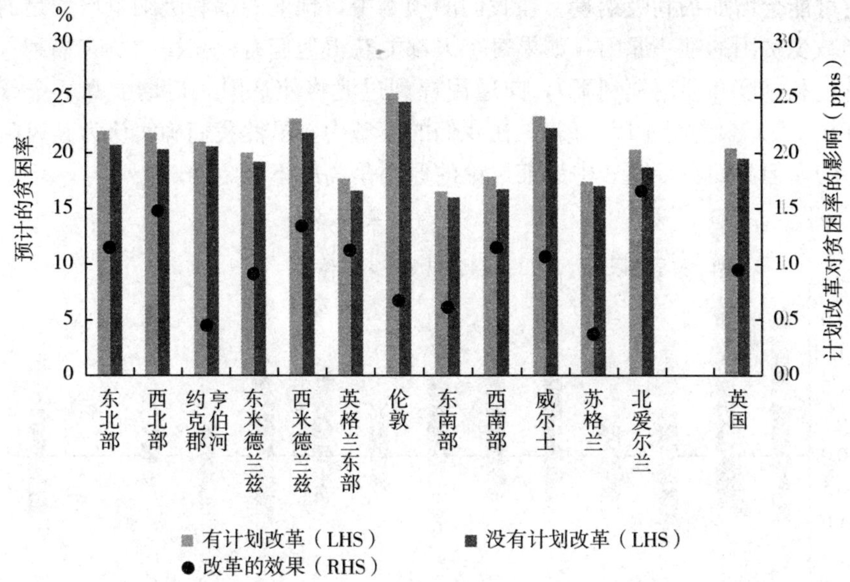

图 12　2019—2021 年有无计划改革的总体绝对贫困率

注和资料来源：见图 4。

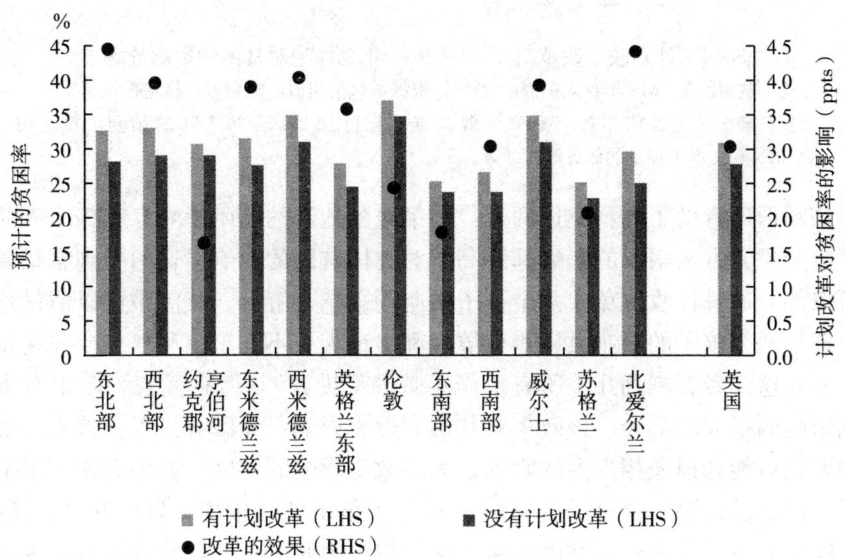

图 13　2019—2021 年有无计划改革的儿童绝对贫困率

注和资料来源：见图 4。

为它可能会增加福利吸纳量。在我们的预测中，预期的福利吸纳量增加是通用福利减少贫困的唯一原因：如果每个人都能获得他们有权获得的所有福利（在原有福利制度和通用福利下），向通用福利过渡将使贫困人口增加 0.7 个百分点（从 17.2%增加到 17.9%）。在我们的模型中，虽然我们确实认为其风险是平衡的，但我们在专题 3 中详细讨论的原因是高度不确定的。

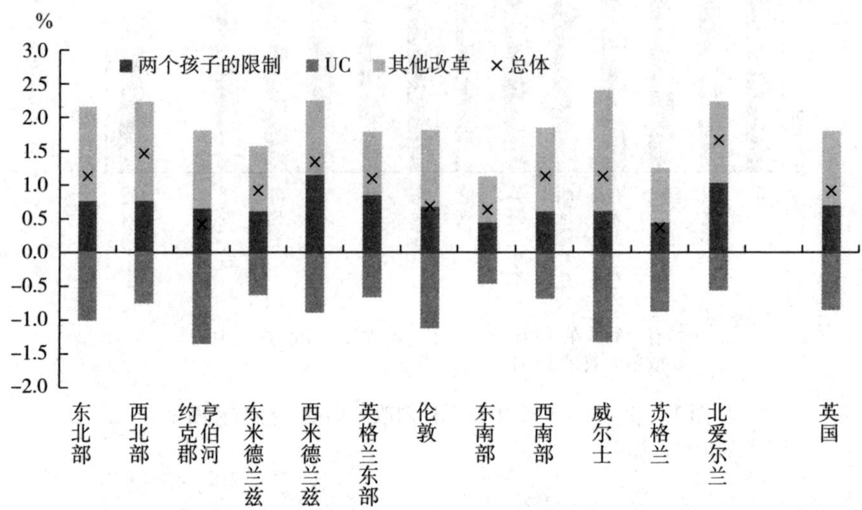

图 14 计划政策改革对 2019—2021 年总体绝对贫困的影响分解

注：贫困线是 2010 年收入中值的 60%，根据不包括租金的消费者价格指数调整。

资料来源：作者使用各年家庭资源调查数据以及 2016—2021 年的预测，并运用 TAXBEN 和文本中指定的假设进行计算。

该图形还有助于解释上述两点：政策对各地区的贫困影响存在相当大的差异，政策对儿童贫困率的影响远远高于对总体贫困的影响。这两个观察结果至少可以部分通过税收抵免中两个孩子限制的影响来解释。从图中可以清楚地看出，即使两个孩子的限制只影响少数福利申请人（不同于福利冻结或向通用福利过渡，这两者影响到几乎所有工作年龄的受助人），但它代表了政策改革对贫困影响的很大一部分。该政策对贫困有很大影响，原因有三个：首先，受影响的家庭可能会损失相当多的收入。大多数受影响的家庭，如果有两个以上的孩子，那么超过第二个孩子的家庭每年每个孩子就会损失 2 780 英镑。其次，较大的家庭更有可能陷入贫困或接近贫困线，因此减少他们的收入对贫困率有很大的影响。第三，由于两个孩子的限制影响到有很多孩子的家庭，如果它将一个家庭推向贫困，就意味着有大量额外的贫困人口。

图 14 还表明，两个孩子的限制是政策对绝对贫困的影响因地区而异的部分原因。预计英国东南部和苏格兰的贫困人口将仅增加 0.4 个百分点和 0.5 个百分点，而北爱尔兰和西米德兰兹的贫困人口将分别增加 1.0 个百分点和 1.2 个百分点。

图 15 研究了为什么两个孩子的限制对不同地区的贫困有不同的影响。它将两个孩子限制对贫困的影响（图 3 中的浅色条形图）与每个地区贫困家庭中至少有 3 个孩子的人口比例进行了对比。这图中可以关注到两件重要的事。首先，不同地区生活在较大的贫困家庭中的人口比例存在很大差异。在北爱尔兰和西米德兰兹，大约 6%的人生活在较大的贫困家庭中，几乎是苏格兰、西南部和东南部的两倍。其次，正如预期的那样，这一比例与两个孩子的限制对贫困的影响密切相关。

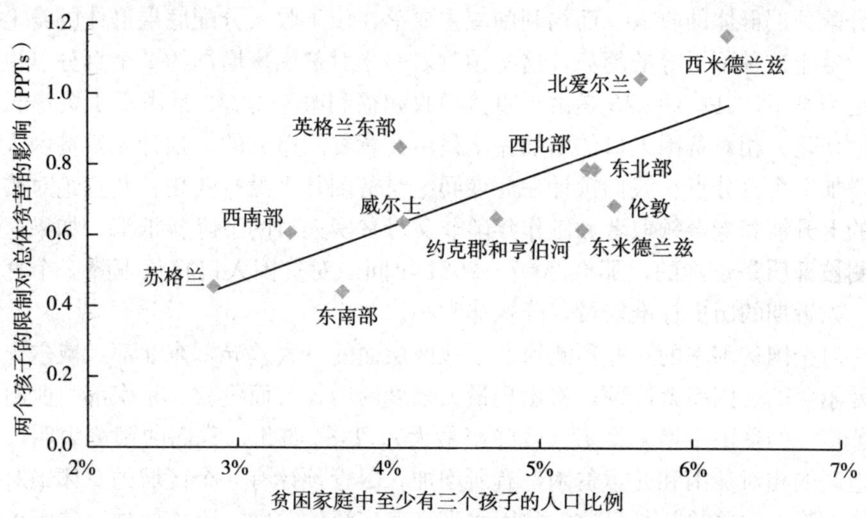

图 15　对于至少有 3 个孩子的贫困家庭，两个孩子的限制对总体绝对贫困率的影响

注：贫困家庭是指实际收入低于 2010 年收入中值 70%的家庭，根据不包括租金的消费者价格指数调整。

资料来源：作者使用各年家庭资源调查数据以及 2016—2021 年的预测，并运用 TAXBEN 和文本中指定的假设进行计算。

因此，政策改革对贫困影响的区域差异一部分与生活在至少有 3 个孩子的贫困家庭中的人口比例有关，这一比例推动了两个孩子限制对贫困的影响，进而解释了总体政策对贫困影响的区域差异的部分原因。

四、结　　论

自经济衰退以来，实际收入中值基本停滞不前，低于我们预期的水平，因为历史增长率达到了至少在过去 50 年里前所未有的水平。然而，并非所有家庭的情况都类似，位于收入分配底层的群体的收入增长明显快于位于收入分配顶层的群体，尽管在扣除住房成本后两者的增长率类似。

展望未来，基于预算责任办公室的宏观经济预测和计划税收及福利政策，我们的预测表明，尽管未来几年收入中值增长将比衰退以来表现得更好，但实际收入中值与长期趋势之间的差距将继续扩大。我们的预测还表明，自经济衰退以来不平等的下降将在未来几年内逆转，实际收入增长将更多地提高位于收入分配顶层群体的收入，而福利削减主要落在位于收入分配底层群体的身上。

鉴于这种不平等的趋势，这些预测表明相对贫困率增加约 2 个百分点也就不足为奇了，其中约 1/3 是由于直接税收和福利改革，2/3 是由于工资增长和其他变化。相对贫困人口的增加完全是由儿童贫困造成的，预计儿童贫困人口将增加 7 个百分点。我们预计在此期间绝对贫困几乎没有变化，儿童绝对贫困率的上升被养老金领取者和工作年龄非父母贫困人口的下降所抵消。如果这一预测被证明是正确的，那么 2007—2021 年间绝对贫困人口将仅下降 2 个百分点，以近期的历史标准衡量，降幅非常小。

对全国贫困率的这些预测掩盖了地区层面的巨大差异，东北部、威尔士和北爱尔兰的贫困率普遍预计将出现最大幅度的增长，而伦敦、东南部、西南部和苏格兰的贫困率增幅最小（或降幅最大）。尽管如此，我们的预测表明，所有地区的相对贫困和儿童贫困都有所增加，尽管预计有 6 个区域的总体绝对贫困将下降。这些趋势与目前的贫困水平有着广泛的关联：除伦敦外，贫困人口在贫困率已经较高的地区也会增加更多。此外，虽然预计较贫困地区的总体贫困程度将保持大致相同的水平，但预计儿童贫困人口将增加，将有 40％的增长集中在最贫困的 20％的地区。

这些不同的区域贫穷趋势一部分与这些区域的贫穷家庭对工资或福利的依赖程度有关。收入较低的家庭更依赖于工资的地区，贫困人口增加幅度较小（或降幅更大），因为这些家庭分享了实际工资增长的收益。而收入较低的家庭更依赖于福利的地区，更容易受到福利削减的影响。

这些福利削减和其他直接税收及福利改革的净影响是，将总体绝对贫困率提高约 1 个百分点，儿童绝对贫困率提高约 3 个百分点。这些改革的效果因地区而异。总体政策对贫困的影响及其在各地区之间的差异，在一定程度上都受到两个孩子限制的影响，反过来又在很大程度上取决于该地区至少有3个孩子的贫困家庭数量。

因此，未来四年贫困家庭的收入前景在很大程度上取决于他们的劳动力市场地位和家庭规模：那些有工作且孩子少甚至没有孩子的人可能会比其他人生活得更好。这一规律在地区层面也同样发挥作用。然而，在每个地区，福利削减和实际收入增长有限意味着绝对贫困不太可能大幅下降，有孩子的贫困家庭实际收入很可能大幅下降。

图书在版编目（CIP）数据

国际减贫理论与前沿问题．2020／谭卫平主编．—北京：中国农业出版社，2020.11
ISBN 978-7-109-27561-4

Ⅰ.①国…　Ⅱ.①谭…　Ⅲ.①贫困问题－世界－文集
Ⅳ.①F113.9-53

中国版本图书馆CIP数据核字（2020）第215117号

国际减贫理论与前沿问题 2020
GUOJI JIANPIN LILUN YU QIANYAN WENTI 2020

中国农业出版社出版
地址：北京市朝阳区麦子店街18号楼
邮编：100125
责任编辑：赵　刚
版式设计：杜　然　　责任校对：沙凯霖
印刷：北京万友印刷有限公司
版次：2020年11月第1版
印次：2020年11月北京第1次印刷
发行：新华书店北京发行所
开本：720mm×960mm　1/16
印张：18.25
字数：320千字
定价：60.00元
